Le droit postmoderne

Collection
Le droit aujourd'hui

La collection « Le droit aujourd'hui » regroupe des études juridiques concernant des problèmes d'actualité nationale et internationale, dans divers domaines (éthique, politique, questions de société…).

Dernières parutions

Boris Barraud, *La jurisprudence et la doctrine*, 2017.
Geneviève Iacono, *Voyages au cœur des propriétés publiques*, 2016.
Nitish Monebhurrun, *La fonction du développement dans le droit international des investissements*, 2016.
Djiby Sow, *La légalité de l'intervention militaire française au Mali. Contribution à l'étude du cadre juridique de la lutte armée contre le terrorisme international*, 2016.
Emmanuel Tessier, *Le stade en droit public. Recherche sur le régime juridique des enceintes sportives*, 2015.
Sophie Huvé, *La Russie et l'ONU. L'Organisation des Nations unies, cadre et instrument de la politique extérieure russe (1999-2015)*, 2015.
Claudine Pérez-Diaz, Marie-Syvie Huré, *Violence conjugale, missions et finalités concrètes de l'intervention pénale*, 2015
Jean-Grégoire Mahinga, *Le statut du tribunal international du droit de la mer, Commentaire article par article*, 2015
Peggy Larrieu, *Neurosciences et Droit pénal, Le cerveau dans le prétoire*, 2015.
Anthony Falgas, *La Voie de fait administrative. Recherche sur la justification d'une notion prétorienne*, 2015.
Jean-Gregoire Mahinga, *La pêche maritime et le droit international*, 2014.
Christophe Houry, *La piraterie maritime au regard du droit international, incertitudes et évolutions contemporaines*, 2014.
Laura Baudin, *Les cyber-attaques dans les conflits armés, qualification juridique, imputabilité et moyens de réponse envisagés en droit international humanitaire,* 2014.

Boris Barraud

Le droit postmoderne

Une introduction

L'Harmattan

Du même auteur

Mesurer le pluralisme juridique – Une expérience,
L'Harmattan, coll. Le droit aujourd'hui, 2017

La jurisprudence et la doctrine,
L'Harmattan, coll. Le droit aujourd'hui, 2017

Théories du droit et pluralisme juridique – Tome II : La théorie syncrétique du droit et la possibilité du pluralisme juridique,
Presses Universitaires d'Aix-Marseille, coll. Inter-normes, 2016

Théories du droit et pluralisme juridique – Tome I : Les théories dogmatiques du droit et la fragilité du pluralisme juridique,
Presses Universitaires d'Aix-Marseille, coll. Inter-normes, 2016

La recherche juridique – Sciences et pensées du droit,
L'Harmattan, coll. Logiques juridiques, 2016

L'État – Entre fait et droit,
L'Harmattan, coll. Logiques juridiques, 2015

Repenser la pyramide des normes à l'ère des réseaux – Pour une conception pragmatique du droit,
L'Harmattan, coll. Logiques juridiques, 2012

5-7, rue de l'Ecole-Polytechnique, 75005 Paris

http://www.harmattan.fr
ISBN : 978-2-343-12077-5
EAN : 9782343120775

Sommaire

Les conditions qui favorisent l'intuition scientifique sont le profond désir de savoir, le stock de connaissances en mémoire reliées au problème, le sentiment de liberté, l'aptitude à briser la routine, la discussion du problème avec d'autres chercheurs, la lecture d'articles pertinents et la sérendipité.

Walter B. Cannon, *The Way of an Investigator – A Scientist's Experiences in Medical Research*, 1945

Introduction

La première hypothèse soutenant ce livre est que le « droit postmoderne » serait intimement lié au « droit global ». Cette introduction au droit postmoderne — qui n'a pas d'autre prétention que de constituer « une » introduction parmi d'autres possibles, donc un ensemble de propositions relatives aux évolutions contemporaines du droit — est ainsi conçue en même temps telle une *introduction au droit global*. Éventuellement pourrait-on considérer que *le droit global serait au droit positif ce que le droit postmoderne serait à la pensée juridique*. Mais cette distinction se retrouve rarement dans la littérature juridique. Reste qu'est ici postulée l'existence de liens intimes entre postmodernité et globalisation juridiques.

Le droit global exprime l'idée selon laquelle le droit n'échapperait guère au phénomène de mondialisation. Quant au droit postmoderne, il indique que le droit entrerait dans une ère nouvelle, succédant à l'ère du droit moderne. Droit global et droit postmoderne tendent alors à se rejoindre et à désigner un même phénomène : le dénouement du lien consubstantiel qui, au XXe s., attachait le droit à l'État. Et ce phénomène comporte deux aspects : tout d'abord, le dénouement du lien consubstantiel qui attachait le droit positif à l'État ; ensuite, le dénouement du lien consubstantiel qui attachait la pensée juridique à l'État. Les normes et les institutions prenant en charge les activités issues de la globalisation, de fait, sont pour une large part non étatiques. Ensuite, la théorie juridique doit réviser ses acquis afin de ne pas se laisser décramponner par le droit réel. En somme, le droit concret se transforme et le droit postmoderne traduit cette transformation mais aussi et peut-être surtout l'évolution de la pensée juridique censée l'accompagner.

Au droit moderne la loi et la jurisprudence. Au droit postmoderne les nouveaux objets normatifs que sont les usages, les codes privés, les chartes, les conditions générales d'utilisation, les contrats-types, les normes comptables, les normes managériales, les spécifications techniques, mais aussi les modes alternatifs de résolution des conflits, les labels, les standards, les protocoles, les meilleures pratiques, les statistiques, les indicateurs de performance, les classements, les algorithmes, les lois des marchés, les nudges etc.

Plus précisément, la thèse initiale de ce livre, qui le motive et l'oriente, est que *le droit global constituerait un laboratoire du droit postmoderne*. L'objectif de ce livre sera d'éclairer l'identité du droit postmoderne à l'aune du droit global, lequel a déjà été l'objet de nombreux et substantiels travaux. En ce sens, le droit global devra moins s'analyser en tant que fruit juridique de décisions politiques, à l'échelle nationale ou, plus sûrement, à l'échelle internationale, qu'en tant que donnée empirique, que réalité, que fait qui appelle des réactions à la fois de la part des gouvernants et de la part des observateurs et commentateurs. Le droit global paraît devoir être rangé derrière la bannière de la postmodernité tant le droit positif et le droit cognitif qui s'attachent à lui semblent en rupture par rapport au droit positif et au droit cognitif modernes. En effet, ces derniers étaient intimement attachés aux États quand le droit global se déploie pour une grande part à travers des normes et des institutions non étatiques et notamment privées.

« Il n'y a, en droit, que des pratiques par rapport auxquelles les principes sont des étiquettes plus ou moins exactes », professait Emmanuel Lévy[1]. L'enjeu sera, en partant du constat selon lequel nombre d'étiquettes deviennent trop imprécises et inconséquentes pour continuer à être employées pertinemment dans le nouvel espace juridique global et postmoderne qui se dessine[2], de mettre en avant d'autres étiquettes et d'autres principes plus congruents. Et le premier de ces principes n'est-il pas que « l'État n'est pas une nécessité logique mais une réalité historique, dont le sort dépend en dernière analyse de son efficacité »[3] ? L'éventuelle « crise de l'État » qui accompagnerait l'essor du droit global et du droit postmoderne sera ainsi au cœur de ce livre.

Bien que l'idée de droit global soit de mieux installée parmi les discours des observateurs et penseurs du droit[4], il importe de préciser dans quel sens elle sera ici comprise. On définit la branche du droit par son objet. Ainsi le droit global est-il le droit applicable aux activités et phénomènes globaux, aux activités et phénomènes transnationaux. Il s'agit d'un droit largement alimenté par des sources supranationales et transnationales et dont le champ d'application doit être planétaire ou, en tout cas, supra-étatique. Mais l'expression « droit global », aujourd'hui, désigne également divers champs doctrinaux, diverses théories qui pensent le droit à l'échelle du monde : droit administratif global, constitutionnalisme global,

[1] E. LÉVY, *Les fondements du droit*, Alcan, 1933, p. 76 (cité par G. GURVITCH, *L'expérience juridique et la philosophie pluraliste du droit*, Pedone, 1935, p. 171).

[2] *Cf.* B. BARRAUD, « La science et la doctrine juridiques à l'épreuve de la polysémie des concepts », *RIEJ* 2016, n° 76, p. 5 s.

[3] F. POIRAT, « État », in D. ALLAND, S. RIALS, dir., *Dictionnaire de la culture juridique*, Lamy-Puf, coll. Quadrige-dicos poche, 2003, p. 643.

[4] Notamment, B. FRYDMAN, *Petit manuel pratique de droit global*, Académie Royale de Belgique (Bruxelles), coll. L'Académie en poche, 2014 ; K. BENYEKHLEF, dir., *Vers un droit global ?*, Thémis (Montréal), 2016 ; J.-Y. CHÉROT, B. FRYDMAN, dir., *La science du droit dans la globalisation*, Bruylant (Bruxelles), coll. Penser le droit, 2012.

pluralisme juridique global ou encore droit naturel global. En ces pages, il sera seulement question du droit global entendu comme ensemble de normes visant des objets anationaux. L'intention ne sera aucunement de se fondre dans l'un des courants doctrinaux dits de « droit global ». Cette précision est importante tant, souvent, le droit global renvoie à des activités de recherche et prémisses particulières plus qu'à des normes et institutions spécifiques — même si toutes se rejoignent puisque les premières doivent permettre d'identifier et d'étudier les secondes.

Il faut rappeler la difficulté propre aux facultés de droit dans lesquelles le terme « droit » désigne à la fois l'objet étudié par la science et cette science elle-même. Le choix opéré dans le cadre de ce livre consiste bien à n'utiliser l'expression « droit global » qu'afin de désigner un ensemble de règles de droit positives.

Quant à l'expression « droit postmoderne », elle fera référence au nouveau droit positif qui se développe au XXIe s. à mesure que le droit dans son ensemble tend à suivre l'exemple du droit global, mais aussi au courant de théorie du droit qui émerge, rompant avec la modernité étatiste du XXe s. Le droit postmoderne est beaucoup moins fréquemment évoqué parmi les travaux des juristes que le droit global. Et, lorsqu'il est cité, c'est généralement en tant que mot-valise visant à exprimer les changements contemporains du droit sans plus de précision, ainsi qu'en témoignent les guillemets dont on l'affuble habituellement. Aussi l'un des objectifs de ce livre sera-t-il de contribuer à la clarification de l'idée de droit postmoderne, cela afin de favoriser son utilisation par la doctrine juridique. Pour l'heure, le droit postmoderne se présente sous un jour peu attrayant : celui d'un « terrain vague » de la doctrine. L'objectif sera d'investir ce terrain afin de poser les premières pierres de nouvelles constructions doctrinales.

En cette introduction, il conviendra d'expliquer que les réalités et les problématiques macro-juridiques attachées à la postmodernité juridique seront, au sein de cet ouvrage, comprises à travers un exemple micro-juridique spécifique : la liberté des communications. L'avènement de l'internet constitue une extraordinaire révolution pour cette liberté et, afin de pouvoir en rendre pleinement compte juridiquement, mieux vaut peut-être se détacher des canons modernes et se placer dans un espace postmoderne d'analyse et de réflexion juridiques. La liberté des communications et les normes et institutions qui l'entourent seraient donc tout spécialement significatives du droit global et, par suite, du droit postmoderne. Cette introduction au droit postmoderne sera donc régulièrement illustrée par des exemples tirés de la liberté des communications (*quatrième point*).

Auparavant, il s'agira de proposer une rapide « introduction à l'introduction » (*premier point*) puis de présenter dans leurs grandes lignes l'objet et la problématique de ce livre, à savoir identifier les principales caractéristiques du droit postmoderne (*deuxième point*) et mesurer l'évolution du rapport de force juridique entre États et société civile (*troisième point*).

Introduction à l'introduction

En tant qu' « introduction au droit postmoderne », l'ambition de cet ouvrage est de présenter au lecteur certaines des grandes questions que le droit postmoderne pose aux scientifiques et aux penseurs du droit, ainsi que les premières réponses qu'ils ont pu y apporter. Plus précisément, seront essentiellement envisagés les problèmes de la *définition du droit postmoderne* et des *sources du droit postmoderne*. Ce livre n'entend donc pas constituer une « introduction générale au droit postmoderne » puisqu'il n'a pas vocation à passer en revue l'ensemble des grandes problématiques du droit. Ainsi, ne seront pas interrogés ici d'éventuels procès et juridictions postmodernes, justice postmoderne, interprétation juridique postmoderne, raisonnement juridique postmoderne, principes juridiques postmodernes, actes et faits juridiques postmodernes, branches du droit postmodernes, personnes juridiques postmodernes, droits de l'homme postmodernes ou encore droits subjectifs postmodernes — autant d'éléments qu'on pourrait s'attendre à trouver traités au sein d'une introduction au droit ou, du moins, au sein d'une introduction générale au droit[1].

Il semble qu'une introduction au droit postmoderne, d'autant plus s'il s'agit de la première du genre, puisse potentiellement porter des contenus très hétérogènes. Aussi ce livre, en tant que simple première contribution, en appelle-t-il bien d'autres. Il n'aspire en aucun instant à saisir l'ensemble de la complexité et des ramifications épistémiques du « nouveau droit » qui prend

[1] On peut d'ailleurs se demander si l'expression « introduction générale au droit » ne constitue pas une *contradictio in adjecto* tant les ouvrages qui portent ce nom comportent des contenus relativement variés, en fonction des choix et des préférences de leurs auteurs — à moins de considérer que l'introduction serait qualifiée de « générale » par opposition aux introductions au droit civil, sans pour autant prétendre traiter toutes les grandes notions et toutes les grandes classifications qui constituent le droit. Comme l'explique Pascale Deumier, « en gagnant en généralité, l'introduction au droit perd en délimitation du propos : droit privé, droit public, droit pénal ; droit interne, droit international, droit européen ; droit français, droit étranger ; droit d'hier et d'aujourd'hui ; droit des textes et droit vivant ; “droit” tout court : comment prétendre introduire à un tel ensemble ? À la réflexion, l'ambition est irréalisable » (P. DEUMIER, *Introduction générale au droit*, 2e éd., LGDJ, coll. Manuel, 2013, p. 10). Et d'enseigner, en outre, que « l'introduction au droit pourrait sembler évidente : elle serait une initiation à la discipline, basée sur sa présentation générale, son intérêt, sa définition, son origine (tous éléments classiques d'une introduction), afin d'aider l'apprenti juriste à faire ses premiers pas en commençant par l'enseignement de quelques éléments simples. Si ce n'est qu'il n'y a pas, à proprement parler, de premiers éléments en droit ; il n'y a pas de base qui puisse se concevoir sans l'édifice ; il n'y a pas de donnée fondamentale qui se conjugue avec une certaine simplicité. Il existe pourtant, malgré ces obstacles, une tradition d'enseignement de l'introduction au droit » (*ibid.*, p. 9).

vie au XXIe s. Il ne faut donc pas en attendre davantage que quelques repères, quelques pistes de compréhension de la révolution copernicienne du droit que serait l'abandon des canons modernes au profit de nouveaux canons dits « postmodernes ». Cet ouvrage comportera surtout beaucoup d'interrogations. Les prochaines pages ne sauraient contenir un quelconque exposé exact et complet des nouvelles voies que le droit emprunte. Ces voies sont ô combien fluctuantes et incertaines. Le droit postmoderne, au moment où ces lignes étaient écrites, appartenait encore pour une grande part à l'avenir, un avenir par définition incertain.

Les introductions au droit s'articulent souvent autour de deux axes : celui de la définition du droit et de la présentation de sa structure élémentaire, d'une part ; celui des outils particuliers des juristes, qu'ils soient praticiens ou étudiants, d'autre part. Ce livre n'abordera que le premier de ces axes. En d'autres termes, il considérera la postmodernité juridique sous un angle global, cherchant à identifier ses grands traits, et délaissera les données techniques et fonctionnelles. Sera présentée la mécanique d'ensemble du droit postmoderne sans pouvoir s'attacher aux multiples rouages qui lui permettent de fonctionner — et de fonctionner différemment du droit moderne.

C'est pour toutes ces raisons que cet ouvrage porte le titre « Le droit postmoderne – *Une* introduction ». Son contenu est nécessairement arbitraire. Il n'est pas autre chose que le fruit d'orientations adoptées librement par son auteur. Il est le résultat d'une perception subjective du droit postmoderne, parmi bien d'autres concevables. Y compris sa thèse fondamentale, si elle découle de nombreuses observations empiriques tant parmi la doctrine contemporaine que parmi le droit positif actuel, ne saurait être, pour l'heure, qu'une simple proposition par nature ouverte à la discussion.

Et il faut d'ores et déjà énoncer cette thèse : *la principale caractéristique du droit postmoderne résiderait dans le développement d'une forme de concurrence, et parfois d'une forme de collaboration, entre puissance publique et puissance privée.* Alors que le droit moderne était marqué par la mainmise de l'État, sa souveraineté étant pour lui comme un « droit au droit », le droit postmoderne s'élaborerait autant dans des cadres privés que dans des cadres publics. Quant à la pensée ou théorie du droit postmoderne, sa principale particularité serait de permettre à la doctrine d'accepter toute cette part privée du droit, cela grâce à des approches qu'on pourrait qualifier de « panjuridistes » — selon lesquelles toutes les normes sociales seraient des normes juridiques.

C'est pourquoi il sera aussi souvent question, en ces pages, du droit postmoderne compris comme doctrine ou pensée juridique novatrice que du droit postmoderne désignant l'ensemble des normes et des institutions positives dont les formes et/ou les contenus rompent avec la modernité juridique. Ce livre a donc été conçu dans le but d'offrir une première approche, une grille de compréhension et une vision particulière des tendances émergentes qui empreignent tant la culture et la pensée juridiques que la pratique concrète et quotidienne du droit.

Les juristes seraient les hommes des questions autant que ceux des réponses. Comme Socrate, il faudrait avoir question à tout avant d'espérer avoir réponse à tout. Néanmoins, le temps des questionnements ne saurait durer éternellement. Si le philosophe s'interroge sans cesse car, à chaque réponse obtenue, il trouve de nouvelles raisons de questionner, le chercheur en droit, lui, doit progresser à grands coups de conclusions. Il est soumis à une stricte obligation de résultat.

Cependant, le présent livre, en raison de son objet étonnant, si ce n'est détonnant, a vocation avant tout à favoriser les questionnements autour du droit postmoderne. À son sujet, il est encore trop tôt pour pouvoir avancer quelques affirmations fermes et définitives. Les développements à venir seront bien des *propositions relatives au droit postmoderne* et en aucun cas l'énonciation de quelconques vérités. En ce sens, il s'agira véritablement d'une introduction : ces pages viseront à *introduire la postmodernité juridique dans les discussions et les réflexions des juristes*.

Selon les dictionnaires de la langue française, une introduction est « ce qui *prépare* quelqu'un à la connaissance ou à la pratique d'une chose »[1]. En l'occurrence, l'objectif sera de préparer à la connaissance ou à la pratique du droit postmoderne, en présentant ses principaux traits distinctifs. Cela devra permettre de le reconnaître et de le distinguer du droit moderne, condition indispensable à sa connaissance comme à sa pratique.

L'introduction au droit postmoderne devra introduire, non le droit postmoderne chez le lecteur, mais le lecteur au sein du droit postmoderne. Elle le fera entrer dans cet univers nouveau et étonnant et se devra d'être la plus accueillante et chaleureuse possible afin d'éviter qu'il ne soit tenté de s'échapper. Nombreux sont ceux qui, après être entrés par la porte, se sont enfuis par la fenêtre parce qu'ils n'avaient pas été séduits par les lieux. Or l'enjeu n'est pas un autre que celui d'une meilleure acceptation et d'une meilleure compréhension du droit contemporain.

Cette introduction devra donc mettre dans les mains du lecteur le fil conducteur et les clés du droit postmoderne. Si elle était une « introduction générale », elle devrait se démultiplier et être également, outre les clés, la porte, le cadre de la porte, la serrure, le couloir et le vestibule. En tant qu'introduction simple, n'ayant aucune prétention à la généralité ni à l'exhaustivité, elle se concevra telle une carte et une boussole ; elle devra permettre au lecteur s'aventurant dans la jungle du droit postmoderne de voir où il va, comment il y va et pourquoi

[1] V° « Introduction », in *Le Petit Robert 2013*, Le Robert, 2012 (non souligné dans le texte original).

il y va. Dès lors, peut-être y ira-t-il l'esprit empli d'intérêt et de curiosité, ayant hâte de savoir ce qu'il trouvera une fois arrivé à destination, c'est-à-dire au cœur de la vie du droit postmoderne telle qu'elle se donne à voir concrètement loin des introductions et autres spéculations d'ordre littéraire.

Pour mener à bien sa mission, une introduction au droit doit en premier lieu définir son objet. Par conséquent, ce livre devra avant toute autre chose chercher à caractériser le droit postmoderne ; et c'est bien ce qu'il s'efforcera à faire. Toutefois, la notion de « droit postmoderne » est si nébuleuse et pose des interrogations d'une profondeur, d'une intensité, d'une difficulté et d'une complexité telles qu'il serait fort présomptueux d'imaginer pouvoir la circonscrire pertinemment et définitivement ; en somme, il serait présomptueux d'imaginer pouvoir proposer autre chose qu'une modeste « introduction ».

Le droit postmoderne est à l'image de l' « esprit du capitalisme » à propos duquel Max Weber observait :

> *Un tel concept doit être composé graduellement, à partir de ses éléments singuliers qui sont à extraire un à un de la réalité [...]. On ne peut donc trouver le concept définitif au début mais à la fin de la recherche. En d'autres termes, c'est seulement au cours de la discussion que se révèlera le résultat essentiel de celle-ci, à savoir la meilleure façon de formuler ce que nous entendons par « esprit du capitalisme ».*[1]

L'objet d'étude est nécessairement travaillé et retravaillé constamment tout au long de l'aventure. Et ce livre ne saurait constituer qu'une petite partie de la grande aventure du droit postmoderne, laquelle n'en est encore qu'à ses prémices. Au sein d'une telle introduction, ne pourra être proposée qu'une

[1] M. WEBER, *L'Éthique protestante et l'esprit du capitalisme* (1920), Pocket, coll. Agora, 1967, p. 43.

première définition, qu'une définition *a priori* du droit postmoderne. Cet ouvrage ne saurait contenir davantage qu'un « signalement provisoire »[1] de ce nouveau droit.

Reste qu'il semble qu'une introduction au droit joue à l'égard de l'étude du droit le même rôle que celui joué par l'introduction formelle de tout ouvrage scientifique. Au sein de cette introduction, il s'agira bien d'introduire : introduire, déjà, au sens de l'expression « droit postmoderne » et à sa traduction concrète dans le monde des normes et des institutions ; introduire, ensuite, aux outils d'analyse adaptés en vue de la compréhension des évolutions du droit dans un monde globalisé ; introduire, enfin, aux limites et aux contraintes méthodologiques qui semblent accompagner l'essor du droit postmoderne.

Le concept de droit postmoderne est très puissant par sa simplicité et sa densité. C'est à la fois sa force et sa faiblesse. Le danger est qu'il s'avère inutilisable du fait de ses trop grandes transversalité et polysémie. Si le chercheur doit idéalement concilier la *rigueur de la construction* et le *libre cheminement de la pensée*, le droit postmoderne, dans son état actuel, est bien plus propice au libre cheminement de la pensée qu'à la rigueur de la construction, cela en raison de la multiplicité de ses significations et de ses implications. C'est pourquoi il paraît utile de proposer un essai de clarification, un essai d'introduction au droit postmoderne. Et cela oblige à fournir diverses explications et à prendre quelques précautions au sein d'une introduction (au sens formel cette fois, désignant

[1] Max Weber écrivait, à propos de l'introduction de son plus célèbre livre : « Si nous réussissions à déterminer l'objet que nous essayons d'analyser et d'expliquer, il ne s'agira pas d'une définition conceptuelle mais, au début tout au moins, d'un signalement provisoire de ce que nous entendons par "esprit du capitalisme" » (*ibid.*, p. 44).

les premières pages du livre) revêtant des allures de prolégomènes[1].

Enfin, avant de présenter plus avant l'objet de ce livre, qu'il soit permis de rappeler, avec Hans Kelsen, que « l'histoire de la pensée humaine montre que la science, et donc également la science du droit, se libère toujours de l'état de dépendance dans lequel le pouvoir tente continuellement de la maintenir »[2] ; et que, « dans la lutte incessante du pouvoir contre la pensée, [...] la victoire du pouvoir n'est jamais définitive ; la pensée résiste [...] jusqu'à atteindre à nouveau ce qui seul correspond à sa nature propre, à savoir la liberté »[3].

Peut-être la meilleure définition du droit postmoderne est-elle celle qui l'envisage tel un *droit libre*[4].

[1] L'auteur d'une méthode de la recherche en droit enseigne que l'introduction devrait normalement occuper 2 à 5 % de la longueur totale de l'ouvrage (R. ROMI, *Méthodologie de la recherche en droit*, 2e éd., Litec, coll. Objectif droit, 2011, p. 50-51). L'introduction d'un livre comportant 300 pages devrait donc se limiter à une quinzaine de pages au maximum, ce qui semble peu tant l'introduction concentre généralement les réponses aux questionnements les plus décisifs pour la recherche subséquente. Il n'est toutefois pas rare de trouver des professeurs qui expliquent que les ouvrages des juristes comptent traditionnellement non pas deux mais trois parties, l'introduction devant être considérée telle une partie à part entière (J. BONNARD, « Variations sur le plan en deux parties en usage dans nos facultés de droit », *LPA* 19 juin 2012, p. 13). Elle pourrait aller jusqu'à recouvrir un tiers du texte, à l'instar du fameux livre de François Gény *Science et technique en droit privé positif*, lequel est découpé en quatre volumes dont le premier est entièrement consacré à l'introduction. Au sein de ce livre, l'introduction occupe environ un sixième de l'espace, ce qui constitue peut-être une juste proportion au vu du besoin de précisément circonscrire le sens et la portée conférés par l'auteur au sujet, ainsi que le cadre méthodologique et épistémologique dans lequel il s'insère.

[2] H. KELSEN, « Qu'est-ce que la théorie pure du droit ? » (1953), *Dr. et société* 1992, p. 567-568.

[3] *Ibid.*, p. 568.

[4] Par opposition au dogmatisme qui caractérise sous bien des aspects le droit moderne.

Il faudra néanmoins, en ces pages, s'attacher à dresser un portrait-robot plus précis du droit postmoderne. Tel sera l'objet de ce livre.

L'objet de la recherche : identifier les principales caractéristiques du droit postmoderne

Si l'expression « droit postmoderne » confère à cet ouvrage son intitulé, il est délicat de la définir. En effet, elle est utilisée occasionnellement par la doctrine dans des sens fort divers et parfois même contradictoires. Pour l'heure, il faut se borner à définir le droit postmoderne négativement, par opposition au droit moderne : qu'il soit compris comme droit positif ou comme discipline étudiant et pensant ce droit positif, le droit postmoderne vient après le droit moderne et s'en distingue sous de nombreux aspects. Ce sera l'objet de ce livre, en s'appuyant sur les enseignements issus de l'examen du droit global, que d'identifier plus exactement ces aspects qui rendent le droit postmoderne différent du droit moderne et qui traduisent l'entrée à venir du droit dans une nouvelle ère — « à venir » car le droit, dans son ensemble, est encore loin de suivre l'exemple du droit global et il faut gager que l'heure reste, pour l'instant, majoritairement au droit moderne et aux droits nationaux.

Ensuite, il faut préciser les limites de l'objet de cette recherche. En premier lieu, il s'avère que ce ne sont ni des normes ni des institutions particulières qui tentent d'encadrer les objets, activités et phénomènes de la mondialisation, cela car le droit étatique ne parvient pas à évoluer à la mesure des exigences nouvelles qui se présentent à lui. Il faudrait alors songer à une (r)évolution légistique et envisager de nouveaux modes publics d'édiction des normes, de nouveaux principes encadrant les procédures publiques de création juridique. Invite à réfléchir à une telle (r)évolution l'affirmation que formulait

Rousseau et selon laquelle « tant qu'un peuple est contraint d'obéir et qu'il obéit, il fait bien ; sitôt qu'il peut secouer le joug, et qu'il le secoue, il fait encore mieux ; car, recouvrant sa liberté par le même droit qui le lui a ravie, ou il est fondé à la reprendre, ou on ne l'était point à la lui ôter »[1]. Et incitent à repenser l'État à l'aune du pluralisme juridique qui est la marque du droit postmoderne les dires de Duguit selon lesquels,

> *Pour qu'il y ait un État, la puissance de contrainte doit être irrésistible. Je veux dire par là qu'elle ne sera une puissance étatique que si dans l'intérieur du groupement elle ne rencontre pas une puissance rivale qui s'oppose à elle et l'empêche d'assurer par la force la réalisation de sa volonté. Si cette puissance rivale existe et s'il vient un moment où elle peut résister à la puissance préétablie, celle-ci cesse d'être étatique. Si les deux puissances s'équivalent et se neutralisent, pendant qu'il en sera ainsi, il n'y aura pas d'État, mais au sens étymologique du mot une anarchie, laquelle durera jusqu'au moment où une puissance irrésistible aura pu se constituer.*[2]

Seulement pareils propos ne sauraient-ils être discutés en ces pages ; les causes du besoin d'une légistique postmoderne ainsi que les solutions à y apporter ne pourront être envisagées qu'ailleurs. Ici, il s'agira uniquement d'opérer le constat du décalage entre des institutions étatiques tournées vers le passé et un droit postmoderne tourné vers l'avenir.

On souligne combien « la question centrale du droit politique est la question de la légitimation »[3]. Il convient d'accepter, sans

[1] J.-J. ROUSSEAU, *Du contrat social*, 1762, L. I, chap. 1.

[2] L. DUGUIT, *Traité de droit constitutionnel – Tome premier : La règle de droit, le problème de l'État*, 3e éd., De Boccard, 1927, p. 537.

[3] Ch. GUSY, « Considérations sur le "droit politique" », *Jus Politicum* 2008, n° 1, p. 10.

autre forme de procès, et même si cette question de la légitimation se pose avec une acuité certaine en matière de droit global et de droit postmoderne, qu'une introduction au droit ne saurait s'inscrire dans l'espace dudit « droit politique » et qu'il faut se contenter, en tant que scientifique du droit, de décrire objectivement et empiriquement ce que sont le droit global et le droit postmoderne dont il témoigne, loin de se demander ce qu'ils pourraient ou devraient être.

Certains vont jusqu'à voir dans les objets et phénomènes de la mondialisation des facteurs obligeant à redéfinir l'État ; il faudrait assurément y réfléchir, en particulier sous l'angle de la souveraineté et de la puissance de l'État, mais ailleurs qu'en ce livre[1]. Déjà Duguit proposait de s'interroger quant au fait que « la forme romaine, régalienne, jacobine, napoléonienne, collectiviste de l'État, liée au principe de souveraineté, qui n'est qu'un autre nom du droit subjectif de l'État de commander, est en train de mourir »[2]. Et d'aucuns de considérer aujourd'hui que « l'État ne peut se permettre de laisser proliférer sans limites un tel bouillon de culture normatif. À peine d'y perdre l'existence même, il lui faut imprimer sa marque, imposer son ordre, faire son tri et se poser en maître du droit dans la cité »[3].

Malgré leur grand intérêt et malgré le fait que le droit global permette de grandement les alimenter, de semblables réflexions ne sauraient être engagées au sein des présents travaux. Ceux-ci seront principalement consacrés à la recherche des normes et des institutions qui gravitent autour du droit postmoderne et à leur *« description critique »*, si cela n'est pas un oxymore.

[1] *Cf.* ainsi B. BARRAUD, *L'État – Entre fait et droit*, L'Harmattan, coll. Logiques juridiques, 2015, *passim*.

[2] Cité par G. GURVITCH, *Éléments de sociologie juridique*, Aubier, 1940, p. 104.

[3] D. DE BÉCHILLON, *Qu'est-ce qu'une règle de droit ?*, Odile Jacob, 1997, p. 97.

> *Des jurisconsultes, écrivait Portalis, ont poussé le délire jusqu'à croire que des particuliers pouvaient traiter entre eux comme s'ils vivaient dans ce qu'on appelle l'état de nature et consentir tel contrat qui peut convenir à leurs intérêts comme s'ils n'étaient gênés par aucune loi. [...] Toutes ces dangereuses doctrines fondées sur d'éversives maximes fondamentales doivent disparaître devant la sainteté des lois. [...] Protéger les conventions contre la loi, ce serait placer les volontés individuelles au-dessus de la volonté générale, ce serait dissoudre l'État.*[1]

Les conventions particulières conclues entre acteurs des activités globales, notamment entre multinationales, qui ignorent les droits étatiques sont légion et certainement l'illustre légiste n'aurait-il que peu goûté à pareil spectacle. Avec lui, il faut préférer le droit d'origine publique au droit d'origine privée, sans quoi l'intérêt général et les droits et libertés fondamentaux pourraient se retrouver dangereusement malmenés — c'est l'État qui doit jouer le « rôle de moteur et de frein »[2]. Cependant, de telles considérations idéologiques doivent également être laissées à la porte de la présente introduction au droit postmoderne, celle-ci devant contenir essentiellement des observations objectives et empiriques.

Si un droit postmoderne d'origine publique est une perspective plus engageante qu'un droit postmoderne d'origine privée, il faut ici se borner à constater que, actuellement, le droit postmoderne est *le résultat de pratiques de la société civile plus que d'interventions politiques des gouvernants*. Le premier lieu de production du droit est normalement l'État, en

[1] J.-É.-M. PORTALIS, « Exposé des motifs du projet de loi intitulé "titre préliminaire" », in *Écrits et discours juridiques et politiques*, PUAM (Aix-en-Provence), 1988 (cité par L. CHARBONNEL, *La hiérarchie des normes conventionnelles : contribution à l'analyse normativiste du contrat*, th., Université d'Avignon et des Pays de Vaucluse, 2010, p. 82).

[2] G. BURDEAU, *L'État* (1970), Le Seuil, coll. Points, 2009, p. 114.

tout cas d'un point de vue moderne. Celui-ci est d'ailleurs bel et bien — et très paradoxalement — le foyer de normes constitutives du droit postmoderne dominant ; mais les organisations privées le concurrencent. Son retrait, quoique relatif, est une réalité ; et il faut croire que *l'État cherche pourtant à accroître sa part de marché sur le « marché du droit »*, loin de vouloir se désengager. Le droit postmoderne, spécialement à travers la figure du droit global, est ainsi le terreau d'une surprenante *« guerre des sources »* qui semble être l'une de ses premières caractéristiques.

Au sein de ce livre, il s'agira de *comprendre et expliquer les moyens mis en œuvre par les institutions étatiques et interétatiques afin de prendre davantage le contrôle du droit postmoderne, mais aussi et peut-être surtout de comprendre et expliquer leurs limites*. Reste que les causes autant que les conséquences de la « crise de l'État »[1], du fait que l'État d'aujourd'hui ne pourrait plus être l'État « providence »[2] ou « propulsif »[3] d'hier, ne sauraient être étudiées en ces pages où il ne sera autorisé que de *présenter l'état actuel des différentes sources du droit postmoderne*, éventuellement en le mettant en perspective avec leur état passé. En d'autres termes, il faudra uniquement observer objectivement et empiriquement, pour reprendre les mots du Conseil d'État, comment les États ont tenté et tentent de « rééquilibrer la gouvernance globale pour mieux y faire valoir les intérêts généraux que notre société entend protéger »[4].

[1] Par exemple, S. GOYARD-FABRE, *L'État, figure moderne de la politique*, Armand Colin, coll. Cursus philosophie, 1999, p. 96 (qui observe la « crise de l'État-providence, une crise qui ronge ses institutions »).

[2] Par exemple, F. EWALD, *L'État providence*, Grasset, 1986.

[3] Ch.-A. MORAND, dir., *L'État propulsif – Contribution à l'étude des instruments d'action de l'État*, Publisud, 1991.

[4] Conseil d'État, *Le numérique et les droits fondamentaux*, La documentation française, coll. Les rapports du Conseil d'État, 2014, p. 262.

Les pouvoirs publics, au niveau étatique et au niveau supra-étatique, s'efforcent à abandonner le moins possible le droit global et le droit postmoderne aux organisations privées, lesquelles sont logiquement portées à défendre leurs intérêts propres plutôt que l'intérêt général. Mais ces pouvoirs publics font face à diverses difficultés et n'atteignent que très imparfaitement cet objectif. Par suite, la problématique retenue dans le cadre de cette introduction au droit postmoderne, qui lui servira de fil conducteur, découle de ce constat.

La problématique centrale du droit postmoderne : l'évolution du rapport de force juridique entre États et société civile

La problématique de ce livre est la suivante :

En quoi et dans quelle mesure l'évolution du rapport de force juridique entre États et société civile témoigne-t-il du passage de la modernité juridique à la postmodernité juridique ?

La caractéristique la plus importante du droit postmoderne semble résider dans la concurrence juridique qui se développe entre États et société civile — là où le droit moderne coïncidait avec une grande, si ce n'est totale, domination des États. Peut-être devient-il aussi important de savoir reconnaître la société civile que de savoir reconnaître l'État.

Rien ne permet d'affirmer que l'époque contemporaine serait moins que par le passé propice à l'étude des transformations[1],

[1] Réf. à L. DUGUIT, *Les transformations du droit public* (1913), La Mémoire du droit, 1999 ; également, M. CONAN, B. THOMAS-TUAL, dir., *Les transformations du droit public*, La Mémoire du droit, 2010.

de l'évolution[1] ou des mutations[2] du droit, quel que soit l'aspect envisagé. Le droit global est sans aucun doute, davantage que les objets normatifs plus ordinaires dans l'antre des facultés de droit, un terrain d'investigation permettant de rechercher et d'observer ces transformations, évolutions et mutations du droit. En particulier, il importe de se concentrer sur les origines privées de ce droit global, car il semble que nombre d'organisations privées jouent un rôle aussi important dans la construction de ce droit que les institutions publiques[3], d'autant plus qu'il faudrait ajouter au critère des quantités de normes produites[4] celui de *l'effectivité des règles* (les règles provenant des organisations privées sont souvent aussi effectives que les règles provenant des institutions publiques).

Les pouvoirs privés sont loin de se réduire à l'ouverture tolérée par l'article 1103 du Code civil[5] — code que Jean Carbonnier qualifiait, à l'ère des nationalismes juridiques, de « Constitution de la France »[6]. Les règles qu'ils édictent sont bien davantage à côté de l'État, parallèles aux règles étatiques, que constitutives de la base de la « pyramide » des normes en ce qu'elles seraient validées par des règles étatiques et en premier

[1] Réf. à *Mélanges Achille Mestre – L'évolution du droit public*, Sirey, 1956.

[2] Réf. à M.-C. PONTHOREAU, « Trois interprétations de la globalisation juridique – Approche critique des mutations du droit public », *AJDA* 2006, p. 20 s.

[3] Par exemple, É. CLERC, « La gestion semi-privée de l'internet », in Ch.-A. MORAND, dir., *Le droit saisi par la mondialisation*, Bruylant (Bruxelles), 2001, p. 333 s.

[4] Ce critère a été utilisé au moment de procéder à une expérience de mesure de la réalité du pluralisme juridique. *Cf.* B. BARRAUD, *Mesurer le pluralisme juridique – Une expérience*, L'Harmattan, coll. Le droit aujourd'hui, 2017.

[5] « Les contrats légalement formés tiennent lieu de loi à ceux qui les ont faits ».

[6] J. CARBONNIER, « Préface », in A. BÉNABENT, *La chance et le droit*, LGDJ, 1973, p. XIII (cité par P.-Y. GAUTIER, « Passions et raison du droit en matière de jeux d'argent », *Pouvoirs* 2011, n° 139, p. 99).

lieu par ledit article 1103[1]. Et ces règles d'origine privée font régulièrement preuve d'autant de force, si ce n'est juridiquement en tout cas factuellement, que les normes produites par l'État — c'est alors que le critère de l'effectivité intervient — ; elles viennent ainsi confirmer la théorie de la supériorité du contrat privé sur la loi étatique établie, notamment, par Proudhon[2].

Comme le montre le droit global, les contrats transnationaux[3] ne pourraient qu'être attachés à une efficacité supérieure par rapport à des lois étatiques territorialisées[4]. Et Philippe Jestaz de remarquer que « le contrat a sur la loi cette supériorité d'exprimer concrètement le droit en action »[5]. Le contrat serait du « droit en formation continue »[6], ce qui lui donnerait, face à des objets aussi rapides et mouvants que ceux issus de la mondialisation — tels que, par exemple, l'internet —, un avantage peut-être irrattrapable sur la loi et sur les lentes et complexes procédures propres à l'édiction publique de normes. Ainsi, pour prendre un exemple concret, dans le match entre la clause des conditions générales d'utilisation de facebook.com

[1] On observe en ce sens le « développement récent d'un contrat aux prétentions autonomistes, celui du commerce international dont la velléité est d'être reconnu et sanctionné indépendamment de toute loi étatique » (P. DEUMIER, Th. REVET, « Ordre public », in D. ALLAND, S. RIALS, dir., *Dictionnaire de la culture juridique*, Lamy-Puf, coll. Quadrige-dicos poche, 2003, p. 1120).

[2] *Cf.* A.-S. CHAMBOST, *Proudhon et la norme – Pensée juridique d'un anarchiste*, Presses universitaires de Rennes, 2004.

[3] *Cf.*, notamment, V. GAUTRAIS, *Le contrat électronique international*, Bruylant (Bruxelles), 2002 ; D. MARTEL, « Les contrats internationaux sur le web », *RLDI* 2012, n° 81.

[4] *Cf.*, par exemple, N. A. OVALLE DIAZ, *La production pluraliste du droit transnational contemporain*, th., Université d'Ottawa, 2015.

[5] Ph. JESTAZ, *Les sources du droit*, Dalloz, coll. Connaissance du droit, 2005, p. 89.

[6] Th. S. RENOUX (cité par E. KERVICHE, « Débats et discussions », in M. FATIN-ROUGE STÉFANINI, L. GAY, J. PINI, dir., *Autour de la qualité des normes*, Bruylant (Bruxelles), coll. À la croisée des droits, 2010, p. 299).

ou de twitter.com selon laquelle seul le droit des États-Unis est applicable et seuls les tribunaux des États-Unis sont compétents[1] et la décision de justice nationale par laquelle un tribunal s'estime néanmoins entièrement compétent[2], il n'est pas certain que la puissance publique l'emporte sur la « puissance privée ». La liberté des communications et le droit de l'internet seraient des témoignages topiques du dépassement de l'État par la société civile[3], devenue « troisième pouvoir »[1],

[1] « Ces Conditions et toute action judiciaire engagée en relation avec ces Conditions sont régies par les lois de l'État de Californie des États-Unis d'Amérique sans considération et sans faire application des dispositions légales de votre État ou de votre pays de résidence relatives aux conflits de lois. Toutes les réclamations, poursuites judiciaires ou litiges en relation avec les Services seront portés exclusivement devant les tribunaux fédéraux ou d'État situés dans le county de San Francisco en Californie, États-Unis. Vous acceptez la compétence matérielle et territoriale de ces tribunaux et renoncez à toute objection à ce titre » (Conditions générales d'utilisation de twitter.com, art. 12-B).

[2] CA Pau, 23 mars 2012, *Sébastien R. c/ Facebook*. La clause des conditions générales d'utilisation de facebook.com qui donne compétence aux tribunaux de Californie est jugée inapplicable. Le tribunal français est parfaitement compétent, selon le droit étatique, pour connaître du litige en application de l'article 46 du Code de procédure civile qui prévoit que le demandeur peut saisir le tribunal du lieu où le dommage a été saisi. L'article 48 du même code dispose, pour sa part, que « toute clause qui, directement ou indirectement, déroge aux règles de compétence territoriale est réputée non écrite à moins qu'elle n'ait été convenue entre des personnes ayant toutes contracté en qualité de commerçant et qu'elle n'ait été spécifiée de façon très apparente dans l'engagement de la partie à qui elle est opposée ».

[3] Par exemple, M. PLICHTA, « La société civile a pris conscience de sa force », *Le Monde* 13 janv. 2001 ; également, P. ROSANVALLON, *Le modèle politique français – La société civile contre le jacobinisme de 1789 à nos jours*, Le Seuil, coll. Points histoire, 2004. La société civile est parfois définie comme « ce qui reste d'une société quand l'État se désengage complètement » (G. ARBOIT, A. KIYINDOU, M. MATHIEN, « Société civile », in Commission française pour l'UNESCO, *La « société de l'information » : glossaire critique*, La documentation française, 2005, p. 81).

et du fait que la loi ne pourrait plus guère être considérée autrement que tel un « amour déçu »[2] — la dernière partie de cette introduction sera consacrée aux exemples de la liberté des communications et du droit de l'internet, exemples topiques du droit global et, par suite, du droit postmoderne.

Dès lors, le droit global et la postmodernité juridique qui l'accompagne obligeraient à se tourner résolument en direction du *pluralisme juridique* — et à abandonner tout aussi résolument le cadre du monisme étatiste. Le pluralisme juridique peut se comprendre en différents sens et il est plusieurs façons de l'étudier, ainsi qu'en témoigne la mise en parallèle de la théorie syncrétique du droit — qui aboutit à consacrer le pluralisme juridique qualitatif —[3], des jusnaturalismes, des propositions socio-anthropologiques et du « pluralisme juridique radical »[4] dans un ouvrage intitulé *Théories du droit et pluralisme juridique*. Jean Carbonnier, par exemple, outre le pluralisme des ordres, systèmes ou sources juridiques, décrivait un pluralisme des groupements organisés et un pluralisme des groupements inorganisés, un pluralisme collectif et un pluralisme individuel (n'existant que dans la conscience personnelle), un pluralisme catégorique et un pluralisme diffus, un pluralisme dogmatique et un pluralisme sociologique, ou encore un pluralisme historique et un

[1] Réf. à N. PERLAS, *La société civile : le 3e pouvoir*, Yves Michel, coll. Société, 2003. *Cf.*, notamment, M. GUÉNAIRE, *Déclin et renaissance du pouvoir*, Gallimard, 2002.

[2] P. DEUMIER, *Introduction générale au droit*, 2e éd., LGDJ, coll. Manuel, 2013, p. 177.

[3] *Cf.* B. BARRAUD, *Théories du droit et pluralisme juridique – t. II : La théorie syncrétique du droit et la possibilité du pluralisme juridique*, PUAM (Aix-en-Provence), coll. Inter-normes, 2016.

[4] *Cf.* B. BARRAUD, *Théories du droit et pluralisme juridique – t. I : Les théories dogmatiques du droit et la fragilité du pluralisme juridique*, PUAM (Aix-en-Provence), coll. Inter-normes, 2016.

pluralisme actuel[1]. Le pluralisme des pluralismes juridiques est donc une réalité[2].

En cette introduction au droit postmoderne préoccupée en premier lieu par la question des sources du droit, le pluralisme juridique désignera la *situation dans laquelle coexistent effectivement, à l'échelle d'une branche du droit et d'un espace étatique donnés, des sources étatiques et des sources privées de règles de droit*[3]. Pareille acception se focalise donc sur la notion de « source ». Elle doit amener à établir une « taxinomie » précise des différentes sources de règles de droit. En définitive, le pluralisme juridique ainsi compris rend nécessaire la construction ou, au moins, l'acceptation d'une complète *théorie des sources du droit*. Et la *summa divisio* de cette théorie consiste à opposer les sources publiques et les sources privées, donc les normes produites par les États et les normes produites par la société civile. Tel semble être le cœur du droit postmoderne. En tout cas, tel sera le cœur de la problématique de ce livre : la nouvelle concurrence normative entre États et société civile, qui est synonyme de pluralisme juridique et qu'illustre à merveille le droit global.

Ce choix d'envisager le droit postmoderne par le prisme de l'opposition des sources publiques et privées de normes emporte de grandes conséquences. En effet, se concentrer sur les sources du droit signifie toujours, plus ou moins explicitement, plus ou moins évidemment, se concentrer sur le pluralisme juridique, loin de tout monisme. D'ailleurs, on juge que « le pluralisme des sources du droit est l'objet d'un

[1] *Cf.* J. CARBONNIER, *Sociologie juridique*, Puf, coll. Quadrige manuels, 2004.

[2] En ce sens, J.-G. BELLEY, « pluralisme juridique », in A.-J. ARNAUD, dir., *Dictionnaire encyclopédique de théorie et de sociologie du droit*, 2e éd., LGDJ, 1993, p. 446.

[3] B. BARRAUD, *Théories du droit et pluralisme juridique – t. I : Les théories dogmatiques du droit et la fragilité du pluralisme juridique*, PUAM (Aix-en-Provence), coll. Inter-normes, 2016, n° 8.

consensus »[1], que lesdites sources se remarquent à leur « irréductible pluralité »[2] et à leur irréductible complexité[3], que cette pluralité et cette complexité sont « la constante de la problématique des sources du droit »[4] ou encore qu'il est impossible de parler de « source du droit » au singulier[5]. Il n'est, semble-t-il, que permis d'abonder dans le sens de Duguit lorsqu'il enseignait que, « malgré le large développement qu'a pris l'activité du législateur positif, il n'y a point coïncidence complète entre la norme juridique et la loi, entre le droit objectif et le droit législatif. [...] Qu'on ait toujours présent à l'esprit que la loi peut ne pas être le droit et que, à coup sûr, elle n'est jamais tout le droit »[6].

Néanmoins, il faut ajouter que, lorsque seules des sources publiques de normes sont prises en considération, il ne saurait s'agir que de « faux » pluralisme juridique, le « vrai » pluralisme juridique au sens de ce livre étant celui visant *la cohabitation de sources publiques et de sources privées de normes juridiques*. Le droit postmoderne ne saurait se réduire à un simple pluralisme des sources. Encore faut-il préciser que sa grande caractéristique résiderait dans la prise d'importance

[1] P. DEUMIER, *Introduction générale au droit*, 2e éd., LGDJ, coll. Manuel, 2013, p. 56.

[2] R. ENCINAS DE MUNAGORRI, « Théorie des sources du droit », [en ligne] <universalis.fr>.

[3] Ch. ATIAS, *Épistémologie juridique*, Dalloz, coll. Précis, 2002, p. 142.

[4] P. DEUMIER, Th. REVET, « Sources du droit (problématique générale) », in D. ALLAND, S. RIALS, dir., *Dictionnaire de la culture juridique*, Lamy-Puf, coll. Quadrige-dicos poche, 2003, p. 1432.

[5] J.-F. PERRIN, *Pour une théorie de la connaissance juridique*, Droz (Genève), 1979, p. 103.

[6] L. DUGUIT, *Traité de droit constitutionnel – Tome premier : La règle de droit, le problème de l'État*, 3e éd., De Boccard, 1927, p. 183. Aujourd'hui, certains vont même jusqu'à considérer que « les sources législatives sont multiples » (D. DE BELLESCIZE, L. FRANCESCHINI, *Droit de la communication*, 2e éd., Puf, coll. Thémis droit, 2011, p. 28).

inédite de la société civile en tant que source du droit et même plus en tant que *source du droit indépendante des pouvoirs publics*. Ainsi de véritables puissances privées viendraient-elles concurrencer la puissance publique et, par suite, l'inviteraient-elles à une remise en question.

Pour terminer cette partie introductive, il reste à brièvement présenter la liberté des communications. En effet, c'est cet objet normatif postmoderne qui a été retenu en tant que sujet d'expérience, permettant d'illustrer et, plus encore, d'orienter le propos développé au sein de cette introduction au droit postmoderne.

Une introduction au droit postmoderne éclairée par l'examen d'un objet normatif global : la liberté des communications

Les différentes explications de ce livre seront régulièrement illustrées par le cas particulier de la liberté des communications. Celle-ci, en ce qu'elle emprunte beaucoup au droit de l'internet, paraît constituer un parangon de droit global. Aussi convient-il de rapidement expliciter ce qui constitue donc le terrain d'enquête de cette recherche relative au droit postmoderne.

La liberté, suivant la définition qu'en donnent les dictionnaires de la langue française, est l' « état de celui qui n'est soumis à aucune contrainte externe »[1], dont les actions sont déterminées uniquement par le libre-arbitre. En termes juridiques, encore faut-il ajouter que la liberté est plus exactement l'état de celui qui n'est soumis à aucune contrainte législative, règlementaire ou, plus généralement, normative. Or tout dépend de la définition du droit retenue et,

[1] V° « Liberté », in *Trésor de la langue française*.

selon que cette définition sera moderne ou postmoderne, le sens et la portée de la liberté varieront plus ou moins sensiblement. Autrement dit, la liberté peut être consacrée, protégée, encadrée et/ou limitée soit par les pouvoirs publics, soit par les pouvoirs privés, soit par les uns et les autres à la fois, en concurrence. En fonction des instruments d'observation mis en œuvre par le chercheur, les résultats de ses travaux pourront différer grandement puisqu'il ne sera pas amené à étudier les mêmes objets normatifs. Et cela vaut en particulier à propos de la liberté des communications, que des pouvoirs publics mais aussi des pouvoirs privés contribuent à modeler.

La liberté des communications est l'état de celui qui peut transmettre des informations ou données quelconques en n'étant soumis à aucune contrainte normative. Dans ce cas, la liberté est totale. Mais, le plus souvent, la liberté des communications est une liberté régulée, soit la situation de celui qui n'est soumis qu'à des contraintes normatives minimales visant à protéger les droits et libertés d'autrui — la liberté, selon l'article 4 de la Déclaration des droits de l'homme et du citoyen du 26 août 1789, « consiste à pouvoir faire tout ce qui ne nuit pas à autrui : ainsi, l'exercice des droits naturels de chaque homme n'a de bornes que celles qui assurent aux autres membres de la société la jouissance de ces mêmes droits ». La liberté n'est évidemment incompatible ni avec la loi ni avec le droit. Au contraire, ceux-ci sont normalement nécessaires afin de la consacrer, de la protéger, de l'encadrer et de la limiter plus ou moins fortement.

La liberté de communication (au singulier) est consacrée par de nombreux textes de droit positif « officiel », c'est-à-dire étatique ou interétatique. En premier lieu, la déclaration de 1789 proclame « la libre communication des pensées et des opinions », en faisant « un des droits les plus précieux de l'homme » tout en précisant que « tout citoyen peut donc parler, écrire, imprimer librement, sauf à répondre de l'abus de cette liberté dans les cas déterminés par la loi ». Et d'autres textes visent à protéger juridiquement la liberté de communication, toujours en la rattachant à la liberté d'expression et à la liberté d'opinion : notamment la Déclaration universelle des droits de l'homme du 10 décembre 1948[1], le Pacte international relatif aux droits civils et politiques du 16 décembre 1966[2] ou, pour prendre un exemple législatif et français, la loi n° 86-1067 du 30 septembre 1986 *relative à la liberté de communication*[3].

Mais il n'est pas lieu, en ces lignes, de davantage s'attarder sur la reconnaissance par les États d'une liberté de communication toujours assortie d'exceptions légitimes. Ce n'est en effet pas de cette liberté de communication officielle dont il sera question en ces pages, dès lors qu'elles adopteront le point de vue postmoderne, mais de la liberté des communications dont s'est dotée la société civile, spécialement en mettant à profit l'invention et le déploiement de l'internet. Même si tel n'est pas le cas dans les pays occidentaux, cette liberté des communications d'origine privée pourrait parfaitement ne pas aller de pair avec une liberté de communication d'origine publique.

Ensuite, il faut évoquer quelques instants l'internet puisque la liberté des communications ici en cause est principalement une liberté des communications par internet. Cette liberté a sans aucun doute connu une ère anté-internetique avant de connaître une ère internetique dans laquelle elle s'épanouit pleinement.

[1] Art. 19 : « Tout individu a droit à la liberté d'opinion et d'expression, ce qui implique le droit de ne pas être inquiété pour ses opinions et celui de chercher, de recevoir et de répandre, sans considérations de frontières, les informations et les idées par quelque moyen d'expression que ce soit ».

[2] Art. 19 : « Nul ne peut être inquiété pour ses opinions. Toute personne a droit à la liberté d'expression [...]. L'exercice de ces libertés comporte des devoirs spéciaux et des responsabilités spéciales. Il peut en conséquence être soumis à certaines restrictions qui doivent toutefois être expressément fixées par la loi [...] ».

[3] Art. 1er : « La communication au public par voie électronique est libre [...] ».

Ainsi que le relèvent les ouvrages spécialisés, « il est impossible de saisir la régulation des services en ligne sans un rappel sur le fonctionnement ouvert, décentralisé et complexe de l'internet »[1]. Peut-être *l'ouverture, la décentralisation et la complexité* sont-elles trois traits distinctifs du droit postmoderne. L'internet est un méga-réseau télématique[2] international — dont les dimensions sont mondiales et dont le développement, durant la décennie 2000, a été exponentiel — résultant de l'*interconnexion* massive d'ordinateurs et de réseaux informatiques privés et publics du monde entier grâce à des *protocoles* (*i.e.* des « langages »[3]) *d'échange de données* leur permettant de dialoguer via les lignes de télécommunications. Les protocoles sont le cœur de la technologie de l'internet en ce qu'ils assurent l'*interopérabilité* à l'intérieur d'un vaste système composé de sous-systèmes disparates et hétérogènes[4]. Et, véritable « réseau de réseaux »[5], l'internet ne dépend d'aucune administration centrale et d'aucun ordinateur central. Peut-être le droit postmoderne présente-t-il nombre de similitudes avec cet internet. Cela justifierait de remplacer le paradigme de la « pyramide des

[1] *Lamy Droit des médias et de la communication* 2012, n° 466-6.

[2] La « télématique » désigne l' « ensemble des techniques et des services qui associent les ressources de l'informatique et celles des télécommunications » (V° « Télématique », in *Trésor de la langue française*).

[3] F. BALLE, *Médias et société*, 15e éd., Montchrestien, coll. Précis Domat, 2011, p. 204. Un protocole est une spécification de plusieurs règles technologiques permettant la transmission d'informations entre des machines différentes et distantes.

[4] L'ICANN (Internet Corporation for Assigned Names and Numbers, *i.e.* « Société pour l'attribution des noms de domaine et des numéros sur Internet ») peut résumer : « IP est le protocole de communication à la base d'Internet. Il permet à de vastes réseaux d'ordinateurs géographiquement dispersés de communiquer entre eux de manière rapide et économique par le biais d'une grande diversité de liaisons physiques » ([en ligne] <icann.org>).

[5] F. BALLE, *Médias et société*, 15e éd., Montchrestien, coll. Précis Domat, 2011, p. 207.

normes » par celui du « réseau de normes »[1]. En tout cas, il faut gager que nul mieux que le droit de l'internet et que la liberté des communications ne permet de saisir l'essence et la réalité de ce droit postmoderne ; un droit postmoderne dont il faut redire qu'il appartient sans doute, pour l'heure, toujours plus à l'avenir qu'à l'actualité du monde juridique tant les vestiges du droit moderne, s'ils sont chaque jour un peu plus fragilisés, ne paraissent pas prêts à se laisser raser.

Le cyberespace — c'est-à-dire l' « ensemble de données numérisées constituant un univers d'information et un milieu de communication en raison de l'interconnexion mondiale des ordinateurs »[2] — est officiellement désigné comme étant le cinquième milieu par le livre blanc sur la défense de 2013, aux côtés de l'eau, de la terre, de l'air et de l'espace[3]. Le droit postmoderne paraît s'y déployer plus que nulle part ailleurs. Du fait de sa structure technologique, l'espace internetique est un espace immatériel indéfini, si ce n'est infini. *L'internet a changé le temps et a changé l'espace.* Il a aussi changé la vie. Il a écrit une « nouvelle définition du monde », mis en place la « société de l'information » et réalisé la prophétie de Marshall McLuhan qui, dans les années 1960, imaginait un monde dans lequel n'importe qui, de n'importe où, pourrait accéder à n'importe quoi grâce à des « autoroutes de l'information » reliant entre eux tous les médias[4].

L'internet a métamorphosé radicalement et continue de métamorphoser radicalement le monde de la communication et de l'information. La liberté des communications en ressort

[1] F. OST, M. VAN DE KERCHOVE, *De la pyramide au réseau ? Pour une théorie dialectique du droit*, Publications des Facultés universitaires Saint-Louis (Bruxelles), 2002.

[2] V° « Cyberespace », in *Le Petit Robert 2013*, Le Robert, 2012.

[3] « Livre blanc sur la Défense et la sécurité nationale », avr. 2013.

[4] M. MCLUHAN, *Pour comprendre les médias – Les prolongements technologiques de l'homme* (1964), Le Seuil, coll. Points essais, 1977.

transformée, dans le sens d'un approfondissement exceptionnel. Toutes les activités sociales, économiques, culturelles et professionnelles convergent vers le web, vers le courriel, ainsi que vers le darknet qui, à sa façon, permet de renforcer encore plus la liberté des communications comprise comme liberté de fait. Ce phénomène étant par ailleurs mondial et global, la liberté des communications est nécessairement une question à la fois cardinale et transversale.

Les changements dans le monde de la communication induits par l'arrivée de l'internet emportent des conséquences, pour la fabrique de la puissance et du pouvoir, au moins comparables à celles dues à l'invention de l'imprimerie[1]. Il est évident que l'internet s'accompagne d'effets considérables, révolutionnaires à plus d'un titre[2], et que le droit et la politique sont inéluctablement impactés, cela tout d'abord du fait du déploiement de la liberté des communications — les fondateurs de l'internet n'expliquaient-ils pas déjà que construire un réseau indestructible obligeait à construire un réseau incontrôlable[3] ? « Internet est venu trop tôt, le monde n'était pas encore prêt à

[1] P. BUHLER, *La puissance au XXI*[e] *siècle – Les nouvelles définitions du monde*, Éditions du CNRS, 2011, p. 450.

[2] Seulement demande-t-on aussi : « Mais qu'est-ce qui a changé ? À réfléchir un peu, on pourrait bien être tenté de dire : rien, rien du tout. Y a-t-il un seul problème important quel qu'il fût qui ait trouvé une solution par Internet ? Je ne veux pas parler de problèmes techniques, mais de questions éthiques, politiques, existentielles et fondamentales, en somme. La misère, la faim, la guerre, la souffrance, le fanatisme, l'injustice, mais aussi la recherche de la vérité, celle d'un ordre plus équitable, tout cela n'a pas été affecté. Ces questions se posent de la même manière qu'avant. […] Internet ne change ni le savoir, ni l'amitié, ni l'amour. Il opère une révolution paradoxale : elle change tout en ne changeant rien. Internet est simplement un instrument dont nous avons à maîtriser les modalités et non un démiurge capable de nous changer. Il faut rejeter la fable du posthumain » (Y.-Ch. ZARKA, « Internet ou la révolution paradoxale », *Cités* 2009, n° 39, p. 6).

[3] B. BAYART, « Comprendre un monde qui change : Internet et ses enjeux », conférence à Mines Télécom, 8 nov. 2013.

l'accueillir », estime un auteur[1]. Cette observation ne vaut-elle pas à plus forte raison à l'égard du monde politique et juridique ?

En ce sens, un auteur peut juger que « cette technologie bouleverse le droit en redéfinissant un espace a-territorial, transnational et interactif dont les modes de gouvernance restent à inventer et où les États peinent à s'imposer face aux techniciens, aux acteurs privés et aux organisations internationales qui travaillent à la régulation du Réseau »[2]. Tel est précisément le point focal du présent ouvrage, considérant que les problématiques du droit global et, par suite, du droit postmoderne seraient exactement celles-là. Cette introduction au droit postmoderne comportera donc diverses illustrations tirées de l'exemple de la liberté des communications, celui-ci apparaissant symptomatique du « nouveau droit » qui se dessine au XXIe s.

Le droit postmoderne, dont le droit global et en particulier la liberté des communications témoignent, peut désigner à la fois une forme de droit positif et une forme de droit théorique — devant suivre mais aussi influencer ce droit positif ou, du moins, sa compréhension par la doctrine. Ainsi la première moitié de ce livre portera-t-elle sur le droit postmoderne compris comme droit pratique, comme ensemble d'institutions et de normes concrètes (*première partie*), et sa seconde moitié s'attachera-t-elle au droit postmoderne compris comme théorie du droit, comme courant de pensée reconsidérant l'ontologie du droit (*seconde partie*).

[1] B. BEAUDE, *Les fins d'Internet*, Fyp éditions, coll. Stimulo, 2014.

[2] P. TÜRK, « La souveraineté des États à l'épreuve d'internet », *RDP* 2013, p. 1489.

C'est bien sous l'un et l'autre angles que la liberté des communications constitue un laboratoire du droit global et que le droit global constitue un laboratoire du droit postmoderne[1].

[1] Qu'il soit permis, en aparté et en dernier lieu dans cette introduction, d'apporter quelques rapides explications quant à l'usage fait en ce livre de l'outil des notes de bas de page. Des notes de bas de page incessantes, longues et denses sont souvent une gêne importante pour la lecture. Néanmoins, il ne saurait être question de faire économie des notes de bas de page qui renvoient à des références, à des sources, l'honnêteté intellectuelle défendant d'opérer pareil choix. En ce sens, on souligne que la note de bas de page est devenue le « lieu privilégié de ce que l'on appelle communément l'"appareil scientifique" » (Th. CORTÈS, « Une incursion dans les sous-sols des textes juridiques – À propos des notes en bas de page », *JCP G* 2013, p. 1532) et qu'elle possède une « fonction probatoire impliquée par la déontologie scientifique » (*ibid.*). Aussi semble-t-il inévitable de systématiquement préciser — ce qui donne lieu à d'abondantes mais brèves notes de bas de page — quelles sont les origines ou les sources d'inspiration doctrinales, normatives et institutionnelles du propos, bien que certains professeurs en viennent à dénoncent des notes souvent trop nombreuses dans les recherches en droit (par exemple, S. CASSESE, *Culture et politique du droit administratif*, trad. M. Morabito, Dalloz, coll. Rivages du droit, 2008, p. 89) ou en viennent à qualifier la note de bas de page de « quintessence de l'absurdité académique et de l'effort mal employé » (A. GRAFTON, *Les origines tragiques de l'érudition – Une histoire de la note en bas de page*, trad. P.-A. Fabre, Le Seuil, coll. La librairie du XXe siècle, 1998, p. 29). *Cf.* également, sur cette question, P.-Y. GAUTIER, « Les notes de bas de page chez les juristes », in *Mélanges Philippe Malaurie*, Defrénois, 2005, p. 283 s.

Première partie

Le droit positif postmoderne

La première partie qui débute vise à mettre en lumière les principales caractéristiques du droit postmoderne, cela en s'appuyant sur les enseignements permis par l'étude de la liberté des communications, laquelle semble ô combien significative du contexte global dans lequel baignent, au XXIe s., les sociétés, les cultures, les économies et de nombreuses activités. Il s'agit donc d'interroger le droit postmoderne positif avant, au sein de la seconde partie de ce livre, de se consacrer au droit postmoderne théorique.

Ces premières caractéristiques du droit postmoderne que le droit global et plus spécialement la liberté des communications permettent de mettre en évidence sont les suivantes : il s'agirait d'un droit profondément désétatisé (*chapitre 2*), cela davantage parce qu'il est privatisé, pris en charge par la société civile, que parce qu'il serait internationalisé tant les organisations internationales ne parviennent pas mieux à se saisir du droit postmoderne que du droit moderne (*chapitre 3*). Il faut néanmoins réserver un sort particulier à l'Union européenne, qui se positionne toujours plus au centre du jeu juridique (*chapitre 4*). Mais un droit continental n'est évidemment pas comparable au droit mondial que la liberté des communications requiert.

C'est ainsi que les orages de la société civile déploient leurs ailes et envahissent un ciel juridique de moins en moins baigné par le soleil étatique. Faut-il rappeler que, parmi les 100 entités les plus riches de la planète, il se trouve désormais autant d'entreprises multinationales que d'États[1] ? On peut gager que les puissances privées deviennent réellement, et chaque jour un peu plus, de véritables rivales pour la puissance publique. Aussi, en guise de chapitre introductif, paraît-il bienvenu de

[1] F. DEDIEU, « Des entreprises multinationales plus riches que des pays », [en ligne] <geopolintel.fr>, 13 avril 2012.

s'arrêter quelques instants sur cette société civile que la postmodernité du droit tend à placer dans une position privilégiée au sein du grand « marché juridique » (*chapitre 1*).

Chapitre 1. La privatisation caractéristique du droit postmoderne

À l'aune de la problématique à l'instant développée, le droit postmoderne se situerait fondamentalement entre États et société civile. Dès lors, il importe de savoir les définir et donc les reconnaître. L'État ayant déjà été théorisé à de nombreuses reprises et depuis longtemps[1], il convient surtout de se concentrer sur la société civile, laquelle est autrement plus originale et mal connue des juristes (*4*). Il faut gager que cet exercice de caractérisation de la société civile ne sera pas inutile car peut-être l'avenir du droit lui appartient-il, sous la forme du droit postmoderne. En tout cas, il semble qu'on ne puisse penser le droit postmoderne sans penser la société civile d'où il jaillit pour une part substantielle (*1*). Par ailleurs, il pourrait s'avérer utile de distinguer les organisations privées indépendantes des États et les organisations privées acceptées ou même « validées » par les États (*2*). Enfin, le droit postmoderne paraît réserver une place particulière à l'opposition de l'autorégulation et de la corégulation dès lors qu'il confère une grande importance à la participation des puissances privées à la fabrique du droit (*3*).

1. *La société civile au cœur du droit postmoderne*

S'intéresser au droit global ou, plus spécifiquement, à la liberté des communications obligerait à s'intéresser à la loi, au règlement et à la jurisprudence, donc au droit des États, mais

[1] Pour un essai de théorie de l'État, *cf.* B. BARRAUD, *L'État – Entre fait et droit*, L'Harmattan, coll. Logiques juridiques, 2015.

aussi et peut-être surtout au droit produit par ces organisations privées situées au cœur de la « gouvernance de l'internet » que sont, notamment, l'Internet Corporation for Assigned Names and Numbers (ICANN), l'Internet Society (ISOC), l'Internet Engineering Task Force (IETF) ou encore le World Wide Web Consortium (W3C). Ce droit d'essence privée prend également la forme de contrats-types imposés par les principaux services du web, de Facebook à Amazon en passant par Wikipédia, ou encore celle de normes techniques, de chartes, de codes de bonne conduite, de conditions d'utilisation ou même de modes alternatifs de résolution des conflits ; autant de moyens de consacrer, protéger, encadrer et/ou limiter la liberté des communications loin des États. Et la société civile se saisit également de la liberté des communications à travers un droit spontané[1], c'est-à-dire à travers des usages qui sont des sortes de « coutumes postmodernes » et qu'on désigne parfois par l'expression « *lex electronica* »[2].

Déjà au début des années 2000, Pascale Deumier étudiait le droit spontané et l'autorégulation à travers les communautés d'internautes[3]. Aujourd'hui, des manuels de « droit du numérique » peuvent présenter dans leurs annexes non la loi pertinente mais les actes privés pertinents : la « Nétiquette », les « Conditions générales d'utilisation de Firefox », les « Condition générales d'utilisation de Yahoo! », les « Conditions générales d'utilisation de Gmail » et les « Conditions générales d'utilisation de Facebook »[4]. Pour ce qui

[1] P. DEUMIER, *Le droit spontané*, Economica, coll. Recherches juridiques, 2002.

[2] Sur l'ensemble de ces sources privées du droit de la communication par internet, *cf.* B. BARRAUD, *Les sources du droit de la communication par internet*, th., Université d'Aix-Marseille, 2016.

[3] P. DEUMIER, *Le droit spontané*, Economica, coll. Recherches juridiques, 2002, p. 346-348.

[4] J. HUET, E. DREYER, *Droit de la communication numérique*, LGDJ, coll. Manuel, 2011, p. 335 s.

est des ouvrages encyclopédiques à destination des praticiens, ils se réfèrent, en cette matière tout spécialement, aux divers actes normatifs établis dans un cadre d'autorégulation[1].

En outre, on souligne que le développement des chartes et autres usages privés irait toujours de pair avec une « crise du droit » ou, du moins, avec une « crise de l'État », citant l'exemple des codes de déontologie sur le marketing direct qui ont été conçus à une époque où les courriels indésirables (les « spams ») se multipliaient et où la loi en la matière[2] posait des problèmes d'interprétation et d'applicabilité[3]. Jusqu'à des cartes d'identité électroniques ont été fabriquées dans un cadre entièrement privé[4], alors que l'édiction des cartes d'identité devrait être une prérogative régalienne réservée aux États. L'émission de monnaies privées électroniques, telles que le « bitcoin », est une atteinte portée à la souveraineté étatique encore plus patente[5]. En conséquence, la liberté des communications se présente bien tel un sujet d'étude pertinent pour qui aspire à étudier le droit d'essence privée caractéristique du droit postmoderne.

En France, à l'issue de la Seconde Guerre mondiale, un monopole d'État fut institué sur la communication hertzienne, celle-ci s'étant révélée déterminante tant dans l'effondrement que dans le redressement de la nation. Dès lors, sa gestion ne

[1] Par exemple, *Lamy Droit de l'informatique et des réseaux – Guide – Solutions et applications – Pratique contractuelle* 2011, n° 4677 (qui liste les « contrats-types », les « codes de bonne conduite », les « chartes déontologiques » et les « labels »).

[2] L. n° 2004-575, 21 juin 2004, *Pour la confiance dans l'économie numérique*.

[3] Par exemple, A. DEBET, « Les chartes et autres usages du droit de l'internet », *CDE* 2008, n° 4, p. 40.

[4] A. FIÉVÉE, F. MATTATIA, « Développement des services financiers en ligne – Le contrôle et la preuve de l'identité numérique », *Expertises* 2009, n° 342, p. 57.

[5] *Cf.*, par exemple, R. FALKINGE, « Monnaies virtuelles : une révolution fiscale ? », [en ligne] <owni.fr>, 4 juin 2011.

pouvait être abandonnée à quelques acteurs privés. Depuis, diverses formes juridiques ont garanti le monopole étatique et les justifications à sa pérennisation ont fleuri en conséquence[1] — parmi elles figurent l'idée d'un monopole naturel ou encore celle d'un indispensable contrôle de l'État sur la ressource limitée que constituerait le spectre hertzien[2]. Ainsi le milieu radioélectrique appartient-il, au terme d'une parfaite fiction juridique, au domaine public[3]. *L'internet interdit pareil contrôle étatique qui ne saurait s'expliquer ni historiquement, ni techniquement, ni (surtout) politiquement.* Or il semble que de plus en plus d'objets postmodernes, tels que l'internet, s'emparent du monde, appelant un droit postmoderne afin de les accompagner. Et ce droit est façonné pour une part importante dans des cercles privés, indépendamment des États.

En ce sens, une distinction importante pourrait être celle des organisations privées indépendantes des États et des organisations privées acceptées ou même « validées » par les États.

[1] *Cf.* H. Isar, *Le service public et la communication audiovisuelle*, PUAM-Economica (Aix-en-Provence-Paris), coll. Droit de l'audiovisuel, 1996.

[2] *Cf.* J.-F. Calmette, *La rareté en droit public*, L'Harmattan, coll. Logiques juridiques, 2004.

[3] L'article L. 2124-26 du Code général de la propriété des personnes publiques dispose que « l'utilisation, par les titulaires d'autorisation, de fréquences radioélectriques disponibles sur le territoire de la République constitue un mode d'occupation privatif du domaine public de l'État ».

2. *La distinction de la société civile indépendante des États et de la société civile sous la tutelle des États*

Par exemple, parmi les règlements privés, certains sont autonomes par rapport aux pouvoirs publics quand d'autres sont le fruit d'une incitation publique. Il semble que les premiers soient davantage que les seconds significatifs de la postmodernité juridique dès lors que celle-ci correspond à l'entrée dans une ère de concurrence juridique entre puissance publique et puissance privée. Néanmoins, la production de règles de droit par une société civile chapeautée par les instances publiques est aussi, à sa façon, symptomatique d'une rupture par rapport à la modernité juridique.

Y compris concernant les coutumes, il n'est pas rare que certaines d'entre elles, qualifiées de « *secundum legem* » par opposition aux coutumes « *praeter legem* » et, surtout, par opposition aux coutumes « *contra legem* », bénéficient de la bénédiction étatique, la loi leur conférant expressément force juridique lorsqu'elle oblige ses destinataires à se conformer aux « bonnes mœurs » ou même lorsqu'elle n'est qu'une loi supplétive[1].

Ensuite, la distinction des organisations privées indépendantes des États et des organisations privées dont les fonctions juridiques sont exercées sous la tutelle des États pourrait être porteuse d'un point de vue davantage matériel que formel. Peut-être l'« État postmoderne » est-il celui qui ne s'obstine pas à nier la « relevance » des ordres normatifs privés

[1] F. TERRÉ, *Introduction générale au droit*, 9e éd., Dalloz, coll. Précis, 2012, p. 223.

et qui cherche, en l'acceptant, à mieux dominer et contrôler ceux-ci[1].

En outre, la distinction de la société civile indépendante des États et de la société civile sous la tutelle des États amène à interroger les idées d'autorégulation et de corégulation. Mais la corégulation ne doit pas être assimilée aux sources privées de droit autorisées ou autrement « validées » par les États : avec cette corégulation, États et organisations privées négocient le droit sur un pied d'égalité. Il n'est alors plus guère question de tutelle ; il s'agit de remplacer la concurrence public/privé par une association public/privé.

3. *L'autorégulation et la corégulation : deux axes de déploiement du droit postmoderne*

Jacques Chevallier enseigne que, à côté de la régulation juridique par l'État, on peut trouver des formes de régulation juridique privée situées « dans un rapport de complémentarité, d'imbrication voire de substitution avec la régulation étatique »[2]. Et le professeur de proposer, lorsque les sources privées ne sont pas saisies par l' « État postmoderne », de parler d' « autorégulation », tandis que, dès lors qu'elles le sont, il faudrait évoquer la « corégulation ».

[1] *Cf.*, par exemple, J. CHEVALLIER, « Vers un droit post-moderne ? Les transformations de la régulation juridique », *RDP* 1998, p. 677 s. ; J. CHEVALLIER, « Vers un droit postmoderne ? », in J. CLAM, G. MARTIN, dir., *Les transformations de la régulation juridique*, LGDJ, coll. Droit et société, 1998, p. 21 s.

[2] J. CHEVALLIER, *L'État post-moderne*, 3e éd., LGDJ, coll. Droit et société, 2008, p. 62.

L'autorégulation (ou « autoréglementation »[1]) donne lieu à un « droit *librement* consenti et élaboré [...] issu d'un processus *autonome* »[2]. Tandis que cette autorégulation juridique ne doit pas être assimilée à l'autorégulation au sens éco-libéral, laquelle suppose l'absence de normes autres que naturelles[3], peut-être faut-il préférablement retenir que la corégulation se caractériserait d'un point de vue matériel plus que formel, si bien qu'*il y aurait corégulation chaque fois que des institutions*

[1] P. TRUDEL, « Les effets juridiques de l'autoréglementation », *Revue de droit de l'Université de Sherbrooke* 1988, p. 247 s. On a pu proposer de retenir que « le terme "autoréglementation" est plus restrictif que "autorégulation" en ce qu'il se réfère à des règlements, c'est-à-dire à des normes générales et obligatoires, alors que par "autorégulation" on vise le recours à différents types d'instruments de régulation sociale » (M. COIPEL, « Quelques réflexions sur le droit et ses rapports avec d'autres régulations de la vie sociale », in J. BERLEUR, Ch. LAZARO, R. QUECK, dir., *Gouvernance de la société de l'information*, Bruylant (Bruxelles), 2002, p. 68 (cité par K. SEFFAR, K. BENYEKHLEF, « Commerce électronique et normativités alternatives », *University of Ottawa Law and Technology Journal* 2006, p. 368)). De même, peut-être est-il utile de distinguer l'autorégulation et la « régulation privée participative » : dans la première, les auteurs des normes en seraient aussi les destinataires quand, dans la seconde, les auteurs des normes seraient des personnes privées extérieures aux destinataires de ces normes (F. CAFAGGI, « Le rôle des acteurs privés dans les processus de régulation – Participation, autorégulation et régulation privée », *RF adm. publ.* 2004, p. 23).

[2] *Lamy Droit des médias et de la communication* 2012, n° 466-54 (non souligné dans le texte original).

[3] Selon Friedrich Hayek, qui se place du point de vue de l'économiste, l'autorégulation correspond à l' « ordre spontané » résultant de la nature des choses, soit, plus précisément, de la loi du marché (F. A. HAYEK, *Droit, législation et liberté – Une nouvelle formulation des principes libéraux de justice et d'économie politique*, t. I, trad. R. Audouin, Puf, 1980 (cité par L. COHEN-TANUGI, *Le droit sans l'État*, 2e éd., Puf, coll. Quadrige essais débats, 2007, p. 26)). De même, Adam Smith songeait à une « autorégulation de la société civile par l'harmonie naturelle des intérêts » (A. SMITH, *Recherches sur la nature et les causes et la richesse des nations*, Strahan et Cadell (Londres), 1776). L'autorégulation ici en cause suppose le recours à des actes sociaux porteurs de normes sociales, loin de toutes normes naturelles.

publiques invitent des acteurs privés à établir eux-mêmes les normes devant régir leurs activités, non uniquement dans la situation où la construction d'un régime juridique est partagée entre puissance publique et puissance privée[1].

Toujours est-il qu'une disposition privée d'ordre contractuel, par exemple, dont les pouvoirs publics nient toute relevance juridique — c'est-à-dire qu'elles l'ignorent parfaitement — est incomparable à cette même disposition dont la portée juridique est reconnue par l'État, à travers une quelconque loi et/ou une quelconque jurisprudence[2]. L'« autorégulation » et la « corégulation » en vertu d'une « investiture étatique »[3] présentent des sens très différents et même peut-être largement antinomiques du point de vue de l'État. Raymond Carré de Malberg ne convenait-il pas que « l'État lui-même cesserait de subsister s'il pouvait s'établir chez lui, en vertu d'une puissance autre que la sienne, c'est-à-dire sans des habilitations venues de

[1] N'est donc pas suivie en ces lignes l'approche selon laquelle, « quand l'élaboration de la norme est totalement le fait de ceux qui en sont destinataires, on parle d'autorégulation volontaire. Quand elle implique aussi les pouvoirs publics, on parle de corégulation » (K. SEFFAR, K. BENYEKHLEF, « Commerce électronique et normativités alternatives », *University of Ottawa Law and Technology Journal* 2006, p. 368). Et la distinction entre autorégulation et corégulation correspond encore à celle de la société civile lorsqu'elle conteste les interventions des autorités publiques et lorsqu'elle coopère avec elles (O. COSTA, P. MAGNETTE, « La société civile entre coopération et contestation », in B. FRYDMAN, dir., *La société civile et ses droits*, Bruylant (Bruxelles), 2004, p. 181 s.).

[2] M. VAN DE KERCHOVE, « Les rapports entre systèmes juridiques : entre clôture et ouverture », in J.-L. BERGEL, dir., *Le plurijuridisme*, PUAM (Aix-en-Provence), 2005, p. 50.

[3] Réf. à S. LE BRIS, L. LUTHER, « De l'autorégulation à l'investiture étatique : éléments de réflexion pour une réforme », in B. FEUILLET LE MINTIER, dir., *De l'éthique au droit en passant par la régulation professionnelle*, Mission de recherche droit et justice, 1999, p. 35 s.

règles créées par ses propres organes, un système de normes pourvu de sanctions »[1] ?

Reste, pour conclure ce premier chapitre, à préciser ce que désigne l'expression « société civile »[2]. Cela semble important dès lors qu'on en vient de plus en plus souvent à regrouper les différentes organisations transnationales participant de la « recomposition du paysage juridique à partir de la base »[3] derrière cette expression. Et d'aucuns d'opposer État et « Société Civile » en affublant cette dernière de majuscules afin de la placer sur un pied d'égalité par rapport à ce premier[4]. La société civile serait, à l'heure du droit postmoderne, plus que jamais « en devenir »[5], en passe de connaître une

[1] R. CARRÉ DE MALBERG, *Confrontation de la théorie de la formation du droit par degrés avec les idées et les institutions consacrées par le droit positif français relativement à sa formation*, Librairie du Recueil Sirey, 1933, p. 164.

[2] Et, en premier lieu, il convient de souligner que ce n'est en aucun instant la définition posée par le Code civil qui est ici en cause (celle-ci, issue de l'article 1845 dudit code, prévoit qu'une société civile est une « espèce de société soumise à un statut légal particulier et à toutes les règles non contraires du droit commun des sociétés que la loi, par opposition notamment aux sociétés commerciales, définit comme un genre résiduel, en reconnaissant un caractère civil à toutes les sociétés auxquelles une disposition légale n'attribue pas un autre caractère à raison de leur forme, de leur nature ou de leur objet » (V° « Société civile », in G. CORNU, dir., *Vocabulaire juridique*, 8e éd., Puf, coll. Quadrige, 2007)).

[3] F. OST, M. VAN DE KERCHOVE, *De la pyramide au réseau ? Pour une théorie dialectique du droit*, Publications des Facultés universitaires Saint-Louis (Bruxelles), 2002, p. 108.

[4] Réf., quant à l'usage des majuscules, à A. POMADE, *La Société Civile et le droit de l'environnement – Contribution à la réflexion sur les sources et la validité des normes juridiques*, th., Université d'Orléans, 2009.

[5] Ch. CHAVAGNEUX, « La montée en puissance des acteurs non étatiques », in P. JACQUET, J. PISANI-FERRY, L. TUBIANA et *alii*, *Gouvernance mondiale*, La documentation française, 2002, p. 243.

« redécouverte »[1], si ce n'est une « résurrection »[2] ou un « retour en force »[3].

4. La définition débattue de la société civile

Dans un sens étroit et communément accueilli, la société civile correspond non au pan privé de la société séparé de son pan public mais uniquement à la partie non commerciale de ce pan privé. Or, en ces lignes, il est proposé de retenir que « société civile » serait une expression qui ferait référence à toutes les structures privées qui, potentiellement, peuvent être des sources privées de normes. Mais, puisque « ce qui reçoit aujourd'hui le nom de société civile ressemble au terrain vague »[4] — il faudrait parler de « sociétés civiles » au pluriel[5] — et s'attache à une peu satisfaisante « définition en libre-service »[6], puisque cette expression est excessivement

[1] A.-J. ARNAUD, *Critique de la raison juridique – 2. Gouvernants sans frontières – Entre mondialisation et post-mondialisation*, LGDJ, coll. Droit et société, 2003, p. 274.

[2] A. ARATO, J. L. COHEN, *Civil Society and Political Theory*, The MIT Press (Cambridge), 1992, p. 29 (cité par A. POMADE, *La Société Civile et le droit de l'environnement – Contribution à la réflexion sur les sources et la validité des normes juridiques*, th., Université d'Orléans, 2009, p. 13).

[3] D. LOSCHAK, « La société civile : du concept au gadget », in CURAPP, *La société civile*, Puf, 1986, p. 44. L'auteur estime que, « après une éclipse d'un bon siècle et demi, la société civile effectue une retour en force éblouissant, au point d'apparaître comme le nouveau “must” du discours politique contemporain » (*ibid.*).

[4] R. DRAÏ, *L'État purgatoire – La tentation postdémocratique*, Michalon, 2005, p. 100.

[5] En ce sens, P. GHILS, « Le concept et les notions de société civile », *Transnational Association* 1995, n° 3, p. 136 s.

[6] M.-H. GALMARD, *État, Société Civile et loi pénale*, PUAM (Aix-en-Provence), 2006, p. 29 (cité par A. POMADE, *La Société Civile et le droit de*

polysémique, hétérogène et incertaine et qu'un auteur lui ayant consacré une thèse de doctorat note qu'elle est « terriblement confuse et ambigüe »[1], ce choix mérite d'être brièvement expliqué. Kelsen n'appréciait guère l'idée de « sources du droit » qu'il qualifiait de « vraiment inutilisable » en raison de sa « multiplicité de significations »[2] ; l'idée de « société civile », proche en ces pages de celle de « sources du droit », devrait certainement être visée par le même grief. Nul doute qu'il est toujours préférable de recourir à une « expression qui définit sans équivoque le phénomène [...] que l'on a en vue »[3]. Il semble que le concept de société civile soit l'objet d'une « perpétuelle redéfinition »[4] ; aussi paraît-il indispensable de préciser son sens et sa portée.

Il est donc proposé ici de faire de la société civile une expression contrapuntique dans la dichotomie État/Société Civile, d'y voir quelque-chose qui serait au droit d'origine privée ce que l'État est au droit d'origine publique et, partant, de suivre qui retient que « le pluralisme juridique peut être conçu comme mode d'organisation et de régulation d'une société qui est globalisée et qualifiée de société civile »[5].

l'environnement – Contribution à la réflexion sur les sources et la validité des normes juridiques, th., Université d'Orléans, 2009, p. 13).

[1] A. POMADE, *La Société Civile et le droit de l'environnement – Contribution à la réflexion sur les sources et la validité des normes juridiques*, th., Université d'Orléans, 2009, p. 4. Un autre auteur observe, quant au sens de l'expression « société civile », que « la confusion est à son comble » (M. MIAILLE, « La société civile chez Marx – Entre utopie politique et réalité historique », in B. FRYDMAN, dir., *La société civile et ses droits*, Bruylant (Bruxelles), 2004, p. 85).

[2] H. KELSEN, *Théorie pure du droit*, 2e éd., trad. Ch. Eisenmann, Dalloz, 1962, p. 314.

[3] *Ibid.*

[4] F. RANGEON, « Société civile : histoire d'un mot », CURAPP, *La société civile*, Puf, 1986, p. 10.

[5] V. PETEV, « Pluralisme juridique, construction européenne et droits participatifs », *Arch. phil. droit* 2005, p. 15.

En premier lieu, c'est nécessairement une conception organique de la société civile qu'il faut retenir[1]. Celle-ci ne saurait donc se comprendre tel un projet politique[2] — consistant à « s'émanciper du carcan constitué par les États et par les marchés »[3] —, telle une opinion publique[4] ou tel un « idéal éthique »[5].

Dans son sens originel, la « *societas civilis* » revêtait un sens politique, faisant référence au corps politique, à l'ensemble des individus organisés en une communauté politique et juridique et soumis à une même loi, et étant intimement liée, spécialement dans les écrits de Cicéron, à la « *res publica* »[6]. La société civile ne s'opposait alors guère à l'État ; au contraire, elle lui était

[1] Par exemple, L. JAFFRO, « La transformation du contractualisme et les origines de la société civile », in B. FRYDMAN, dir., *La société civile et ses droits*, Bruylant (Bruxelles), 2004, p. 41 s.

[2] Pour un exemple de pareille approche et de critique de la conception organique de la société civile, A. PELLET, « Conclusions », in H. GHERARI, S. SZUREK, dir., *L'émergence de la société civile internationale – Vers la privatisation du droit international*, Pedone, coll. Cahiers internationaux, 2003, p. 341.

[3] D. LEYDET, « Mondialisation et démocratie », in F. CRÉPEAU, dir., *Mondialisation des échanges et fonctions de l'État*, Bruylant (Bruxelles), 1997, p. 257 (cité par A. POMADE, *La Société Civile et le droit de l'environnement – Contribution à la réflexion sur les sources et la validité des normes juridiques*, th., Université d'Orléans, 2009, p. 10).

[4] B. FRYDMAN, « Habermas et la société civile contemporaine », in B. FRYDMAN, dir., *La société civile et ses droits*, Bruylant (Bruxelles), 2004, p. 125.

[5] I. BATISTA, « Civil Society – A Paradigm or a New Slogan? », *The Ecumenical Review* 1994, n° 46, p. 20 (cité par A. POMADE, *La Société Civile et le droit de l'environnement – Contribution à la réflexion sur les sources et la validité des normes juridiques*, th., Université d'Orléans, 2009, p. 10).

[6] A. POMADE, *La Société Civile et le droit de l'environnement – Contribution à la réflexion sur les sources et la validité des normes juridiques*, th., Université d'Orléans, 2009, p. 4.

liée ; peut-être même les deux entités se confondaient-elles[1]. Lorsque la notion est réapparue, au XVIIe s., sous la plume de Bossuet, après s'être éclipsée durant des siècles, elle permettait toujours de désigner une « société d'hommes unis ensemble sous le même gouvernement et sous les mêmes lois »[2]. Et, dans l'œuvre de Hobbes, la société civile est l'ensemble des sujets de l'État souverain, qui ont quitté l'état de nature où « l'homme est un loup pour l'homme » et qui ont intégré l'État politique — si bien que l'État serait la condition *sine qua non* de l'émergence de la société civile puisque les hommes, avant le « contrat social », demeurent dans une situation de guerre permanente —[3], tandis que, chez Kant puis Hegel et Pufendorf, elle est présentée telle l'interface entre la sphère privée et la sphère publique[4] ; elle est alors « distincte mais subordonnée à l'État »[5].

La Révolution française aurait opéré un revirement dans l'usage du concept de société civile puisque ce serait depuis

[1] En ce sens, Y. PALAU, « Une transformation des modes de transaction entre "société civile" et puissance publique : de l'interdépendance à l'agrégation », in G. DEMUIJNCK, P. VERCAUTEREN, dir, *L'État face à la globalisation économique – Quelles formes de gouvernance ?*, Sandre, 2009, p. 187.

[2] J.-B. BOSSUET, *Politique tirée des propres paroles de l'Écriture sainte*, 1709 (cité par A. POMADE, *La Société Civile et le droit de l'environnement – Contribution à la réflexion sur les sources et la validité des normes juridiques*, th., Université d'Orléans, 2009, p. 4).

[3] Th. HOBBES, *De Cive*, 1642 ; Th. HOBBES, *Léviathan*, 1651.

[4] A. POMADE, *La Société Civile et le droit de l'environnement – Contribution à la réflexion sur les sources et la validité des normes juridiques*, th., Université d'Orléans, 2009, p. 5.

[5] G. W. F. HEGEL, *Principes de la philosophie du droit*, 1820 (cité par L. BAL, *Le mythe de la souveraineté en droit international – La souveraineté des États à l'épreuve des mutations de l'ordre juridique international*, th., Université de Strasbourg, 2012, p. 465). Selon le philosophe allemand, la société civile serait la « part non politique du vivre en commun des hommes » (*ibid.*, § 142 (cité par S. GOYARD-FABRE, *L'État, figure moderne de la politique*, Armand Colin, coll. Cursus-philosophie, 1999, p. 136)).

cette période qu'il serait usité afin de désigner le corps social par opposition au corps politique et à l'État[1]. Mais, aujourd'hui encore, est parfois considéré qu'il y aurait société civile dès lors qu'existe une « sphère publique politisée »[2], dès lors que, par une décision volontaire, des individus entendent instaurer un ordre politique stable et pacifique à leur profit[3]. Plus souvent, cependant, l'expression « société civile » est employée en tant qu' « instrument de la critique de l'État supposé rassembler toutes les valeurs qui s'opposent à celles de ce dernier »[4].

Par suite, c'est une conception extensive de la société civile que le présent ouvrage propose d'adopter afin de servir la réflexion relative à la postmodernité juridique. Il convient de préciser plus avant cette conception.

Alors que les grandes déclarations des droits et Constitutions républicaines élaborées à partir du XVIIIe s. n'ont guère jugé utile de recourir à l'expression « société civile » — préférant « peuple » et/ou « nation » —, une dimension économique y a très tôt été associée, contribuant à en faire *une entité émancipée de l'État et de la sphère publique*[5]. Adam Smith a ainsi théorisé l'idée de « société civile commerçante », association s'opposant

[1] G. ARBOIT, A. KIYINDOU, M. MATHIEN, « Société civile », in Commission française pour l'UNESCO, *La « société de l'information » : glossaire critique*, La documentation française, 2005, p. 80 ; également, P. ROSANVALLON, *Le modèle politique français – La société civile contre le jacobinisme de 1789 à nos jours*, Le Seuil, coll. Points histoire, 2004.

[2] J. HABERMAS, *Droit et démocratie – Entre faits et normes*, Gallimard, 1997, p. 394 (cité par L. BAL, *Le mythe de la souveraineté en droit international – La souveraineté des États à l'épreuve des mutations de l'ordre juridique international*, th., Université de Strasbourg, 2012, p. 466).

[3] F. RANGEON, « Société civile : histoire d'un mot », in CURAPP, *La société civile*, Puf, 1986, p. 13.

[4] A.-J. ARNAUD, *Critique de la raison juridique – 2. Gouvernants sans frontières – Entre mondialisation et post-mondialisation*, LGDJ, coll. Droit et société, 2003, p. 278.

[5] *Ibid.*, p. 276.

au corps politique, dont l'objet est d'assurer la sécurité dans les relations et échanges commerciaux et où la loi qui s'applique est avant tout la loi du marché[1]. On attache dès lors le développement du concept de société civile à celui du libéralisme et du capitalisme[2]. Et Karl Marx a lui-aussi lié société civile et monde économique[3] en même temps qu'il a radicalement séparé cette première de l'État et du domaine public[4], tandis que Friedrich Hayek désignait par « société civile » l' « ordre spontané » vivant loin de l' « ordre artificiel de l'État »[5].

Toutefois, à l'heure actuelle, c'est plus souvent par opposition au domaine commercial que se spécifie la société civile. La conception de la société civile la plus largement partagée est celle qui la sépare tant du milieu public-politique que du milieu économique-commercial, tant de l'État que du marché. La société civile serait ainsi le « troisième pouvoir », après le pouvoir politique et le pouvoir économique[6]. Elle correspondrait à tous les « groupements et associations

[1] A. SMITH, *Recherches sur la nature et les causes et la richesse des nations*, Strahan et Cadell (Londres), 1776.

[2] L. BAL, *Le mythe de la souveraineté en droit international – La souveraineté des États à l'épreuve des mutations de l'ordre juridique international*, th., Université de Strasbourg, 2012, p. 465.

[3] *Cf.* M. MIAILLE, « La société civile chez Marx – Entre utopie politique et réalité historique », in B. FRYDMAN, dir., *La société civile et ses droits*, Bruylant (Bruxelles), 2004, p. 85 s.

[4] K. MARX, *Œuvres*, t. III, Gallimard, 1994, p. 372 (cité par E. RENAULT, « Marxistes (doctrines du droit) », in D. ALLAND, S. RIALS, dir., *Dictionnaire de la culture juridique*, Lamy-Puf, coll. Quadrige-dicos poche, 2003, p. 1002).

[5] F. A. HAYEK, *Droit, législation et liberté – Une nouvelle formulation des principes libéraux de justice et d'économie politique*, t. I, trad. R. Audouin, Puf, 1980 (cité par F. OST, M. VAN DE KERCHOVE, *De la pyramide au réseau ? Pour une théorie dialectique du droit*, Publications des Facultés universitaires Saint-Louis (Bruxelles), 2002, p. 109).

[6] N. PERLAS, *La société civile : le troisième pouvoir*, Yves Michel, coll. Société, 2003.

désintéressés, à base bénévole, et non étatiques »[1], à l' « ensemble des acteurs sociaux non étatiques du secteur non marchand »[2]. La constitueraient tous les organismes privés n'ayant pas de finalité commerciale, toutes les « association[s] spontanée[s] de citoyens pour la défense d'intérêts collectifs »[3]. La société civile serait ainsi le lieu au sein duquel les individus ne sont ni consommateurs ou agents économiques ni usagers des services publics ou fonctionnaires[4]. C'est une telle définition qui a été retenue, par exemple, à l'occasion du Sommet mondial sur la société de l'information[5].

[1] J. Habermas, *Droit et démocratie*, Gallimard, 1997, p. 394 (cité par B. Frydman, « Habermas et la société civile contemporaine », in B. Frydman, dir., *La société civile et ses droits*, Bruylant (Bruxelles), 2004, p. 125).

[2] G. Arboit, A. Kiyindou, M. Mathien, « Société civile », in Commission française pour l'UNESCO, *La « société de l'information » : glossaire critique*, La documentation française, 2005, p. 80.

[3] P.-M. Dupuy, « Le concept de société civile internationale, identification et genèse », in H. Gherari, S. Szurek, dir., *L'émergence de la société civile internationale – Vers la privatisation du droit international*, Pedone, coll. Cahiers internationaux, 2003, p. 10. Selon la Commission européenne, appartiendraient à la société civile « les organisations syndicales et patronales, les organisations non gouvernementales, les associations professionnelles, les organisations caritatives, les organisations de base, les organisations qui impliquent les citoyens dans la vie locale et municipale, avec contribution particulière des églises et communautés religieuses » (Commission européenne, « Livre blanc sur la gouvernance européenne », 2001, p. 17 (cité par L. Pech, « Droit et gouvernance : vers une "privatisation" du droit ? », [en ligne] <ieim.uqam.ca>, 2004, p. 24)).

[4] J. Habermas, *Droit et démocratie – Entre faits et normes*, Gallimard, 1997, p. 394 (cité par L. Bal, *Le mythe de la souveraineté en droit international – La souveraineté des États à l'épreuve des mutations de l'ordre juridique international*, th., Université de Strasbourg, 2012, p. 466).

[5] En effet, la société civile se caractériserait en tant qu'ensemble d' « organisations composées de mouvements, d'entités, d'institutions autonomes par rapport à l'État et qui, en principe, sont à but non lucratif » et agirait « au niveau local, national et international pour promouvoir et défendre au bénéfice de tous des intérêts sociaux, économiques et culturels » (cité par

Au sein de la présente introduction au droit postmoderne, ce n'est néanmoins pas cette voie qui est suivie mais plutôt celle ouverte par les conceptions nord-américaines qui incluent souvent le monde des affaires dans la société civile. Cette dernière est ainsi davantage définie comme l' « ensemble des organismes vulgairement appelés "privés" »[1], comme toutes les institutions et tous les organes qui appartiennent à la « sphère des échanges, du travail et de l'économie, de la culture et plus généralement des activités distinctes du système politique étatique »[2]. C'est pareille définition qui est admise, notamment, par la Commission pour la gouvernance globale de l'ONU selon laquelle la société civile s'intéresse à tout ce qui va « du monde des affaires jusqu'à la défense de la santé ou de la planète »[3]. C'est également cette conception qu'adoptait le Forum des droits sur l'internet, lui qui y insérait tant les utilisateurs que les industriels[4].

F. Massi-Folléa, « Société civile », in Commission française pour l'UNESCO, *La « société de l'information » : glossaire critique*, La documentation française, 2005, p. 82).

[1] A. A. Tejada, « Éléments théoriques pour comprendre la société civile », p. 29 (cité par Cité par A. Pomade, *La Société Civile et le droit de l'environnement – Contribution à la réflexion sur les sources et la validité des normes juridiques*, th., Université d'Orléans, 2009, p. 6).

[2] M.-H. Galmard, *État, Société Civile et loi pénale*, PUAM (Aix-en-Provence), 2006, p. 29 (cité par A. Pomade, *La Société Civile et le droit de l'environnement – Contribution à la réflexion sur les sources et la validité des normes juridiques*, th., Université d'Orléans, 2009, p. 13)

[3] Cité par A.-J. Arnaud, *Critique de la raison juridique – 2. Gouvernants sans frontières – Entre mondialisation et post-mondialisation*, LGDJ, coll. Droit et société, 2003, p. 274. La Commission pour la gouvernance globale, liste, de façon non exhaustive, « une multitude d'institutions, associations, réseaux, groupes de minorités, syndicats, chambres de commerce, coopératives fermières ou domestiques, association de surveillance de voisinage, organisations basées sur la religion etc. ».

[4] Forum des droits sur l'internet, « Communiqué de presse sur le bilan des dix ans du Forum », 6 oct. 2010.

En somme, appartient à la société civile telle qu'ici conçue tout ce qui est privé ou, mieux, *tout ce qui est privé et autonome par rapport à l'État*, tout ce qui constitue le principal espace politique ou, du moins, « pré-politique »[1] alternatif à l'espace étatique[2]. En ce sens, la société civile n'est donc pas « intermédiaire entre les sphères publique et privée »[3] mais entièrement dans la sphère privée, à tel point qu'elle peut encore se caractériser tel *quelque-chose de para- ou même d'anti-public*, telle la *« puissance privée »* qui se dresse face à la puissance publique[4]. Avec Adam Smith, il est tentant d'y voir la part de la société qui s'autorégule et qui, donc, ne recourt pas à cet être politique artificiel qu'est l'État[5].

Cette approche extensive et inclusive de la société civile n'est évidemment pas sans conséquences sur l'objet de ces travaux. En effet, le droit global de la société civile associative, non lucrative, animée par l'altruisme et par des objectifs de promotion des droits et libertés fondamentaux et même de protection de l'humanité au sens le plus large, n'est guère identique au droit global qu'ambitionnent de consacrer les grandes multinationales. Nul doute que, si la « guerre des

[1] Y. PALAU, « Une transformation des modes de transaction entre "société civile" et puissance publique : de l'interdépendance à l'agrégation », in G. DEMUIJNCK, P. VERCAUTEREN, dir, *L'État face à la globalisation économique – Quelles formes de gouvernance ?*, Sandre, 2009, p. 187.

[2] F. OST, « Mondialisation, globalisation, universalisation : s'arracher encore et toujours à l'état de nature », in Ch-A. MORAND, dir., *Le droit saisi par la mondialisation*, Bruylant (Bruxelles), coll. Droit international, 2001, p. 29.

[3] A.-J. ARNAUD, *Critique de la raison juridique – 2. Gouvernants sans frontières – Entre mondialisation et post-mondialisation*, LGDJ, coll. Droit et société, 2003, p. 277.

[4] Y. PALAU, « Une transformation des modes de transaction entre "société civile" et puissance publique : de l'interdépendance à l'agrégation », in G. DEMUIJNCK, P. VERCAUTEREN, dir, *L'État face à la globalisation économique – Quelles formes de gouvernance ?*, Sandre, 2009, p. 187.

[5] A. SMITH, *Recherches sur la nature et les causes et la richesse des nations*, Strahan et Cadell (Londres), 1776.

sources » qui est la marque du droit postmoderne met aux prises États et société civile, elle se déroule également à l'intérieur même de cette société civile. Il faudrait donc bien évoquer des « sociétés civiles » au pluriel. Mais ce qui intéressera la suite de ce livre sera bien avant tout les difficultés des États à demeurer au centre du système juridique alors que se développent d'importantes puissances privées.

Reste que, historiquement, la notion de société civile semble être passée de synonyme d'État à synonyme de rival de l'État. On dit que la société civile « n'a pas la prétention de former un contre-pouvoir, […] de court-circuiter l'État »[1] ; mais il devient indispensable de convenir que, qu'elle en ait la prétention ou non, elle est *de facto* un contre-pouvoir. Et ce contre-pouvoir privé paraît constituer l'une des grandes caractéristiques de la postmodernité juridique.

En ces pages, il convient donc d'utiliser la société civile en tant que synonyme de *sources privées du droit postmoderne*, d'y voir l'ensemble des ordres juridiques parapublics composés d'entités sociales qui refusent que les individus n'interviennent dans le processus de production du droit qu'aux seuls moments où ils élisent leurs représentants et où ils participent à des référendums, dans le cadre de Constitutions démocratiques. Aussi est-il remarquable que, selon Jürgen Habermas, qui compte parmi les principaux penseurs de la société civile, la création du droit ne serait pas aujourd'hui monopolisée par l'État mais « le produit du jeu combiné des espaces publics institutionnels et de la société civile »[2].

[1] A.-J. ARNAUD, *Critique de la raison juridique – 2. Gouvernants sans frontières – Entre mondialisation et post-mondialisation*, LGDJ, coll. Droit et société, 2003, p. 281.

[2] J. HABERMAS, *Droit et démocratie – Entre faits et normes*, Gallimard, 1997, p. 323 (cité par B. FRYDMAN, « Habermas et la société civile contemporaine », in B. FRYDMAN, dir., *La société civile et ses droits*, Bruylant (Bruxelles), 2004, p. 140).

En 1986, le concept de société civile pouvait être considéré, de manière très péjorative, comme n'étant guère qu'un gadget incapable de donner à penser[1]. Désormais — et tout spécialement concernant le droit global à l'égard duquel, plus qu'à l'égard de toute autre question, la société civile a « pris conscience de sa force »[2] —, ledit concept apparaît fort utile afin de désigner ce magma de structures privées diverses et variées engendrant des normes. Aussi n'est-il pas lieu de retenir que la société civile serait un ensemble homogène[3]. À l'inverse, il faut accepter qu'elle est *foncièrement plurielle*, cela afin de ne pas risquer d'exclure quelque entité privée originale participant à la fabrication du droit postmoderne.

Il convient donc de suivre qui propose la définition de la société civile suivante : « Un ensemble d'ordres spontanés qui peut muer en ordre global structuré lorsque certains ordres spontanés s'allient »[4] ; mais tout en sachant qu'une société civile devenant un ordre global parfait est une pure utopie. La société civile, par trop multiple pour cela, ne saurait s'analyser en tant qu'ordre juridique ; en revanche, elle est un ensemble d'ordres juridiques — éventuellement un « système » — au sein desquels sont assurées, dans un cadre totalement privé, *tant la fonction de création que celle d'application des règles de droit*

[1] *Cf.* D. LOSCHAK, « La société civile : du concept au gadget », in CURAPP, *La société civile*, Puf, 1986, p. 43 s.

[2] Réf. à M. PLICHTA, « La société civile a pris conscience de sa force », *Le Monde* 13 janv. 2001.

[3] Pour une analyse contraire, *cf.* A.-J. ARNAUD, *Critique de la raison juridique – 2. Gouvernants sans frontières – Entre mondialisation et post-mondialisation*, LGDJ, coll. Droit et société, 2003, p. 281. Selon l'auteur, la société civile est « homogène dans sa culture politique ». Pourtant, il observe ailleurs que « son unité se révèle pure apparence, qu'on prenne les choses par l'histoire ou par l'analyse de ce qu'elle recouvre dans la réalité » (*ibid.*, p. 275).

[4] R. BERTHOU, « Le droit au gré d'Internet : à propos d'une réseautisation fort peu anodine de l'univers juridique », *Lex Electronica* 2006, n° 11, p. 11.

et au nombre desquels figurent y compris les ensembles normatifs propres aux mafias et autres groupements à finalité illicite[1]. En termes gurvitchéens, la société civile regroupe les « ordonnancements du droit social pur et indépendant, supérieurs ou équivalents en cas de conflit à l'ordre du droit étatique, tel le droit [trans]national, le droit d'Église sous régime de séparation d'avec l'État, enfin le droit économique »[2], soit les ensembles normatifs sur lesquels l'État n'exerce nulle emprise réelle — il peut exister une forme d'emprise consentie ou d'association entre État et société civile qui alors dialoguent sur un pied d'égalité. Et ces ordres juridiques se présentent moins sous la forme de pyramides que *sous la forme postmoderne de réseaux*[3].

Enfin, la société civile est *fondamentalement déterritorialisée*, son développement est largement concomitant à celui de la globalisation[4] et ses composantes sont généralement des acteurs intervenant à l'échelle mondiale[5]

[1] W. CAPELLER, « Un net pas très net », *Arch. phil. droit* 1999, p. 167.

[2] G. GURVITCH, *Le temps présent et l'idée du droit social*, Vrin, 1932, p. 53. En revanche, ne sauraient intégrer la société civile les « ordonnancements du droit social pur, mais soumis à la tutelle étatique, c'est-à-dire ne disposant pas de contrainte inconditionnée et autonome, mais, en cas de conflit, s'inclinant devant l'ordre juridique de l'État », ainsi que les « ordonnancements du droit social, autonome, mais annexé par l'État, c'est-à-dire mis à son service, soit par leur incorporation à ce dernier, en tant que "services publics décentralisés", soit par leur simple élévation dans le domaine privilégié du droit public » (*ibid.*).

[3] F. OST, M. VAN DE KERCHOVE, *De la pyramide au réseau ? Pour une théorie dialectique du droit*, Publications des Facultés universitaires Saint-Louis (Bruxelles), 2002, p. 108 (qui évoquent « mille formes de pouvoirs privés »).

[4] En ce sens, L. BOY, « Le déficit démocratique de la mondialisation du droit économique et le rôle de la société civile », *RID éco.* 2003, p. 471.

[5] Par exemple, J. A. SCHOLTE, « Qu'est-ce que la société civile mondiale ? », *Courrier de la planète* 2001, n° 63, p. 6 s. ; P. LAURENT, « L'émergence d'une société civile internationale », in B. FRYDMAN, dir., *La société civile et ses droits*, Bruylant (Bruxelles), 2004, p. 161 s.

— sa meilleure expression se situant peut-être dans le mouvement des organisations non gouvernementales globales (qui, paradoxalement, présentent souvent un visage « altermondialiste ») —, ce qui achève de convaincre de l'impossibilité de l'ignorer au moment d'envisager le droit des objets, activités et phénomènes liés à la globalisation.

Chapitre 2. La désétatisation symptomatique du droit postmoderne

L'étude du cas particulier de la liberté des communications est intéressante, sous l'angle de la postmodernité du droit, en ce qu'elle est révélatrice du droit global (*1*). Or, dans ce cadre, se révèle au grand jour la fragilisation des institutions étatiques (*2*) et il semble fort que les États deviennent autant un problème qu'une solution dans l'optique de la construction d'un droit postmoderne pertinent et efficace (*3*). En effet, la loi (*4*) et, plus généralement, toutes les institutions et normes étatiques (*5*) peinent à saisir convenablement les objets, activités et phénomènes globaux, sans pour autant que l'État paraisse capable de se réinventer afin de s'adapter à ces mutations de son environnement (*6*). En somme, l'heure est encore largement à l'État moderne, lequel n'est pas le mieux en mesure d'élaborer un quelconque droit postmoderne. C'est notamment pourquoi la société civile est incitée à développer son emprise sur le droit.

1. *Le trouble du droit induit par sa globalisation*

L'étude de la liberté des communications est celle d'un objet normatif global, à vocation universelle. Pareille étude semble légitime à l'heure où la référence au global se fait de plus en plus fréquente chez les juristes, se prolongeant dans le monde académique tant sur le plan de la recherche que sur celui de l'enseignement — seulement cela vaut-il à l'étranger plus que parmi les facultés de droit françaises. On observe ainsi une démultiplication des centres de recherche[1] et des revues[2] spécialisés en droit « global » ou « transnational ». En matière d'enseignement, l'étudiant en droit peut, par exemple, obtenir un « Bachelor in Global Law » à l'Université de Tilburg, un « Master in Global Law » à l'Université de Sydney, un « LL.M. in Law in a European and Global Context » à l'Universidade Católica Portuguesa ou encore un « Master in Global Business Law and Governance » à l'École de droit de Sciences Po Paris[3].

Avant l'émergence du web et du courriel, on notait qu' « il se pass[ait] en dix ans autant d'évènements capables d'influencer durablement et profondément le futur des hommes qu'autrefois en mille ans »[4]. Peut-être l'échelle temporelle est-elle désormais réduite à cinq, trois ou un an(s). De plus en plus d'observateurs s'accordent à dire que le rôle régulateur et stabilisateur de l'État ne serait pas voué à disparaître, mais à condition qu'il sache s'adapter à ces nouvelles réalités dont les activités internetiques

[1] Par exemple, l'Institute for Global Law & Policy (Harvard), l'Institute for Global Law (University College of London), le Dickson Poon Transnational Law Institute (King's College) ou le Center for Transnational Law de Cologne (cités par B. FRYDMAN, G. LEWKOWICZ, A. VAN WAEYENBERGE, « De l'étude à l'enseignement du droit global », [en ligne] <philodroit.be>, 2013, p. 2).

[2] Par exemple, la Global Studies Law Review, la Global Law Review, la Global Business Law Review, l'Indiana Journal of Global Legal Studies, la Peking University Transnational Law Review, la Suffolk Transnational Law Review, le Columbia Journal of Transnational Law, le Vanderbilt Journal of Transnational Law ou la Jindal Global Law Review (cités par B. FRYDMAN, G. LEWKOWICZ, A. VAN WAEYENBERGE, « De l'étude à l'enseignement du droit global », [en ligne] <philodroit.be>, 2013, p. 2).

[3] B. FRYDMAN, G. LEWKOWICZ, A. VAN WAEYENBERGE, « De l'étude à l'enseignement du droit global », [en ligne] <philodroit.be>, 2013, p. 2.

[4] J. et J. FOURASTIÉ, *D'une France à une autre*, Fayard, 1987 (cité par A. CHOURAQUI, « Normes sociales et règles juridiques : quelques observations sur des régulations désarticulées », *Dr. et société* 1989, p. 419).

sont le meilleur témoin[1]. Il est banal, désormais, de remarquer que les internautes se donnent leur droit, inventent leurs propres modes de régulation et de « gouvernance », très à l'écart des institutions étatiques et interétatiques. Ainsi va la vie du droit postmoderne. *In fine*, est affirmé que « le droit de l'internet est le meilleur exemple de droit global »[2]. Une illustration parmi de nombreuses autres réside dans les constitutions élaborées par certaines communautés du logiciel libre[3].

S'intéresser à la liberté des communications telle qu'elle se donne à voir aujourd'hui, après l'irruption de l'internet, revient donc, indirectement, à s'intéresser au sujet plus général de *la « gouvernance » des sociétés postindustrielles*, lequel n'est pas un autre que celui du droit postmoderne. Ces sociétés postindustrielles sont certainement des sociétés de services et de communications correspondant à la « troisième vague » ou à la « nouvelle civilisation hautement technologique et anti-industrielle »[4]. Surtout, ce sont des sociétés globales, résultats des processus multidimensionnels de mondialisation[5] dont on affirme aujourd'hui qu'ils sont « achevés » (dans le sens de « accomplis »)[6]. Or, à de multiples points de vue, *la*

[1] J.-F. CASILE, S. MIANNAY, « Nouvelles technologies de l'information et de la communication et anciens instruments de régulation : l'exemple d'Internet en France », *Politique et société* 1999, n° 18, p. 61 s.

[2] J.-L. BERGEL, « La dynamique des systèmes juridiques, évolutions et convergences », conférence à la Faculté de droit et de science politique d'Aix-en-Provence, 22 févr. 2012.

[3] *Cf.* D. BOURCIER, « Comment s'accorder sur les normes ? Le Droit et la Gouvernance face à Internet », *Lex Electronica* 2006, n° 10, p. 8.

[4] A. TOFFLER, *La Troisième Vague*, Denoël, 1980 (cité par V. TROVATELLO, *L'infrastructure d'internet – Entre régulation et gouvernance*, th., Université Paul Cézanne - Aix-Marseille III, 2009, p. 12).

[5] C. GHORRA-GOBIN, *Dictionnaire des mondialisations*, Armand Colin, 2006. Il semble effectivement plus pertinent de parler de « mondialisations » que de « mondialisation ».

[6] F. LENGLET, *La fin de la mondialisation*, Fayard, 2013.

globalisation interroge le droit[1]. Est ainsi remarqué que « le désordre juridique semble caractériser cette ère nouvelle, celle de la désorganisation et de l'insécurité juridiques »[2], ou que « les difficultés rencontrées relativement à la maîtrise des sources du droit se trouvent au cœur des désordres juridiques »[3]. La meilleure expression pour qualifier cette situation serait dès lors celle de « crise du droit »[4].

Il est vrai que la liberté des communications illustre les difficultés des institutions étatiques à régir pertinemment et efficacement les objets et phénomènes globaux qui apparaissent de plus en plus nombreux. Cela va nécessairement de pair avec une telle « crise du droit ».

2. *La fragilisation des institutions étatiques*

Dans un élan prophétique, Nietzsche imaginait : « Grâce à la liberté des communications, des groupes d'hommes de même nature pourront se réunir et fonder des communautés. Les

[1] *Cf.* A.-J. Arnaud, « La régulation par le droit en contexte globalisé », in J. Commaille, B. Jobert, dir., *Les métamorphoses de la régulation politique*, LGDJ, coll. Droit et société, 1998, p. 147 s.

[2] V. Lasserre-Kiesow, « L'ordre des sources ou le renouvellement des sources du droit », *D.* 2006, p. 2279. Et cet auteur de lister quelques expressions doctrinales caractéristiques : « l'inflation, la profusion des lois, la fragmentation, la périodisation, la déstructuration, l'explosion, la déstabilisation du droit, la dispersion, la prolifération, la désintégration du droit, la mondialisation, la globalisation, la "dénationalisation", la judiciarisation du droit, la multiplication des instances de production et de gestation du droit, les régulations en tous genres, la complexification, la spécialisation, la technicisation des normes, la professionnalisation du droit, la désinformation des citoyens, la décodification des grands codes ».

[3] *Ibid.*

[4] *Ibid.*

nations seront dépassées »[1]. Lorsque les nations sont dépassées, nul doute que le contrat social et, finalement, l'État et toutes ses fondations se trouvent en péril. *La liberté des communications, suivant cette logique, pourrait être à l'origine de la « mort » de l'État.*

Or, avec l'internet, il semble que la prédiction du philosophe n'ait jamais été aussi proche de se réaliser — ce qui ne veut pas dire qu'elle soit très proche de se réaliser[2]. Il est permis, dès lors, d'interroger le présent et l'avenir de l'État et de son droit. Ceux-ci, phénomènes socio-politiques récents, ne seraient qu'une parenthèse dans l'histoire de l'Homme. La question soulevée, lourde et presque indicible, est bien celle de *la fin de l'État*. Évidemment, cette fin ne saurait se produire soudainement, en un « coup d'État ». S'il devait y avoir fin de l'État, ce ne pourrait être qu'au terme d'un long et lent déclin. *L'examen de la liberté des communications doit permettre de mesurer cet éventuel recul, d'estimer sa réalité.*

La puissance et la souveraineté de l'État sont des constructions intellectuelles qui reposent sur la pensée juridique et politique collective. Elles sont donc par nature fragiles et doivent être régulièrement réaffirmées, notamment afin de rappeler la spécificité ontologique de l'État par rapport à d'autres organisations socio-politiques, par rapport à d'autres ordres normatifs. Cela passe souvent par la démonstration d'un monopole étatique dans la définition du droit ou, du moins, par la démonstration d'une domination étatique dans la définition du droit. Mais, à l'heure du monde uniformisé et des multinationales, ce schéma s'avère de plus en plus difficile à faire respecter.

[1] F. NIETZSCHE, « La volonté de puissance » (1888), in *Fragments posthumes*, Gallimard, coll. Œuvres philosophiques complètes, 1976.

[2] *Cf.*, par exemple, P. TÜRK, « La souveraineté des États à l'épreuve d'internet », *RDP* 2013, p. 1489 s.

Nietzsche, dans *Ainsi parlait Zarathoustra*, disait constater partout les symptômes d'une maladie minant l'État de toxines nihilistes, lequel État, machinerie devenue « monstre froid » seulement animée par un « esprit de lourdeur » en raison de l'extrême rationalisation de tous ses rouages, ne serait vite plus guère qu'une peu enviable « maison des morts »[1]. Selon Nietzsche, *c'est parce que la société s'écroulerait* — car ne ressemblant plus qu'à une masse informe et multiple de « dégénérés idiosyncratiques » obnubilés par l'argent, l'utilitaire et l'individualisme — *que l'État s'effondrerait*, ce second reposant sur cette première[2]. Après avoir annoncé la mort de Dieu, l'auteur de *Par-delà bien et mal* promettait : « Ainsi une génération future verra l'État perdre toute importance »[3]. Pour lui, l'État ne ferait que subir les conséquences du fait qu'il aurait épuisé la société ; il serait donc à l'origine de sa propre perte. Mais des éléments extérieurs tels que la liberté des communications peuvent parfaitement être la cause de la « crise de l'État » ou bien renforcer celle-ci dès lors qu'est accepté que son origine première se trouverait dans l'être étatique même ou dans le fait que, notamment, les pouvoirs publics ont largement encouragé le développement de l'économie mondialisée.

Déjà en 1937 Georges Ripert remarquait que l'État subissait « progressivement l'attraction et le joug des faits économiques qui le dominent et dont il est devenu tributaire »[4]. Quant à Martin Heidegger, il imputait l'effacement de l'État à la « décadence spirituelle de la Terre », elle-même due au développement du rationalisme cartésien, à la « raison centrée sur le sujet » et à la « frénésie sinistre de la technique déchaînée

[1] F. NIETZSCHE, « La nouvelle idole », in *Ainsi parlait Zarathoustra*, Verlag von Ernst Schmeitzner (Chemnitz), 1883.

[2] *Ibid.*

[3] F. NIETZSCHE, *Le gai savoir* (1882), Gallimard, 1981, p. 333.

[4] G. RIPERT, « Un ordre juridique nouveau », *D.* 1937, chron. 41.

et de l'organisation sans racines de l'homme normalisé »[1]. Or c'est peu dire que, depuis que le philosophe allemand a écrit, l'importance du rationalisme cartésien et, surtout, le progrès des techniques (et en premier lieu des techniques de communication) ont été croissants, participant de l'achèvement de la métaphysique et du renforcement du nihilisme. L'État reposant d'abord sur des *croyances communes*, comme l'indiquait Nietzsche lorsqu'il le qualifiait de « nouvelle idole » ayant subrogé Dieu, cette fin des certitudes et l'éparpillement des consciences et des êtres concomitant laissent présager le pire pour l' « illusion étatique »[2].

Dans ce cadre, les propos de Kelsen selon lesquels « l'État a une existence temporelle [...] ; [son] existence est limitée dans le temps, [il] naît et disparaît »[3], apparaissent d'une grande actualité. Et des auteurs contemporains, observant combien l'État se fond et fond au cœur du monde global, de constater ses tribulations épiques, son dépassement, sa dissolution et son caractère subsidiaire[4]. Certains le regrettent, d'autres s'en réjouissent, mais beaucoup soulignent le même phénomène. Des dossiers sont consacrés, parmi des revues qui affichent l' « ambition intellectuelle d'associer le retour au réel et l'ouverture au possible », au thème « le dépérissement de l'État : le Léviathan est-il mort ? »[5]. On y note que la seule ambition de l'État serait désormais « de végéter et de se

[1] M. HEIDEGGER, *Introduction à la métaphysique* (1935), trad. G. Kahn, Gallimard, coll. Tel, 1980 (cité par S. GOYARD-FABRE, *L'État, figure moderne de la politique*, Armand Colin, coll. Cursus philosophie, 1999, p. 114).

[2] A. GUIGUE, « Autour des méthodes positivistes », *RRJ* 2006, p. 1175.

[3] H. KELSEN, *Théorie pure du droit*, 2e éd., trad. Ch. Eisenmann, Dalloz, 1962, p. 382.

[4] F. POIRAT, « État », in D. ALLAND, S. RIALS, dir., *Dictionnaire de la culture juridique*, Lamy-Puf, coll. Quadrige-dicos poche, 2003, p. 643.

[5] *Cités* 2004, n° 18, « Le dépérissement de l'État : le Léviathan est-il mort ? ».

survivre »[1], qu'il serait « sur la sellette »[2], qu'il se désagrègerait[3], qu'il présenterait une « silhouette défigurée »[4], ou encore qu'il ne serait « plus aujourd'hui que l'ombre de lui-même, l'ombre de la figure du Léviathan dans laquelle Hobbes l'avait pensé en construisant son concept à l'aube de la modernité »[5].

Pour ce qui est de la « gouvernance de l'internet », l'ancien président de l'ICANN, Fadhi Chehadé, peut déclarer : « Les États doivent jouer un rôle dans la régulation d'internet, mais seulement un rôle de partenaires. […] Un modèle de gouvernance avec des décisions centralisées et reposant sur les gouvernements serait un désastre pour internet »[6]. Où s'exprime parfaitement le caractère de laboratoire du droit global et du droit postmoderne de la liberté des communications.

Ces allégations — peut-être « mécontemporaines »[7] — sont accompagnées de l'observation selon laquelle « [les] souligner, c'est refuser de céder à aucun obscur sentiment "décliniste". C'est respecter plutôt une irréfragable obligation de lucidité »[8]. Cependant, qui observe sans apriori les sociétés en ce début de millénaire ne les voit certainement pas livrées à elles-mêmes, abandonnées à elles-mêmes, de retour à l'état de nature car

[1] R. DRAÏ, « La gouvernance négative », *Cités* 2004, n° 18, p. 85.

[2] L. ROUBAN, « Les paradoxes de l'État postmoderne », *Cités* 2004, n° 18, p. 11.

[3] S. GOYARD-FABRE, *L'État, figure moderne de la politique*, Armand Colin, coll. Cursus philosophie, 1999, p. 114.

[4] *Ibid.*

[5] Y.-Ch. ZARKA, « L'ombre du Léviathan », *Cités* 2004, n° 18, p. 3.

[6] F. CHEHADÉ, « Interview de Fadhi Chehadé, président de l'ICANN », [en ligne] <lefigaro.fr>, 23 sept. 2014.

[7] Mot emprunté à Charles Péguy qui se qualifiait ainsi (A. FINKIELKRAUT, *Le mécontemporain – Péguy, lecteur du monde moderne*, Gallimard, coll. Folio, 1999).

[8] R. DRAÏ, « La gouvernance négative », *Cités* 2004, n° 18, p. 85.

délaissées par des États moribonds et impuissants. La liberté des communications est le laboratoire d'un droit global et d'un droit postmoderne en devenir, qui deviennent chaque jour un peu plus des réalités, mais elle n'est en aucun cas la preuve que ce droit global et ce droit postmoderne auraient terrassé les droits nationaux et le droit moderne. Et, quand bien même tel serait le cas, cela n'impliquerait pas un quelconque évanouissement des États, car sans doute conservent-ils un rôle à jouer dans l'espace juridique postmoderne.

Mais ce rôle semble devoir être un rôle très différent du rôle joué à l'ère du droit moderne tant la liberté des communications montre que les États constituent des problèmes autant que des solutions pour le droit postmoderne.

3. *Des États à l'origine de difficultés autant que de solutions*

Le « rêve cybernétique de mise en pilotage automatique des affaires humaines »[1] demeure pour l'instant à l'état de songe — ce dont il faut peut-être se réjouir. Le droit, création humaine contingente, conserve alors toute sa raison d'être. Mais de quel droit s'agit-il ? Avec le droit postmoderne, avec le droit global, il s'agit d'un droit de moins en moins monopolisé par les États, qui se cultive de plus en plus sur des terres privées. Et cela s'explique tout d'abord par les pierres d'achoppement auxquelles font face les institutions étatiques.

La description que Santi Romano — défenseur pourtant d'un pluralisme juridique proche d'être radical — donnait du droit ne s'avère guère valable à propos du droit postmoderne : « Le droit

[1] A. SUPIOT, « État social et mondialisation : analyse juridique des solidarités », Leçon inaugurale au Collège de France, 29 nov. 2012.

privé est sans aucun doute une simple spécification du droit public, une de ses formes ou de ses orientations, une de ses ramifications »[1]. Pour ce qui est de l'encadrement normatif de la liberté des communications, les organisations privées, très souvent, concurrencent les pouvoirs publics bien plutôt que d'être sous leur tutelle. Comme le souligne un professeur, « l'internet maltraite la théorie formelle des sources du droit en raison de la remise en cause des modes traditionnels de formation du droit par les pouvoirs publics »[2].

L'internet et le web, ainsi que les pratiques et la culture qui les accompagnent, mettent à l'épreuve les États et, en particulier, le droit des États ainsi que son mode de production. Ils confirment que « les États maîtrisent de moins en moins leurs destins »[3]. Il faut dire que les gouvernants paraissent « désorientés »[4].

Michel Troper écrit :

> *Sans doute toute norme n'est valide qu'à l'égard d'une classe d'hommes qui en sont les destinataires et cette classe peut être définie par le territoire, celui sur lequel se trouvent ces hommes, celui sur lequel ils sont nés, celui sur lequel se trouve une institution avec laquelle ils ont un lien ; mais c'est là une propriété purement contingente. Certes, c'est très souvent le cas, mais il est parfaitement concevable qu'une norme ait pour destinataires tous*

[1] S. Romano, *L'ordre juridique* (1946), trad. L. François, P. Gothot, Dalloz, coll. Philosophie du droit, 1975, p. 5.

[2] F. Latty, « La diversité des sources du droit de l'internet », in Société française pour le droit international, *Internet et le droit international*, Pedone, 2013, p. 61.

[3] P. Türk, « La souveraineté des États à l'épreuve d'internet », *RDP* 2013, p. 1489.

[4] A.-J. Arnaud, *Critique de la raison juridique – 2. Gouvernants sans frontières – Entre mondialisation et post-mondialisation*, LGDJ, coll. Droit et société, 2003, p. 36.

> *les hommes ou des hommes définis par quelque autre trait que leur lien au territoire, voire qu'elle soit universelle.*[1]

Et un auteur de renchérir : « Il est sans doute nécessaire de revisiter les concepts fondateurs du droit constitutionnel classique, retenant l'État et ses frontières comme cadre privilégié d'organisation du pouvoir et d'élaboration de la norme »[2]. Peut-être le rattachement du droit au territoire est-il contingent, reste qu'il est actuellement foncièrement vrai, car l'État lui-même se définit par le territoire ; et peut-être faudrait-il réviser les modes d'organisation du pouvoir et d'élaboration du droit, il n'en demeure pas moins que leurs réalités actuelles sont toujours identiques à ce qu'elles étaient au XXe s., avant l'avènement de l'internet et la révolution de la liberté des communications. Les changements du droit sont ainsi davantage à rechercher du côté de *sa privatisation.*

Politiquement, les enjeux et les réponses à leur apporter continuent d'être *définis au niveau étatique*, bien que, sociologiquement, économiquement, culturellement ou encore physiquement, lesdits enjeux tendent à s'éloigner de la logique des territoires étatiques et que lesdites réponses devraient normalement suivre ce mouvement. Le Conseil de l'Europe a d'ailleurs adopté le principe de la responsabilité des États pour l'impact transfrontalier de leurs actions. Les normes régissant la liberté des communications, idéalement, devraient être *déterritorialisées* et les sources publiques de ces normes devraient se concevoir « au-delà de l'État »[3]. Mais les réalités ne sont pas celles-là et il faut en prendre acte. Alors que les sources privées de normes sont en mesure d'approcher l'idéal

[1] M. TROPER, « Le territoire est plus intéressant que le territoire », *Jurisdoctoria* 2013, n° 10, p. 15 (non souligné dans le texte original).

[2] P. TÜRK, « La souveraineté des États à l'épreuve d'internet », *RDP* 2013, p. 1489.

[3] Réf. à S. CASSESE, *Au-delà de l'État*, Bruylant (Bruxelles), 2011.

d'un droit sans territoire[1], tel n'est pas le cas des institutions publiques puisque celles-ci se réduisent très majoritairement aux institutions étatiques. *Les actes normatifs transnationaux dominent ainsi les actes normatifs internationaux*[2] et l'État se présente peut-être *au moins autant telle la source des difficultés que telle la source des solutions*. La « globalisation » et l' « universalisation du droit constitutionnel »[3] parfois décrites demeurent, actuellement, très relatives.

Mais l'incompatibilité entre l'échelle spatiale de l'internet et celle de l'État[4] n'est pas la seule difficulté qui rend l'intervention des organes étatiques très délicate. Il y a également le problème des *échelles temporelles* — dire que l'État peine à suivre l'évolution des technologies et des pratiques internetiques serait euphémique —[5] et *le grand particularisme des enjeux propres au cyberespace*. Dans son rapport de 2014, le Conseil économique, social et environnemental parle ainsi d'États « "déconnectés" des réalités »[6]. Il est évidemment difficile de gouverner pertinemment une réalité inconnue ou incomprise. D'aucuns

[1] *Cf.*, par exemple, N. Dreyfus, « La gouvernance de l'internet – L'Icann entre régulation et gouvernance », *RLDI* 2012, n° 81.

[2] *Lamy Droit de l'informatique et des réseaux* 2011, n° 2315.

[3] P. Türk, « La souveraineté des États à l'épreuve d'internet », *RDP* 2013, p. 1489 (« en portant certaines valeurs propres à la Communauté mondiale des internautes, soumise à de nouveaux modes de gouvernance et à des règles communes, le Réseau contribue à la globalisation du droit constitutionnel. Il contribue également à l'Universalisation des droits constitutionnels nationaux en diffusant des principes et standards constitutionnels, au sens de pratiques constitutionnelles considérées comme normales et souhaitables »).

[4] *Cf.* B. Barraud, « L'État territorial face au cyberespace mondial – L'informatique en nuage… de Tchernobyl », *RLDI* 2016, n° 122, p. 41 s.

[5] *Cf.* B. Barraud, « Internet et temps du droit », *RLDI* 2016, n° 123, p. 37 s.

[6] N. Chiche, *Internet : pour une gouvernance ouverte et équitable*, Éditions des journaux officiels, coll. Les études du Conseil économique, social et environnemental, 2014, p. 4.

regrettent que les pouvoirs publics appréhendent l' « homme numérique »[1] sans distinction par rapport à l'homme physique. Les comportements dans l'espace des communications mondiales connaissent pourtant de grandes spécificités.

Par exemple, le projet de « loi sur la société de l'information » n'entendait pas créer un droit spécifique pour les réseaux et les contenus numériques mais « seulement assurer l'application des règles en vigueur à la société de l'information »[2]. Et, en 1998, le Conseil d'État a pu soutenir qu' « il n'existe pas et il n'y a nul besoin d'un droit spécifique de l'internet et des réseaux : ceux-ci sont des espaces dans lesquels tout type d'activité peut être pratiqué et toutes les règles régissant un domaine particulier (publicité, fiscalité, propriété intellectuelle…) ont vocation à s'appliquer »[3]. Mais l'important est que ces règles s'appliquent effectivement et pertinemment, ce qui n'est guère assuré au vu des grandes spécificités du réseau mondial de communication.

Par suite, si « crise de l'État » il y a à l'échelle de la liberté des communications, les causes de cette « crise de l'État » seraient à rechercher prioritairement dans quelque « crise de la loi ». En effet, l'étude de ladite liberté des communications indique que le législateur fait face à des difficultés dont il conviendrait de prendre pleinement conscience afin de pouvoir réfléchir à leurs conséquences et aux solutions à y apporter. La loi, point focal du droit moderne, devrait ainsi se réinventer afin de ne pas se retrouver écrasée par la postmodernité.

[1] Réf. à N. NEGROPONTE, *L'Homme numérique*, Press Pocket, 1997.

[2] « Projet de loi sur la société de l'information », doc. lég. AN, n° 3143, 18 juin 2001, exposé des motifs (cité par D. DE BELLESCIZE, L. FRANCESCHINI, *Droit de la communication*, 2e éd., Puf, coll. Thémis droit, 2011, p. 471).

[3] EDCE 1998, *Internet et les réseaux numériques*, p. 14.

4. *La crise de la loi*

Au XVIIIe s., dans l'article « Loi » de son *Dictionnaire philosophique*, Voltaire décrivait des lois « faites au hasard »[1]. D'aucuns reprendront volontiers cette description afin de présenter l'état de l'outil législatif au XXIe s., la loi apparaissant de plus en plus inadaptée aux besoins normatifs de la société. En effet, c'est bien sous un angle général que les meilleurs spécialistes présentent une loi qui serait « toujours plus insuffisante tant dans son contenu que dans son mode d'élaboration »[2].

Quant à la liberté des communications, ce constat ne peut que valoir *a fortiori*. En témoigne l'intitulé d'une étude de Christophe Caron consacrée aux difficultés des lois relatives aux activités de l'internet : « Malédictions numériques »[3]. Il semble que les lois en matière de liberté des communications soient plus symptomatiques que toutes autres de la présence d' « "épouvantables salades" du législateur, faites de divers ingrédients politiques, techniques, économiques et culturels »[4]. En tout cas le visage du législateur change-t-il assez radicalement : désormais, il « expérimente plus qu'il ne choisit, négocie plus qu'il n'impose, s'adapte plus qu'il ne dirige »[5].

[1] VOLTAIRE, V° « Loi », in *Dictionnaire philosophique portatif*, 1764 (cité par J.-C. BÉCANE, M. COUDERC, J.-L. HÉRIN, *La loi*, 2e éd., Dalloz, coll. Méthodes du droit, 2010, p. 50).

[2] J.-C. BÉCANE, M. COUDERC, J.-L. HÉRIN, *La loi*, 2e éd., Dalloz, coll. Méthodes du droit, 2010, p. 54.

[3] Ch. CARON, « Malédictions numériques », *Comm. com. électr.* 2009, repère 8.

[4] M. EISENMAN, *Cours de droit administratif*, t. I, LGDJ, 1982, p. 28 (cité par H. ISAR, *Le service public et la communication audiovisuelle*, PUAM-Economica (Aix-en-Provence-Paris), coll. Droit de l'audiovisuel, 1996, p. 20).

[5] M. MEKKI, « Propos introductifs sur le droit souple », in Association Henri Capitant, *Le droit souple*, Dalloz, coll. Thèmes et commentaires, 2009, p. 3.

« La loi est un moyen et non une cause », disait Georges Ripert[1]. Pourtant, le légicentrisme continue d'empreindre les esprits du personnel politique — mais aussi des juristes — de manière telle que nul ne songe vraiment à subroger à la loi une autre source étatique et à consacrer un étonnant « État hors la loi »[2]. La loi reste largement perçue tel le « fait étatique positif »[3]. Après la Révolution française, la loi est devenue la seule source de droit[4] et la source étatique du droit par excellence reste actuellement la loi. L'enjeu principal, à travers cette préservation de la primauté de la loi, ne serait pas un autre que sauvegarder la « dignité de l'État »[5]. Simplement le taux de droit d'origine prétorienne augmente-t-il sensiblement du fait du besoin de saisir des objets tels que la liberté des communications, cela en raison des manques (imprécisions et absences) propres aux actes du législateur, de telle sorte que, si, comme le pensait Hayek, le passage d'un droit fait par les juges à un droit édicté par le législateur a constitué la transformation fondamentale de l'idée de droit en occident[6], se produirait, sur ce point et à l'heure du droit postmoderne, une sorte de *retour en arrière*.

[1] G. RIPERT, *Les forces créatrices du droit*, LGDJ, 1955, p. 134.

[2] Réf. à J.-M. PONTAUT, F. SZPINER, *L'État hors la loi*, Fayard, 1989 (mais ces auteurs désignent par cette expression davantage un « État hors du droit », ne respectant pas les conditions de l'État de droit, et non un État se passant de l'outil législatif).

[3] R. CARRÉ DE MALBERG (cité par S. GOYARD-FABRE, *L'État, figure moderne de la politique*, Armand Colin, coll. Cursus philosophie, 1999, p. 32).

[4] J.-C. BÉCANE, M. COUDERC, J.-L. HÉRIN, *La loi*, 2e éd., Dalloz, coll. Méthodes du droit, 2010, p. 22.

[5] S. GOYARD-FABRE, *L'État, figure moderne de la politique*, Armand Colin, coll. Cursus philosophie, 1999, p. 170.

[6] F. A. HAYEK, *Droit, législation et liberté – Une nouvelle formulation des principes libéraux de justice et d'économie politique*, t. I, trad. R. Audouin, Puf, 1980, p. 146 (cité par L. COHEN-TANUGI, *Le droit sans l'État*, 2e éd., Puf, coll. Quadrige essais débats, 2007, p. 85).

Le problème de la qualité de la loi est d'une grande complexité[1] et il n'existe pas d'instrument de mesure de cette qualité précis, objectif et incontestable[2]. Mais nombreux sont ceux qui présentent désormais un législateur « s'époumon[ant] à trouver des solutions simples immanquablement contestées dans une société complexe »[3] et qui risque de « s'abandonner au désespoir et à la démagogie »[4]. Déjà en 1980 François Terré observait la « crise de la loi »[5]. Cette « crise du modèle légicentrique »[6] étant associée à la « crise de l'autorité » que, il y a plus longtemps encore, Hannah Arendt remarquait[7], l'intervention étatique ne peut qu'être très périlleuse dans un cyberespace où les « crises » de la loi et de l'autorité publique sont plus profondes que nulle part ailleurs.

Partant, si le Conseil d'État et le Secrétariat général du Gouvernement, dans leur « Guide de légistique », expliquent

[1] J.-C. Bécane, M. Couderc, J.-L. Hérin, *La loi*, 2e éd., Dalloz, coll. Méthodes du droit, 2010, p. 167 ; J.-L. Hérin, « La qualité de la loi », in B. Mathieu, M. Verpeaux, dir., *La réforme du travail législatif*, Dalloz, 2006, p. 4.

[2] J.-C. Bécane, M. Couderc, J.-L. Hérin, *La loi*, 2e éd., Dalloz, coll. Méthodes du droit, 2010, p. 256.

[3] A.-J. Arnaud, « Du jeu fini au jeu ouvert – Réflexions additionnelles sur le Droit post-moderne », *Dr. et société* 1991, p. 57.

[4] *Ibid.*

[5] F. Terré, « La crise de la loi », *Arch. phil. droit* 1980, p. 18 s.

[6] D. Mockle, « Crise et transformation du modèle légicentrique », in J. Boulad-Ayoud, B. Melkevik, P. Robert, dir., *L'amour des lois – La crise de la loi moderne dans les sociétés démocratiques*, Presses de l'Université Laval-L'Harmattan (Québec-Paris), 1996, p. 17 s.

[7] Ainsi Hannah Arendt écrivait-elle qu' « il n'y a plus grand chose dans la nature de l'autorité qui paraisse évident ou même compréhensible à tout le monde ; seul le spécialiste en sciences politiques peut encore se rappeler que ce concept fut jadis un concept fondamental pour la théorie politique, et presque tout le monde reconnaîtra qu'une crise de l'autorité, constante, toujours plus large et plus profonde, a accompagné le développement du monde moderne » (H. Arendt, *La crise de la culture* (1968), trad. P. Lévy et *alii*, Gallimard, coll. Folio essais, 2011, p. 121).

que l' « ambition des administrateurs et des légistes » doit être de « ne faire que des textes nécessaires, bien conçus, clairement écrits et juridiquement solides »[1], il est difficile de dire que, dans le domaine de l'encadrement normatif des activités de la globalisation, les administrateurs et les légistes élaborent effectivement de tels « textes nécessaires, bien conçus, clairement écrits et juridiquement solides ».

Et ledit « Guide de légistique » d'ajouter qu'il « apporte sa contribution par l'énoncé et l'illustration des techniques de conception et de rédaction des textes et des principes juridiques qui les inspirent : la maîtrise de ces techniques et le respect de ces principes sont en effet les conditions nécessaires de tout effort d'amélioration de l'efficacité [...] de la règle de droit »[2]. Il semble cependant que ces techniques et principes, s'ils revêtent sans doute quelque pertinence parmi les branches du droit moderne structurées par l'intervention de l'État moderne, soient loin d'avoir fait leurs preuves dans une matière postmoderne telle que la liberté des communications.

En effet, le regard porté sur cette liberté, plus factuelle que juridique si l'on s'en tient aux règles de droit « officielles », amène à constater le déclin de la *force symbolique* des institutions publiques et des règles de droit publiques.

5. *La désacralisation des autorités publiques*

En matière de droit postmoderne, par exemple concernant le droit des nouvelles technologies de la communication, *l'État subit les évènements au moins autant qu'il les influence.* Il est

[1] Conseil d'État, Secrétariat général du Gouvernement, « Guide pour l'élaboration des textes législatifs et règlementaires », 2e éd., [en ligne] <legifrance.fr>, 2007, p. 2.

[2] *Ibid.*, p. 2-3.

vrai que tant le rapport public du Conseil d'État de 1998[1] que le rapport du député Christian Paul de 2000[2] ont abouti à la conclusion selon laquelle il serait éminemment nécessaire d'encourager la « corégulation », au sein de laquelle la régulation par les acteurs privés et la régulation par l'État ont chacune sa place. Dans les faits, cependant, l'autorégulation est bien plus souvent choisie « souverainement » par lesdits acteurs privés, indépendamment des pouvoirs publics et des orientations qu'ils décident[3].

Le terme « cyberespace », dans *Neuromancien* de William Gibson[4], désigne *un espace détaché de la souveraineté des États*, entièrement libéré de toute règle. Cette description, si elle ne correspond pas à la réalité, n'en est néanmoins pas totalement éloignée tant, s'il y a des règles, elles ont souvent une origine privée et non publique, tandis que lesdites règles publiques, lorsqu'elles existent, pêchent par manque d'effectivité. Trop d'acteurs et d'utilisateurs de l'internet sont de ces « gens heureux [qui] vivent comme si le droit n'existait pas »[5]. L'État ne peut accepter cette situation qui remet en cause sa souveraineté, sa puissance, sa légitimité et sa raison d'être.

[1] EDCE 1998, *Internet et les réseaux numériques.*

[2] Ch. PAUL, *Du droit et des libertés sur l'Internet – La corégulation, contribution française pour une régulation mondiale*, La documentation française, 2000.

[3] La situation n'est guère différente de celle que décrivaient, en 2006, des commentateurs : l'État « baigne dans un environnement où le pluralisme des foyers de production des normes, la complexité des situations reliées à la mondialisation de l'économie et l'évolution des échanges et des transactions vers un mouvement qui déborde les frontières des États sont les caractéristiques » (K. BENYEKHLEF, K. SEFFAR, « Commerce électronique et normativités alternatives », *University of Ottawa Law & Technology Journal* 2006, p. 357).

[4] W. GIBSON, *Neuromancien* (1984), J'ai lu, coll. Science-fiction, 2001.

[5] J. CARBONNIER, *Flexible droit – Pour une sociologie du droit sans rigueur*, 8e éd., LGDJ, 1995, p. 38.

Les fondations du « contrat social » paraissent s'écrouler, si tant est que ce « contrat » ait été un jour « conclu » par les internautes — il faut rappeler à quel point *les individus se présentent sous un jour différent selon qu'ils agissent dans le monde physique ou dans le cyberespace*, si bien que le « contrat social » pourrait fort ne pas être « valide » à l'égard des actions se déroulant dans le milieu immatériel.

Loin est le temps (largement fantasmé au demeurant) où Socrate pouvait, au moment de s'empoisonner conformément à la sentence de mort rendue contre lui et alors qu'il lui était loisible de s'échapper, estimer qu'il était préférable de « mourir en observant la loi plutôt que [de] vivre en la violant »[1]. Platon revient, dans le dialogue entre Socrate et son disciple Criton, sur cet évènement. Il raconte que le mythique philosophe, alors que Criton le supplie de s'enfuir pour se dérober à cette condamnation injuste, refuse cette solution par respect pour les lois de sa patrie. Il suppose que, fuyant, les lois d'Athènes se présenteraient à lui pour lui reprocher sa lâcheté. Ces lois apparaissent comme des sortes de divinités et c'est dans cette divinisation qu'elles puisent leur force obligatoire. Socrate conclut que l'évasion constituerait une ingratitude envers des lois athéniennes qui ont permis à ses parents de se rencontrer, qui l'ont éduqué et qui l'ont façonné tel qu'il est[2]. Les lois qui ont vocation à régir les activités de l'internet ne partagent rien avec ces antiques lois sacralisées ; elles sont, tout au contraire, banalisées et doivent faire constamment leurs preuves « sur le terrain ».

[1] XÉNOPHON, *Mémorables*, 370 av. J.-C., L. IV.

[2] J. BENOIST, « Platon – Les Lois », in O. CAYLA, J.-L. HALPÉRIN, dir., *Dictionnaire des grandes œuvres juridiques*, Dalloz, 2008, p. 448. Cet exemple peut être comparé à celui d'Antigone, qui préfère ne pas obéir à une loi dès lors qu'elle est injuste, mettant de ce fait « la société dans son ensemble au bord du chaos en admettant un péril mortel pour le droit » (G. RIPERT, *Le déclin du droit*, LGDJ, 1949, p. 95).

Par ailleurs, chez Jean-Jacques Rousseau, deux principes régissent toute communauté politique : celui de la « liberté-légitimité » (tout pouvoir humain renvoie à une décision fondatrice libre qui l'institue comme pouvoir légitime) et celui de l' « utilité » (les hommes « n'aliènent leur liberté » — c'est-à-dire ne consentent à se soumettre à une autorité — « que pour leur utilité »)[1]. L'État et le droit qu'il génère ne tiennent debout qu'à condition que les sujets dudit État et que les destinataires dudit droit perçoivent en eux une « liberté-légitimité » et une « utilité »[2]. Sans cela, l'État et le droit étatique risquent fort de se trouver déstabilisés, fragilisés et, finalement, de s'écrouler.

Or, dans le monde tel que la mondialisation l'a transformé, la « liberté-légitimité » et l' « utilité » de l'État et de son droit s'avèrent trop maigres. Certainement la liberté des communications correspond-elle à une part plutôt fine de l'ensemble du corpus juridique, si bien qu'elle ne saurait, à elle seule, justifier la « fin de l'État ». Toujours est-il que, à l'échelle de cette liberté, le diagnostic établi à l'égard de la place de l'État dans le monde des normes ne peut être que sévère. Sans doute cette place n'est-elle pas inexistante ni réduite à une position marginale ; mais, par rapport à ce qu'elle est habituellement depuis le début de l'ère moderne et par rapport à ce qu'elle devrait être afin de défendre des principes tels que l'intérêt général ou la sécurité juridique — rien de moins que le « devenir de l'homme » en dépendrait[3] —, il n'est que possible de souligner à quel point les autorités publiques

[1] J.-J. ROUSSEAU, *Du contrat social*, 1762, L. I, chap. 2.

[2] *Cf.*, également, O. BEAUD, « À la recherche de la légitimité de la Ve République », in *Mélanges Michel Troper*, Economica, 2006, p. 153 s. ; O. BEAUD, « À la recherche de la légitimité de la Ve République », *Droits* 2007, n° 44, p. 71 s.

[3] En ce sens, R. TREGOUËT, « Société de l'information et devenir de l'homme », in D. BAHU-LEYSER, P. FAURE, dir., *Éthique et société de l'information*, La documentation française, coll. Territoires de l'information, 2000, p. 145 s.

rencontrent des difficultés, à quel point elles sont fragilisées et à quel point leur capacité à intervenir efficacement est douteuse.

Le « contrat social », dont l'enjeu n'est pas autre chose que l'association de l'ordre et de la liberté, est toujours à recommencer, est une « tâche infinie »[1], ce qui, pour la partie communicationnelle de la vie sociale des individus, amène à douter de sa pérennité. Peut-être le « contrat social postmoderne » devrait-il emprunter le chemin d'un « État modeste »[2] transcendant le clivage public/privé[3] et reposant sur la flexibilité, la discussion et la négociation, loin de la soumission à quelque « Léviathan » agissant de façon unilatérale et disposant d'un impérium irrésistible[4]. Et peut-être est-il vrai que « les démocraties contemporaines ne sont que des oligarchies qui s'affublent du beau nom de démocratie »[5] et que, en conséquence, le système institutionnel dans son ensemble devrait être repensé car il ne serait plus tolérable. Mais ce livre n'est pas le lieu où songer plus avant à de telles problématiques gargantuesques[6].

[1] S. GOYARD-FABRE, « Contrat social (doctrines) », in D. ALLAND, S. RIALS, dir., *Dictionnaire de la culture juridique*, Lamy-Puf, coll. Quadrige-dicos poche, 2003, p. 284.

[2] Réf. à M. CROZIER, *État modeste, État moderne : stratégies pour un autre changement*, 3e éd., Fayard, 1997.

[3] O. PAYE, « Pour la gouvernance comme problématique générale de science politique », in G. DEMUIJNCK, P. VERCAUTEREN, dir, *L'État face à la globalisation économique – Quelles formes de gouvernance ?*, Sandre, 2009, p. 144.

[4] S. GOYARD-FABRE, « Contrat social (doctrines) », in D. ALLAND, S. RIALS, dir., *Dictionnaire de la culture juridique*, Lamy-Puf, coll. Quadrige-dicos poche, 2003, p. 284.

[5] F. RIGAUX, *Ordonnancements juridiques et conversion numérique*, Larcier (Bruxelles), coll. Petites fugues, 2014, p. 368.

[6] L'enjeu n'en est pas moins ô combien décisif si, comme l'explique Alain Supiot, « nos institutions sont comme le pont dépeint par Kafka : une construction ancrée dans le sol des faits mais tendue au-dessus d'un vide de sens. Ce pont donne au cheminement humain son assise. Porteuses de sens, les

En revanche, cette introduction au droit postmoderne donne l'occasion de relever combien les instances et les rouages étatiques sont marqués par une forme de statisme quand la globalisation et la postmodernité appellent davantage de darwinisme ou, en tout cas, de dynamisme.

6. *La difficile édification d'une architecture étatique postmoderne*

L'État peut s'assigner des objectifs aussi nobles que garantir les principes de l'État de droit et les droits et libertés fondamentaux, rien n'assure qu'il sera demain encore en mesure de les remplir, *a fortiori* dans le domaine immatériel et transnational de la liberté des communications. Il a déjà été souligné à quel point l'organisation moderne des sources étatiques du droit est mal adaptée aux exigences d'un objet tel que la liberté des communications et combien il est regrettable que les pouvoirs publics n'amorcent pas plus radicalement *la mutation légistique espérée par qui aspire à disposer d'un droit étatique légitime et efficace*.

Il est néanmoins possible de percevoir les premiers signes de quelques changements parmi les institutions étatiques. Un « processus d'adaptation de la technique juridique ainsi que de réévaluation de ses conditions d'emploi » à l'aune des

institutions ne sont pas réflexives. Le pont, en se retournant sur lui-même, entraîne dans l'abîme l'homme dont il avait la charge. Aussi pourrait-on expliquer que dans la Rome antique le nom de pontife, d'ingénieur des ponts, ait été donné au gardien du temple sacré des lois ; et expliquer aussi l'irritante tendance des juristes à pontifer » (A. Supiot, « État social et mondialisation : analyse juridique des solidarités », Leçon inaugurale au Collège de France, 29 nov. 2012).

exigences de la « rationalité technico-économique »[1] serait en cours. On observe que l'État doit « s'adapter à l'ère de l'"interactivité normative" »[2] ; certainement le fait-il, très progressivement et plutôt à contrecœur, car nombreux sont ceux qui lui expliquent que « la prise en charge des effets néfastes du développement de la technoscience nécessite un réaménagement des modalités d'exercice du pouvoir »[3], que, « dès lors que les flux d'informations et de pouvoirs se reconfigurent sur de nouvelles bases culturelles, sociales, nationales, générationnelles, l'exercice de la décision devient plus complexe, plus aléatoire, et doit être repensé »[4].

Le droit étatique applicable aux activités et phénomènes globaux « fonctionne de manière un peu chaotique, reposant sur une compréhension souple des concepts de hiérarchie des normes et de séparation des pouvoirs », note un commentateur[5]. De modestes signes de mouvements cependant profonds parmi la structure et le fonctionnement de l'État se laissent ainsi apercevoir et, si cet État, pour mieux s'acclimater à l'environnement postmoderne que lui propose la mondialisation, devait abandonner des principes aussi fondamentaux que la hiérarchie des normes ou la séparation des pouvoirs, ce serait son visage même qui serait changé.

[1] J. CHEVALLIER, « La rationalisation de la production juridique », in Ch.-A. MORAND, dir., *L'État propulsif – Contribution à l'étude des instruments d'action de l'État*, Publisud, 1991, p. 11.

[2] P. TÜRK, « La souveraineté des États à l'épreuve d'internet », *RDP* 2013, p. 1489.

[3] U. BECK, *La société du risque – Sur la voie d'une autre modernité*, trad. L. Bernardi, Flammarion, coll. Champs Essais, 2008, p. 5 (cité par A. POMADE, *La Société Civile et le droit de l'environnement – Contribution à la réflexion sur les sources et la validité des normes juridiques*, th., Université d'Orléans, 2009, p. 477).

[4] J.-P. CORNIOU, *Le web, 15 ans déjà... et après ?*, Dunod, 2009, p. 6.

[5] J. HERVOIS, *La production de la norme juridique en matière scientifique et technologique*, th., Université de La Rochelle, 2011, p. 343.

Ce ne sont, néanmoins, que quelques soubresauts de pareilles mutations qui, pour l'heure, sont visibles, tant, dans les hautes sphères de l'État, le conservatisme continue de l'emporter sur l'évolutionnisme. « Nous vivons, explique-t-on, un temps où le mode de gouvernement traditionnel l'emporte encore [...] ; un temps où, en d'autres termes, la décision se prend selon un processus qui, pour être obsolète, n'en est pas moins le plus confortable pour le décideur »[1]. Mais, si, au XXe s., le modèle classique de l'administration correspondait à une administration tout à la fois « simple, nationale, centralisée, hiérarchisée et secrète »[2], à l'ère du droit postmoderne, ne devrait-elle ou ne devra-t-elle pas se présenter sous les traits d'*une administration complexe, ouverte, décentralisée, réseautique et publique* ? L'avenir est incertain mais de grands chamboulements dans l'organisation étatique sont possibles et, peut-être, souhaitables. Aussi Jacques Chevallier observe-t-il déjà la « reconfiguration en cours des appareils de l'État »[3], ainsi que l' « ébranlement de leur architecture »[4], associés à la « remise en cause de certains des attributs de l'État qui semblaient relever de son essence »[5].

L'internet constituerait non pas une simple rupture technologique mais bien « une révolution en raison de ses conséquences sur nos comportements, sur nos manières de penser et sur l'organisation politique, économique, sociale et

[1] A.-J. ARNAUD, *Critique de la raison juridique – 2. Gouvernants sans frontières – Entre mondialisation et post-mondialisation*, LGDJ, coll. Droit et société, 2003, p. 398.

[2] G. BRAIBANT, « Panorama de l'administration français », in F. GALLOUÉDEC-GENUYS, dir., *À propos de l'administration française*, La documentation française, 1998, p. 9.

[3] J. CHEVALLIER, *L'État post-moderne*, 3e éd., LGDJ, coll. Droit et société, 2008, p. 99.

[4] *Ibid.*

[5] *Ibid.*

culturelle de nos sociétés dans un monde global »[1]. Il faut toutefois douter que l'influence de la communication internetique soit telle qu'elle puisse conduire à un parfait bouleversement de l'architecture institutionnelle publique, des modes publics de création et d'application des règles. Il semble tout au plus permis de parler d'« adaptations ponctuelles », qui ne concernent que le droit de l'internet et qui n'ont pas vocation à toucher toutes les branches du droit ni la majorité des branches du droit. En ce sens, on estime que la « gouvernance de l'internet » serait un « mirage institutionnel »[2], cela afin de signifier que, du point de vue de la structure institutionnelle, rien ne change ni ne changera vraiment.

L'enjeu, en 2001, au moment d'instituer le Forum des droits sur l'internet, était de « construire les règles en évitant de plaquer sur l'internet des modèles du passé »[3] ; mais le Forum a été dissous et la liberté étatique des communications a été largement élaborée sur la base des modèles du passé, même si l'expérience du FDI restera comme le premier essai véritable de corégulation à l'initiative de l'État et comme une tentative plutôt concluante en même temps que très originale[4]. Par conséquent, la liberté des communications est très loin de se réduire à la liberté étatique des communications. En d'autres termes, la société civile a fondé une liberté des communications concurrente de cette liberté étatique des communications.

[1] L. SORBIER, « Quand la révolution numérique n'est plus virtuelle… », *Esprit* 2006, n° 324, p. 121.

[2] G. LEDIT, « Un quinquennat de politique numérique », Place de la toile, France culture, 14 janv. 2012.

[3] Forum des droits sur l'internet, « Construire ensemble la civilité de l'internet », [en ligne] <foruminternet.org>, oct. 2010, p. 11 (site consulté en 2010).

[4] *Cf.* R. BERTHOU, « La forumisation du droit : à propos des perspectives et enseignements d'une expérience originale de création du droit », *Dr. et société* 2005, p. 783 s.

Les autorités publiques ont également lancé un processus d'institutionnalisation de l'expertise au sein de structures administratives nouvelles capables de garantir une indépendance plus forte des experts, une transparence accrue de leur travail, mais aussi la pluralité des disciplines et des sensibilités appelées à s'exprimer à travers eux, notamment grâce à la présence (à côté des experts scientifiques) de représentants des groupes sociaux concernés. Et sont de plus en plus fréquemment intégrées dans les processus décisionnels des phases de débat public permettant d'associer plus largement lesdits représentants, mais aussi les simples citoyens. Ce déploiement de la participation ne suffit cependant guère à signifier qu'une rupture institutionnelle et légistique serait en cours, loin s'en faut. Les exigences formulées à la fin du XXe s. afin que les anciens instruments de régulation soient remplacés par de nouveaux outils mieux à même d'encadrer pertinemment et efficacement les nouvelles technologies de l'information et de la communication[1] n'ont été que très partiellement satisfaites.

Élaborer la loi aujourd'hui n'est peut-être pas devenu une « mission impossible »[2] ; néanmoins convient-il sans doute de réviser les modalités de cette élaboration de la loi et, plus largement, celles de l'élaboration étatique du droit, sans quoi le gouffre séparant le droit d'origine étatique de ses destinataires pourrait devenir définitivement insupportable. Nul objet juridique ne s'analyse plus que le droit postmoderne comme un

[1] *Cf.* J.-F. Casile, S. Miannay, « Nouvelles technologies de l'information et de la communication et anciens instruments de régulation : l'exemple d'Internet en France », *Politique et société* 1999, n° 18, p. 61 s.

[2] Réf. à B. Jadot, F. Ost, dir., *Élaborer la loi aujourd'hui, mission impossible ?*, Publications des Facultés Universitaires de Saint-Louis (Bruxelles), coll. Travaux et recherches, 1999.

« droit des sujets »[1], c'est-à-dire comme un droit dont le problème principal est celui de *la réception des normes par leurs destinataires*, tant ces derniers paraissent être en mesure de respecter ou non les règles uniquement en fonction de la légitimité et du bien-fondé qu'ils leur accordent, loin de la contrainte, de la souveraineté et de la puissance étatiques.

« Le législateur, écrivait Portalis, ne doit point perdre de vue que les lois sont faites pour les hommes et non les hommes pour les lois, qu'elles doivent être adaptées au caractère, aux habitudes, à la situation du peuple pour lequel elles sont faites »[2]. Certainement le droit doit-il suivre l'état de la société dans laquelle il s'inscrit[3], même s'il est aussi un instrument servant à modeler, dans une certaine mesure, cet état de la société, par exemple dans le but de faire en sorte que l'internet contribue au progrès humain davantage qu'au progrès technique[4]. L'analyse selon laquelle « c'est aux technologies de s'adapter aux exigences fondamentales du droit »[5], autant que celle proposée par Montesquieu et aux termes de laquelle la loi serait capable à elle seule de bouleverser les mœurs et les

[1] *Cf.* L. DRAÏ, D. HIEZ, « La réception du droit : le droit des sujets », *RRJ* 2007, p. 141 s.

[2] J.-É.-M. PORTALIS, *Discours préliminaire sur le projet de Code civil*, 1801.

[3] J. CHEVALLIER, « Vers un droit post-moderne ? Les transformations de la régulation juridique », *RDP* 1998, p. 660 (« le droit, en tant que production sociale, est appelé à évoluer à mesure des mutations sociales »).

[4] En ce sens, l'enjeu fondamental du droit serait, pour toute société, « la place qu'y tient l'homme, car le progrès d'un peuple ne se mesure pas seulement aux découvertes de la science ni aux exploits de la technique ; comme toute l'activité politique, il provient de l'homme, il est réalisé par l'homme, il est pour l'homme. L'homme, être libre et responsable, voilà la fin du pouvoir. Cet idéal d'origine religieuse a pénétré la philosophie rationaliste du siècle des Lumières. Il n'a rien perdu de son actualité » (Ch. DEBBASCH, *L'État civilisé*, Fayard, 1979, p. 20).

[5] G. LYON-CAEN, « Le droit n'a pas à s'incliner devant la technologie », *Semaine sociale Lamy* 12 oct. 2001, p. 8 (cité par M.-Ch. ROQUES-BONNET, *Le droit peut-il ignorer la révolution numérique ?*, Michalon, 2010, p. 392).

manières d'une nation[1], ne paraissent pas acceptables — dans leurs formulations absolutisantes du moins.

Partant, pour que le contenu des normes s'adapte aux besoins et aux spécificités du cadre et du contexte sociaux, il faut peut-être que leurs modes de production évoluent vers plus de souplesse, vers plus de flexibilité, vers plus de précision etc., en fonction des lieux et des temps, loin de l' « État-monstre froid » du XXe s. pré-internetique[2]. La mondialisation et notamment l'environnement numérique imposent « l'ouverture d'un grand chantier pour l'élaboration d'un droit adapté »[3]. Mais, s'il devrait l'être entièrement, ce grand chantier n'a pour l'instant été amorcé que parcimonieusement. D'aucuns dénonceront la certaine stagnation et la certaine inertie de la légistique quand l'environnement du droit et de l'État se fait toujours plus fluctuant et inconnu. C'est pourquoi il serait intéressant de réfléchir aux nouveaux principes légistiques qui pourraient être mis à profit afin d'améliorer la qualité du droit étatique dans les branches postmodernes du droit.

En ces lignes, il importe uniquement de relever combien *ce ne sont que des ébauches de ruptures dans l'architecture des institutions étatiques que l'étude de la liberté des communications et du droit global laisse entrevoir*. Un auteur propose, par exemple, de distinguer une Constitution qui serait, « dans la République, faite de mandats électoraux et d'ordre

[1] MONTESQUIEU, *De l'esprit des lois*, 1748, L. XIX, chap. 27 (cité par O. THOLOZAN, « L'excellence de la loi dans la pensée juridique et politique française depuis le XVIIIe siècle », in M. FATIN-ROUGE STÉFANINI, L. GAY, J. PINI, dir., *Autour de la qualité des normes*, Bruylant (Bruxelles), coll. À la croisée des droits, 2010, p. 61).

[2] *Cf.* S. GOYARD-FABRE, « L'État du XXe siècle a-t-il été un "monstre froid" ? Postface », in S. GOYARD-FABRE, dir., *L'État au XXe siècle – Regards sur la pensée juridique et politique du monde occidental*, Vrin, 2004, p. 331 s.

[3] J. FRAYSSINET, « Le droit et la création des contenus numériques – À la recherche d'une nouvelle culture juridique », *Les cahiers du LID2MS* 2013, n° 1, p. 4.

hiérarchique ("Constitution suprême") » et une Constitution qui serait, « dans l'e-République, faite de transferts de compétences et de subsidiarité normative ("Constitution partenaire") »[1]. Pareille bipartition de la Constitution, aujourd'hui, ne peut être que fantasmée tant il est difficile d'accepter l'idée que l'État, au moment de réguler les activités internetiques, devrait muer et ne pas être le même État que celui qui produit les communs droit des obligations ou droit administratif. La liberté des communications et le droit global servent probablement de *« laboratoire institutionnel »*, mais seulement de façon modeste. D'ailleurs, le même auteur ne manque pas de relever que l' « hyper-révision constitutionnelle » du 23 juillet 2008[2] n'a abordé aucune des problématiques induites par l'internet[3]. Et de poser la question suivante : « Multirévolutionnaire — sur les plans technique, économique, politique, social, démocratique et culturel —, le développement numérique sera-t-il finalement la révolution manquée du constituant ? »[4].

Alors qu'il commençait seulement à attirer l'attention des juristes, on a pu dire de l'internet qu'il serait probablement à l'origine d'un « nouveau projet démocratique [...], post-national [...], c'est-à-dire *post-étatique* »[5]. Aujourd'hui, l'expérience de la première décennie du XXIe s. amène à ne pas prédire un avenir aussi négatif pour l'État et d'aucuns considèrent même qu'il trouverait toute sa place dans la

[1] M.-Ch. ROQUES-BONNET, *Le droit peut-il ignorer la révolution numérique ?*, Michalon, 2010, p. 341.

[2] L. const. n° 2008-724, 23 juill. 2008, *De modernisation des institutions de la Ve République.*

[3] M.-Ch. ROQUES-BONNET, *Le droit peut-il ignorer la révolution numérique ?*, Michalon, 2010, p. 394.

[4] *Ibid.*, p. 330.

[5] B. FRYDMAN, « Quel droit pour l'Internet ? », in B. FRYDMAN et *alii*, *Internet sous le regard du droit*, Éditions du Jeune Barreau de Bruxelles, 1997, p. 300 (non souligné dans le texte original).

mécanique de la « gouvernance de l'internet »[1]. La charge de travail qu'il lui revient d'accomplir afin de mieux saisir la technologie internetique et les activités que celle-ci permet demeure cependant colossale.

Et l'enjeu est de taille car il est permis de se demander s'il faut percevoir l'État postmoderne comme un modèle qui pourra être durable ou comme *une transition temporaire vers une conception différente de l'organisation politique rompant avec la rationalité et la légitimation étatiques*. Il n'est pas inconséquent de rechercher si l'État d'aujourd'hui est toujours celui d'hier[2] ; il l'est encore moins de rechercher si l'État de demain sera toujours celui d'aujourd'hui.

Plus encore, avec l'entrée dans la postmodernité juridique, l'État n'est-il pas voué à connaître un retrait progressif mais inéluctable, ainsi que le prédisait Pierre Bourdieu à la fin du XXe s.[3] ? Il serait alors moins pertinent de s'intéresser aux droits des États que de s'intéresser au droit international.

[1] J.-R. REIDENBERG, « Les États et la régulation d'internet », *Comm. com. électr.* 2004, n° 5, p. 14.

[2] Réf. à R. MASPÉTIOL, « L'État d'aujourd'hui est-il celui d'hier ? », *Arch. phil. droit* 1976, p. 3 s.

[3] P. BOURDIEU, *Sur l'État – Cours au Collège de France – 1989-1992*, Le Seuil-Raisons d'agir, coll. Cours et travaux, 2012.

Chapitre 3. L'internationalisation imparfaite du droit postmoderne

En raison de leurs caractéristiques trans-territoriales, la globalisation et la liberté des communications pourraient engendrer, certes avec d'autres facteurs, une nouvelle étape dans le processus de supra-étatisation du droit, donc d'internationalisation d'un droit devenant moins étatique qu'interétatique (*1*). Cette globalisation et cette liberté, depuis l'avènement de l'internet, sont un appel à un droit mondial (*2*). Et l'idée même de postmodernité du droit est un appel à un droit mondial. Cependant, ce droit mondial semble voué à demeurer toujours à l'état d'utopie (*3*) et l'on peut considérer que répondre à la globalisation et à la liberté des communications par la construction d'un droit mondial est *une solution autant indispensable qu'impensable* (*4*). En somme, le droit postmoderne requiert d'être construit par des institutions à compétence mondiale mais, dans les faits, il est difficile d'imaginer comment il pourrait l'être. Par conséquent, les ordres normatifs internationaux qui tentent de saisir cette globalisation et cette liberté s'avèrent trop imparfaits pour y parvenir efficacement (*5*) et la réalité est que les organisations privées transnationales sont nettement plus fortes juridiquement que les organisations publiques internationales (*6*). Cela conforte la thèse d'un droit postmoderne dans une large mesure abandonné aux puissances privées déterritorialisées. Les puissances publiques, elles, paraissent devoir longtemps encore se conjuguer au pluriel tant les États nationaux ne semblent pas prêts à laisser la place à un État international (*7*).

Avant de réfléchir plus avant à ces problématiques, il convient de brièvement préciser la notion de droit d'origine internationale dès lors que certains auteurs voient dans la *lex mercatoria* et dans les autres règles transnationales privées des règles appartenant à ce droit d'origine internationale à l'instar des normes issues des traités[1]. Le droit d'origine internationale évoqué en ces lignes ne comprend que des normes d'origine publique externe, soit les normes produites par les organisations interétatiques, issues des accords interétatiques ou résultant de coutumes interétatiques. *Les sources privées de normes peuvent être transnationales mais non internationales*[2], ce qui interdit d'imaginer que le droit international pourrait devenir un droit inter-multinationales plus qu'un droit inter-États[3]. Ensuite, la partition entre organisations publiques internes et externes (correspondant à la distinction entre ce chapitre et le précédent) est tout à fait habituelle dès lors que l'État souverain est ordinairement l'unité première, si ce n'est unique, du droit public[4].

Et il faudrait bel et bien parler, pour être exact, de droit « *d'origine* internationale » et non simplement de droit

[1] P. DEUMIER, Th. REVET, « Sources du droit (problématique générale) », in D. ALLAND, S. RIALS, dir., *Dictionnaire de la culture juridique*, Lamy-Puf, coll. Quadrige-dicos poche, 2003, p. 1431.

[2] En ce sens, N. A. OVALLE DIAZ, *La production pluraliste du droit transnational contemporain*, th., Université d'Ottawa, 2015 ; S. ASTIER, « Une régulation éthique de l'internet : les défis d'une gouvernance mondiale », *RISA* 2005, p. 150.

[3] D. BATTISTELLA, « Le bel avenir de la théorie de l'État en relations internationales », *Jus Politicum* 2012, n° 8, p. 2. Ainsi note-t-on que, « historiquement parlant, l'étude des relations internationales a essentiellement concerné l'étude des États et les effets de l'anarchie sur leurs politiques étrangères, les modèles de leurs interactions et l'organisation de la politique mondiale. Ces dernières décennies, les internationalistes soulignent les tendances de la politique globale façonnées non seulement par les États mais aussi par une multitude d'acteurs et de forces autres. Pour le dire simplement, la discipline s'éloigne de l'étude des "relations internationales" et se rapproche de l'étude de la "société globale". Le récit principal de la discipline ne porte plus sur l'anarchie au sein d'un système d'États mais sur la gouvernance au sein d'une société globale » (*ibid.*, p. 2-3).

[4] Par exemple, F. TERRÉ, *Introduction générale au droit*, 4e éd., Dalloz, coll. Précis, 1998, p. 165.

« international ». Classiquement, les États étaient à la fois les sources et les destinataires du droit international ; mais, aujourd'hui, ce droit s'applique également, pour une part importante, aux individus[1]. C'est en cela qu'il intéresse la liberté des communications et, plus largement, le droit global et le droit postmoderne. Le droit d'origine internationale, explique Jean-Bernard Auby, « est encore un droit qui naît entre les nations ; cependant il est de moins en moins un droit qui a lieu entre les nations. Certes, il règle toujours des rapports internationaux de manière à rendre possible à la fois la coexistence et la coopération des États, mais, de plus en plus, il tend à unifier les droits internes »[2]. *Les organisations internationales produisent à présent du droit privé autant que du droit public.* Aux matières traditionnelles qui sont destinées à la régulation des rapports interétatiques, comme le droit des traités, le droit des relations diplomatiques ou le droit des espaces internationaux (la mer et l'atmosphère), se sont ajoutées des matières telles que les droits de l'homme, le droit des télécommunications ou le droit économique, dont l'intérêt dépasse le simple cadre interétatique pour concerner l'ensemble des individus[3] ; et ces matières touchent tout spécialement la

[1] En ce sens, un auteur fait observer que l'objet du droit international « dépasse la coordination strictement politique des souverainetés pour embrasser des champs techniques de l'activité humaine. [...] Il abandonne une vision purement égoïste des intérêts étatiques pour se saisir de nouvelles finalités, qui ne peut manquer de changer la portée du droit international public » (K. BENYEKHLEF, *Une possible histoire de la norme : les normativités émergentes de la mondialisation*, Thémis (Montréal), 2008, p. 569). Également, S. LAGHMANI, « Droit international et droits internes : vers un renouveau du *jus gentium* », in R. BEN ACHOUR, S. LAGHMANI, dir., *Droit international et droit interne – Développements récents*, Pedone, 1998, p. 23.

[2] J.-B. AUBY, *La globalisation, le droit et l'État*, 2e éd., LGDJ, coll. Systèmes, 2010, p. 227.

[3] Michel Virally affirmait en ce sens que « le droit interétatique, élaboré par les États en fonction de leurs intérêts propres, [...] évolue vers un droit superétatique chargé d'assurer la protection et la promotion d'intérêts infra-

liberté des communications et le droit global. Mais il faut donc veiller à ne pas confondre sources et destinataires des normes. Seront concernés, au sein de ce chapitre, des *sources uniquement publiques* et des *destinataires principalement privés*.

1. *Le long processus de supra-étatisation du droit*

« Heureuses sont les sociétés qui savent adapter leurs droits aux couleurs du pluralisme », écrit-on[1]. Mais le pluralisme juridique n'est pas forcément signe de temps heureux à vivre pour le droit et pour la société qu'il accompagne puisque le développement de foyers privés de normes concurrents des autorités publiques peut nuire à l'intérêt général et aux droits et libertés des individus[2]. C'est pourquoi les sources publiques du droit doivent dominer autant que possible et, puisqu'il y a une contradiction dans le fait que le droit étatique, limité territorialement puisque le territoire est la limite spatiale de la validité des normes étatiques[3], saisisse un objet de la

étatiques — ceux des hommes et des femmes vivant sous l'autorité étatique ou de groupes qu'ils constituent à l'intérieur des États — ou d'intérêts communs — ceux de la communauté internationale toute entière, ou même d'un simple ensemble régional — » (M. VIRALLY, « Panorama du droit international contemporain – Cours général de droit international public », *RCADI* 1983, p. 358 (cité par L. BAL, *Le mythe de la souveraineté en droit international – La souveraineté des États à l'épreuve des mutations de l'ordre juridique international*, th., Université de Strasbourg, 2012, p. 527)).

[1] D. TERRÉ, « Le pluralisme et le droit », *Arch. phil. droit* 2005, p. 69.

[2] Y. DEZALAY, *Marchands de droit – La restructuration de l'ordre juridique international par les multinationales du droit*, Fayard, 1992.

[3] F. POIRAT, « Territoire », in D. ALLAND, S. RIALS, dir., *Dictionnaire de la culture juridique*, Lamy-Puf, coll. Quadrige-dicos poche, 2003, p. 1476. L'auteur note que « l'État exerce son *imperium*, son pouvoir de commandement, non sur le territoire mais à raison du territoire. Le territoire

globalisation tel que l'internet, c'est-à-dire un objet transfrontière, ignorant les frontières physiques autant que les frontières politiques, *il faut en premier lieu se tourner vers les sources interétatiques* et espérer qu'un important corpus juridique d'origine internationale s'applique aux activités et phénomènes de la mondialisation[1].

Or nul doute que tel pourrait potentiellement être le cas. À travers l'internet et le web, se poursuit une évolution initiée avec le transport par voie maritime sous l'Antiquité et prolongée avec le courrier postal à partir du XVIIe s., puis avec le téléphone, la radiotélévision et le transport aérien au XXe s., lesquels ont contribué à tisser des liens toujours plus denses autour de la planète et par-dessus les frontières. En d'autres termes, l'internet et le web achèvent la mondialisation, étant entendu que celle-ci a nécessairement besoin de moyens de communication planétaires pour prospérer.

Tout le drame de la liberté des communications telle que consacrée et encadrée au niveau international réside dans le fait que les activités de l'internet requièrent un droit mondial et non un droit national ou régional, cela en raison de l' « impasse des échelles » qui semble caractériser la postmodernité du droit[2].

confère ainsi le titre à agir et, notamment, fonde l'État à adopter des règles régissant la conduite des personnes ayant un rapport avec le territoire » (*ibid.*).

[1] Par exemple, A.-Th. NORODOM, « Internet et le droit international : défi ou opportunité ? », in Société française pour le droit international, *Internet et le droit international*, Pedone, 2013, p. 11 s. En ce sens, Isabelle Falque-Pierrotin déclare que « l'internet et la finance ont des logiques similaires. D'ailleurs, la finance nous sert de leçon car nous voyons bien que lorsqu'on ne construit pas une régulation mondiale, on aboutit à des catastrophes. C'est pourquoi j'utilise souvent l'exemple de la finance pour mettre en garde. Nous avons la chance d'avoir déjà construit l'amorce d'une régulation, surtout ne reculons pas » (I. FALQUE-PIERROTIN, « Le temps est venu de responsabiliser les acteurs du numérique – Entretien avec Isabelle Falque-Pierrotin, présidente de la CNIL », *LPA* 20 oct. 2011, p. 5).

[2] *Cf.* B. BARRAUD, « L'État territorial face au cyberespace mondial – L'informatique en nuage… de Tchernobyl », *RLDI* 2016, n° 122, p. 41 s.

Or, s'il existe aujourd'hui quelques 350 organisations internationales, la plupart n'ont qu'une compétence régionale[1]. Néanmoins, toutes les formes de droit interétatique sont aujourd'hui remarquables eu égard à leurs histoires respectives, souvent tumultueuses. L'Union européenne est devenue, pour ses États membres, le centre du droit dans de nombreux domaines quelques décennies seulement après la Seconde Guerre mondiale. Quant au droit d'origine internationale, s'il est encore très imparfait et très insatisfaisant, la « famille mondiale » est une réalité aujourd'hui plus qu'hier — et sans doute moins que demain[2]. La tendance devrait continuer d'être à l'amélioration structurelle et matérielle du droit interétatique et au « déclin de l'État-nation et de la souveraineté étatique »[3]. Il faut espérer que le droit postmoderne ne saura se passer d'un droit d'origine internationale plus prospère qu'il ne l'est actuellement.

Historiquement, le droit d'origine internationale est à la fois très ancien et très récent : très ancien en ce que dans l'Antiquité déjà il existait ; très récent en ce que ce n'est que depuis le milieu du XXe s. qu'il s'est réellement développé. Dès les premiers siècles après J.-C., un mouvement de pensée s'est amorcé qui tendait à faire du « droit des gens » (*i.e.* le droit international) un droit proche du droit naturel et, puisqu'il n'est qu'une nature sur Terre, commun à tous les peuples et à tous les hommes. Au IIe s., le légiste romain Gaïus considérait que le « droit des gens » n'était pas autre chose que « ce que la raison

[1] R. Denoix de Saint Marc, *L'État*, 2e éd., Puf, coll. Que sais-je ?, 2012, p. 112.

[2] R. Liogier, « Vers le familialisme global – La famille mondiale après l'État-nation », *Cités* 2004, n° 18, p. 27.

[3] J. Baguenard, *L'État – Une aventure incertaine*, Ellipses, coll. Mise au point, 1998, p. 73.

naturelle a établi entre tous les hommes »[1]. Autant dire qu'un pareil droit d'origine naturelle est fort pauvre et ne pourrait être que de peu d'intérêt à l'égard de la liberté des communications.

Ce n'est que bien plus tard, au XVIe s., que s'est manifestée clairement la conscience d'un certain ordre international, d'une communauté de nations dotée d'un système juridique propre, cela notamment sous l'impulsion des jurisconsultes espagnols Vitoria[2] et Suarez[3], lesquels devaient trouver des solutions

[1] *Digeste*, I, I, 9 (cité par E. JOUANNET, « Du droit des gens au droit international », in D. ALLAND, S. RIALS, dir., *Dictionnaire de la culture juridique*, Lamy-Puf, coll. Quadrige-Dicos poche, 2003, p. 463). Les citoyens romains avaient un droit civil. Mais, pour régir les relations avec les citoyens d'autres cités, n'a pas été élaboré un système de conflits de droits pour déterminer par des règles *ad hoc* quel droit doit être appliqué. Les juristes romains ont cherché un droit supranational valable pour tous les peuples, un droit universel : le *ius gentium* (A. SÉRIAUX, *Le Droit – Une introduction*, Ellipses, 1997, p. 138). Pour Ulpien, le droit naturel serait applicable à tous les êtres vivants alors que le *ius gentium* ne concernerait que les hommes (*Digeste*, I, I, 1 (cité par E. JOUANNET, « Du droit des gens au droit international », in D. ALLAND, S. RIALS, dir., *Dictionnaire de la culture juridique*, Lamy-Puf, coll. Quadrige-Dicos poche, 2003, p. 463)).

[2] Francisco de Vitoria a laissé plusieurs ouvrages, dont la *Leçon sur le pouvoir civil* (1528) où il évoque le souhait d'un ordre juridique dépassant les peuples et embrassant ceux-ci dans une vaste communauté. Il envisage à travers le droit des gens un ordre juridique naturel qui s'élève au-dessus des puissances souveraines pour s'appliquer à l'humanité tout entière (E. JOUANNET, « Du droit des gens au droit international », in D. ALLAND, S. RIALS, dir., *Dictionnaire de la culture juridique*, Lamy-Puf, coll. Quadrige-Dicos poche, 2003, p. 465).

[3] Francisco Suarez, un siècle après Vitoria, marque un tournant décisif dans le vision internationaliste avec son livre *De legibus ac deo legislatore* (1612) où il livre la première vision moderne du droit des gens. Selon lui, il y a entre les hommes une véritable communauté universelle, regroupée en unités autonomes et indépendantes ; et le droit des gens est le droit qui régit cette communauté (E. JOUANNET, « Du droit des gens au droit international », in D. ALLAND, S. RIALS, dir., *Dictionnaire de la culture juridique*, Lamy-Puf, coll. Quadrige-Dicos poche, 2003, p. 465). Et Suarez de différencier deux sortes de *ius gentium* : un droit des gens qui est *ius intra gentes* et un droit des gens qui est *ius inter gentes*. Or, selon lui, c'est ce dernier droit entre les gens

quand les nouvelles colonisations d'alors étaient source de nombreux conflits[1]. Paradoxalement, cette période a également coïncidé avec une volonté d'affirmer et de renforcer les droits nationaux. Ainsi l'Europe continentale s'est-elle morcelée plus clairement en un certain nombre de grands ensembles juridiques. Cela a été tout particulièrement sensible en France où, au XVIe s., l'obligation d'utiliser la langue française dans la vie judiciaire et dans la pratique notariale (ordonnance de Villers-Cotterêts de 1539) a permis d'autonomiser le droit français, tandis que la rédaction des coutumes a elle aussi favorisé la promotion d'un droit national[2]. On enseigne que le droit n'a été véritablement établi dans des espaces nationaux qu'à compter du XVIIe s. en France et du XVIIIe s. dans les autres pays d'Europe[3]. Partant, *le droit international a commencé à être pensé au moment même où le droit positif s'est fait de moins en moins trans- et supra-national.*

Le juriste néerlandais Hugo Grotius, avec son ouvrage *Droit de la guerre et de la paix* publié en 1625, peut être retenu comme l'un des principaux fondateurs du droit international moderne, c'est-à-dire du droit international conçu comme droit émané d'un accord entre les peuples ou entre les gouvernements et non comme droit émané de la nature ou de quelque divinité

qui est le véritable droit des gens puisqu'il a une finalité internationale quand le *ius intra gentes* a une origine interne et n'est pas issu du consentement des peuples (*ibid.*).

1 D. ALLAND, « Droit des gens et droit international », in Ph. RAYNAUD, S. RIALS, dir., *Dictionnaire de philosophie politique*, Puf, coll. Quadrige, 1996, p. 152. *Cf.* A. TRUYOL Y SERRA, *Histoire du droit international public*, Economica, 1995.

2 Ch. CHÊNE, « Enseignement du droit », in D. ALLAND, S. RIALS, dir., *Dictionnaire de la culture juridique*, Lamy-Puf, coll. Quadrige-dicos poche, 2003, p. 622.

3 J.-L. THIREAU, « Droit français », in D. ALLAND, S. RIALS, dir., *Dictionnaire de la culture juridique*, Lamy-Puf, coll. Quadrige-dicos poche, 2003, p. 486.

supposément universelle[1]. Le droit d'origine internationale est *un droit issu d'accords de volonté entre différents États considérés comme des personnes morales capables de contracter et donc de consentir à des obligations réciproques*[2]. Mais entre la théorie et la pratique il y a un pas et le droit d'origine internationale a eu beau être pensé par la suite également par Thomas Hobbes, Samuel Pufendorf, Christian Wolff ou Emer de Vattel[3], il est longtemps resté, dans les faits, très marginal, se limitant, justement, au « droit de la guerre et de la paix », devenu plus tard le droit humanitaire, soit un droit dans lequel il serait vain de chercher de nombreuses normes

[1] Notamment, Grotius soulignait, au XVIIe s. donc, qu' « il n'est pas de nation si forte qui ne puisse avoir besoin du secours des autres, soit pour le commerce, soit pour repousser les efforts de plusieurs nations étrangères unies contre elle » (H. GROTIUS, *Le droit de la guerre et de la paix* (1625), Guillaumin, 1867, p. XXII (cité par Ch. BEHRENDT, F. BOUHON, *Introduction à la théorie générale de l'État – Recueil de textes*, Larcier (Bruxelles), coll. Faculté de droit de l'Université de Liège, 2009, p. 315)).

[2] Par exemple, P. HAGGENMACHER, « L'État souverain comme sujet du droit international, de Vitoria à Vattel », *Droits* 1992, n° 16, p. 11 s. ; H. KELSEN, « Théorie générale du droit international public », *RCADI* 1932 ; H. TRIEPEL, « Droit international et droit interne », *RCADI* 1920.

[3] Le *Droit des gens* (1758) de Vattel constitue le premier manuel de droit international classique, un ouvrage destiné aux souverains d'Europe et concernant uniquement les droits et obligations des États. L'individu n'est alors plus sujet du droit international mais, relégué dans le for interne des États, assujetti au droit civil et au droit naturel (E. JOUANNET, « Du droit des gens au droit international », in D. ALLAND, S. RIALS, dir., *Dictionnaire de la culture juridique*, Lamy-Puf, coll. Quadrige-Dicos poche, 2003, p. 466). Vattel définit le droit international ou droit des gens comme la « science du Droit qui a lieu entre les Nations, ou États, et des Obligations qui répondent à ce droit » (E. DE VATTEL, *Le Droit des gens*, 1758 (cité par P. HAGGENMACHER, « L'État souverain comme sujet du droit international, de Vitoria à Vattel », *Droits* 1993, n° 16, p. 12)). Il le conçoit donc déjà comme un véritable système de normes, se suffisant à lui-même, autonome par rapport au droit naturel et strictement fonction des États souverains, qui en sont par définition les sujets exclusifs.

applicables aux activités, phénomènes et objets de la globalisation.

En outre, il est remarquable que l'expression « droit des gens » a continué d'être utilisée jusqu'au XIXe s. et que l'utilisation de l'expression « droit international » ne s'est imposée qu'à compter du XXe s.[1]. Dans tous les cas, le « droit des gens » ou droit international n'était, avant le XXe s., que très peu de choses et on observe que « la souveraineté des États est devenue un critère d'absolue liberté et a livré la communauté internationale au jeu des arbitraires sans qu'aucun réel garde-fous ne vienne les entraver »[2]. Entre la paix de Westphalie en 1648 — que beaucoup considèrent comme le point de départ du droit interétatique actuel[3] — et la Première Guerre mondiale, période du droit international classique, ce

[1] On note que l'expression « droit international » a été forgée par Jeremy Bentham qui proposa, en 1780, dans *Principes de la morale et de la législation*, de remplacer l'idée de droit des gens par celle plus appropriée d' « *international law* » (droit entre nations). Néanmoins, publié en 1932, le manuel de droit international de Georges Scelle était encore intitulé « Précis de droit des gens » (G. SCELLE, *Précis de droit des gens*, Sirey, 1932).

[2] E. JOUANNET, « Du droit des gens au droit international », in D. ALLAND, S. RIALS, dir., *Dictionnaire de la culture juridique*, Lamy-Puf, coll. Quadrige-Dicos poche, 2003, p. 466.

[3] Par exemple, F. OST, M. VAN DE KERCHOVE, *De la pyramide au réseau ? Pour une théorie dialectique du droit*, Publications des Facultés universitaires Saint-Louis (Bruxelles), 2002, p. 162 ; D. ANZILOTTI, *Cours de droit international* (1929), LGDJ, 1999, p. 5 ; D. CARREAU, *Droit international*, 10e éd., Pedone, 2010, p. 36 ; S. BEAULAC, « The Westphalian Model in Defining International Law: Challenging the Myth », *AJLH* 2004, p. 181 s. (cités par L. BAL, *Le mythe de la souveraineté en droit international – La souveraineté des États à l'épreuve des mutations de l'ordre juridique international*, th., Université de Strasbourg, 2012, p. 30). Certes, « le contexte de la Paix de Westphalie n'a rien à voir avec celui de l'ordre international contemporain » (A.-J. ARNAUD, *Entre modernité et mondialisation : leçons d'histoire de la philosophie du droit et de l'État*, 2e éd., LGDJ, coll. Droit et société, 2004, p. 220), mais les principes établis à l'époque jouent encore un rôle non négligeable.

dernier était fort fragile puisque destiné à encadrer les activités de personnes entièrement souveraines[1]. Et Herbert Hart, au milieu du XXe s., pouvait encore décrire le système juridique international en ces termes : « La structure formelle du droit international, en l'absence d'un corps législatif, de juridictions dotées de pouvoirs coercitifs et de sanctions organisées officiellement, paraît très différente de celle du droit national. [Elle] ressemble à un régime élémentaire de règles primaires ou de droit coutumier »[2]. Si l'internet avait existé, nul doute que la part du droit d'origine internationale dans l'ensemble du droit applicable aux communications par internet aurait alors été très faible, si ce n'est nulle.

Certainement est-ce avec l'après Première Guerre mondiale puis, plus encore, avec l'après Seconde Guerre mondiale que le droit d'origine internationale s'est réellement développé, des individus pouvant enfin voir certaines de leurs activités encadrées par des normes provenant de sources supra-étatiques. Avec la naissance des Nations Unies, en particulier, ce droit serait passé du statut de « droit de coexistence » à celui de « droit de coopération »[3]. La vision d'un droit entièrement externalisé et mondialisé demeure néanmoins très utopique et, d'ailleurs, un auteur juge que la paix de Westphalie aurait pris

[1] P. HAGGENMACHER, « L'État souverain comme sujet du droit international, de Vitoria à Vattel », *Droits* 1993, n° 16, p. 11 ; J. COMBACAU, « Le droit international : bric-à-brac ou système ? », *Arch. phil. droit* 1986, p. 105.

[2] H. L. A. HART, *Le concept de droit*, trad. M. van de Kerchove, Publications des Facultés universitaires Saint-Louis (Bruxelles), 1994, p. 249 (cité par Ch. BEHRENDT, F. BOUHON, *Introduction à la théorie générale de l'État – Recueil de textes*, Larcier (Bruxelles), coll. Faculté de droit de l'Université de Liège, 2009, p. 302).

[3] W. FRIEDMANN, « Droit de coexistence et droit de coopération – Quelques observations sur la structure changeante du droit international », *RIBE* 1970, p. 1 (cité par P. DEUMIER, *Introduction générale au droit*, 2e éd., LGDJ, coll. Manuel, 2013, p. 115).

fin en 1948[1], témoignant ainsi des difficultés que rencontrent et que continueront encore longtemps à rencontrer les sources internationales du droit — en tout cas si elles aspirent à être mondiales —[2].

Hegel observait que les relations entre États souverains, à son époque, étaient essentiellement conflictuelles ; il soulignait que, si les États pouvaient certes conclure des pactes les uns avec les autres, ceux-ci étaient inévitablement précaires et il récusait en bloc le programme kantien d'une paix perpétuelle et d'un droit cosmopolitique[3]. Il n'est que possible de constater que, depuis que le philosophe allemand a écrit, le droit interétatique s'est grandement perfectionné ; *mais il demeure loin d'aboutir à consacrer l'* « *État mondial* » *dont le droit global a naturellement besoin.*

Par ailleurs, il est permis de parler de « mondialisation du droit international ». Très longtemps, ce droit — qui dans tous les cas était très sommaire — n'est demeuré qu'un droit européen, comme en atteste un ouvrage paru en 1789 et intitulé *Précis du droit des gens modernes de l'Europe*[4]. Depuis 1648 et les traités de Westphalie[5], les États européens ont construit progressivement un système juridique propre, fondé sur des conventions interétatiques et affermi par le principe politique de l'équilibre. Aujourd'hui, toutefois, le droit international est

[1] L. GROSS, « The Peace of Westphalia – 1648-1948 », *AJIL* 1948, n° 42, p. 20 s.

[2] Par exemple, A. CASSESE, *Droit international dans un monde divisé*, Berger-Levrault, 1986.

[3] G. W. F. HEGEL, *Principes de la philosophie du droit*, 1820 (cité par J. HUMMEL, « Allemagne (doctrines allemandes de l'État et du droit de Hegel et Jellinek) », in D. ALLAND, S. RIALS, dir., *Dictionnaire de la culture juridique*, Lamy-Puf, coll. Quadrige-dicos poche, 2003, p. 38).

[4] G. F. DE MARTENS, *Précis du droit des gens moderne de l'Europe*, 1789.

[5] Il s'agit de deux traités (le traité de Münster et celui de Osnabrück) qui ont conclu, le 24 octobre 1648, la Guerre de Trente Ans.

devenu un droit susceptible de concerner tout État de la planète et il faut voir dans l'expression « droit d'origine internationale » un droit applicable dans différents États européens et non européens.

Ensuite, la première spécificité du droit issu des organisations internationales, qui normalement devraient être les principales sources de la liberté des communications, du droit global et du droit postmoderne, réside dans son caractère conventionnel. Le droit interétatique est ainsi un *droit horizontal*, à l'instar du droit contractuel qui régit les relations des individus qui sont libres de s'engager ou non, loin de pouvoir y être contraints par quelque force juridique unilatérale et supérieure. La principale voie par laquelle une nouvelle règle apparaît dans l'ordre juridique international est donc la voie conventionnelle. Les engagements volontaires des États dans des traités bilatéraux ou multilatéraux constituent la source essentielle de leurs droits et obligations. Le traité se définit, d'une manière générale, comme l' « expression de volontés concordantes, émanant de sujets de droit dotés de la capacité requise, en vue de produire des effets juridiques régis par le droit international »[1]. Correspondant à l'horizontalité de la société interétatique décentralisée, les conventions sont l'expression la plus concrète de la formation intersubjective dans laquelle « les États sont tout à la fois *auteurs et sujets* de la normativité »[2]. C'est bien un tel droit que l'on s'attend à

[1] P.-M. DUPUY, Y. KERBRAT, *Droit international public*, 12e éd., Dalloz, coll. Précis, 2011, p. 297 (cité par L. BAL, *Le mythe de la souveraineté en droit international – La souveraineté des États à l'épreuve des mutations de l'ordre juridique international*, th., Université de Strasbourg, 2012, p. 73).

[2] P. WEIL, « Le droit international en quête de son identité – Cours général de droit international public », *RCADI* 1992, p. 160 (non souligné dans le texte original ; cité par L. BAL, *Le mythe de la souveraineté en droit international – La souveraineté des États à l'épreuve des mutations de l'ordre juridique international*, th., Université de Strasbourg, 2012, p. 74).

retrouver au premier plan du paysage juridique tel que la globalisation l'a modelé.

Enfin, le droit qui intéresse potentiellement la liberté des communications, le droit global et le droit postmoderne est un droit international privé et non un droit international public. Or le droit international public a un caractère horizontal et est aussi ancien que les États quand le droit international privé est à la fois *plus vertical et plus récent*[1].

Toujours est-il qu'un objet tel que la liberté des communications ne paraît pouvoir être appréhendé qu'à un niveau international. La demande d'un droit d'origine internationale, notamment d'un droit de l'internet d'origine internationale, est donc forte. Mais il est à craindre que l'offre ne soit guère à la hauteur de cette demande, même si les institutions interétatiques s'efforcent certainement d'y répondre. En ce sens, le droit postmoderne pourrait ne pas être si différent du droit moderne, ce qu'il faudrait regretter.

[1] Il est ici question du droit d'origine internationale et non du droit international conçu comme « ensemble des règles de droit qui s'appliquent aux États dans leurs rapports entre eux » (L. DUGUIT, *Traité de droit constitutionnel – Tome premier : La règle de droit, le problème de l'État*, 3e éd., De Boccard, 1927, p. 713), ce qui signifie qu'est en cause un droit privé plus qu'un droit public ou, en d'autres termes, un droit international privé au niveau des normes primaires et un droit international public au niveau des normes secondaires — le droit international public est celui qui régit le fonctionnement des sources interétatiques tandis que *le droit international privé est celui qui constitue la liberté des communications d'origine publique externe.*

2. *Le besoin évident de saisir la globalisation par un droit mondial*

Les sources internationales du droit ont suscité une abondante littérature, par exemple à propos de la question théorique de savoir s'il faut envisager les rapports entre ordres juridiques international et étatique sous l'angle moniste ou sous l'angle dualiste[1]. On pourrait également se demander si l'externalisation de la production juridique n'interroge pas l'État autant que la privatisation de la production juridique, car *l'essor des sources privées mettrait en cause la puissance étatique* quand *le déploiement des sources internationales mettrait en cause la souveraineté étatique*[2]. Étant donné l'objet de cette introduction au droit postmoderne, il n'est pas lieu de s'attarder sur pareilles problématiques. Il faut davantage souligner combien la globalisation en général et la liberté des communications en particulier constituent des appels au droit d'origine internationale.

Le constat est clair : « La réglementation étatique renvoie à un modèle territorial du droit, alors que l'Internet se caractérise par son architecture internationale et décentralisée. La nature même de l'Internet contredit la logique étatique »[3]. *Dans l'absolu, un droit global interétatique est nécessairement*

[1] Par exemple, H. KELSEN, *Écrits français de droit international*, Puf, 2001 ; H. KELSEN, *Théorie pure du droit*, 2e éd., trad. Ch. Eisenmann, Dalloz, 1962, p. 333 et 435 ; D. ANZILOTTI, *Cours de droit international*, Sirey, 1929 ; M. VIRALLY, « Sur un pont aux ânes : les rapports entre droit international et droits internes », in *Mélanges Henri Rollin*, Pedone, 1964, p. 497 s. ; D. ALLAND, « De l'ordre juridique international », *Droits* 2002, n° 35, p. 94 s.

[2] *Cf.*, sur la distinction de la souveraineté et de la puissance étatiques, B. BARRAUD, *L'État – Entre fait et droit*, L'Harmattan, coll. Logiques juridiques, 2015, p. 162 s. et 261 s.

[3] Ph. AMBLARD, *Régulation de l'Internet – L'élaboration des règles de conduite par le dialogue internormatif*, Bruylant (Bruxelles), 2004, p. 45.

préférable à un paradoxal droit global étatique puisque, comme le résume un auteur, « en toute hypothèse, la décision du tribunal étatique se heurtera à l'impossibilité d'en assurer l'application dans le cadre d'un réseau sans frontières »[1]. Et, en 2014, l'auteur d'une thèse portant sur le droit et l'internet pouvait conclure celle-ci en soulignant combien « la législation nationale est un échelon impertinent de régulation »[2]. La transnationalité du réseau et sa fonction de support de communication en font *un sujet de droit international public par nature*, à l'identique de la mer ou de l'espace extra-atmosphérique, « biens publics mondiaux » sur lesquels les États ne peuvent proclamer aucune souveraineté territoriale.

Il faudrait *a minima* que les États demeurent un « lieu majeur de l'élaboration et de la production de la normativité »[3], mais tout en tendant à « se déplacer vers une fonction de relayage des normativités internationales »[4], à l'instar de ce que font les États membres de l'Union européenne avec les directives qui en émanent et qui s'imposent à eux. Cela serait d'autant plus important que les questionnements que la liberté des communications suscite auprès des organisations internationales sont emblématiques de mouvements plus globaux et transversaux.

En ce qu'elle s'inscrit dans un mouvement de mondialisation juridique, la liberté des communications témoigne d'une

[1] Y. POULLET, « Les aspects juridiques des systèmes d'information », *Lex Electronica* 2006, n° 10.

[2] J. CATTAN, *Le droit et les communications électroniques*, th., Université d'Aix-Marseille, 2012, p. 421 ; également, R. BERTHOU, *L'évolution de la création du droit engendrée par Internet : vers un rôle de guide structurel pour l'ordre juridique européen*, th., Université de Rennes I, 2004, p. 296.

[3] P. TRUDEL, « La *lex electronica* », in Ch.-A. MORAND, dir., *Le droit saisi par la mondialisation*, Bruylant (Bruxelles), coll. Droit international, 2001, p. 224.

[4] *Ibid.*

évolution qui touche nombre de branches du droit[1]. Les problèmes climatiques, environnementaux, sécuritaires et économiques ne peuvent plus être traités isolément par les États-nations ; ce sont des questions qui mettent en jeu l'équilibre mondial[2]. Le lieu de prédilection pour une suppléance du droit étatique est donc fourni au niveau de l'administration planétaire, si elle existe. Et Jean-Louis Bergel de « placer [ses] espoirs dans l'action, à l'échelle mondiale, de dispositifs publics de régulation juridique comme le FMI, la Banque mondiale ou l'OMC »[3]. Les idées de « retour à l'État »[4] ou de « passage du paradigme du pluralisme à celui de l'étatisme »[5], très palpables au XXe s., sont de plus en plus dépassées. Il faudrait migrer vers une « vision plus fluide, plus

[1] En ce sens, par exemple, J. ZILLER, « L'interrégulation dans le contexte de l'intégration européenne et de la mondialisation », *RF adm. publ.* 2004, p. 18 ; S. BATTINI et *alii*, « L'internationalisation du droit public », *RED publ.* 2006, n° 18 ; M.-C. PONTHOREAU, « Trois interprétations de la globalisation juridique – Approche critique des mutations du droit public », *AJDA* 2006, p. 21 s ; J. CHEVALLIER, « Mondialisation du droit ou droit de la mondialisation ? », in Ch.-A. MORAND, dir., *Le droit saisi par la mondialisation*, Bruylant (Bruxelles), coll. Droit international, 2001, p. 37 s.

[2] C. MILANI, « La complexité dans l'analyse du système-monde : l'environnement et les régulations mondiales », *Dr. et société* 2000, p. 425.

[3] J.-L. BERGEL, « Globalisation du droit et professions juridiques », *RRJ* 2010, p. 2164. Dans le même temps, Jean-Bernard Auby relève que « c'est du droit international public que dérivent, pour leur plus grande part, les organisations internationales qui sont les instruments des ouvertures diverses qui caractérisent la globalisation » (J.-B. AUBY, *La globalisation, le droit et l'État*, 2e éd., LGDJ, coll. Systèmes, 2010, p. 224).

[4] A.-J. ARNAUD, *Critique de la raison juridique – 2. Gouvernants sans frontières – Entre mondialisation et post-mondialisation*, LGDJ, coll. Droit et société, 2003, p. 168.

[5] W. L. HANSEN, K. PARK, « Nation-State and Pluralistic Decision Making in Trade Policy: The Case of the International Tradę Administration », *International Studies Quarterly* 1995, n° 39, p. 181 (cité par A.-J. ARNAUD, *Critique de la raison juridique – 2. Gouvernants sans frontières – Entre mondialisation et post-mondialisation*, LGDJ, coll. Droit et société, 2003, p. 168).

dynamique des espaces juridiques »[1], moins enfermée dans les carcans des mille et une frontières maillant le monde et de l'« illusion cartographique »[2] qui ne dissimule plus la réalité d'une « scène mondiale faite de réseaux et de volatilité »[3].

Le temps du droit est aujourd'hui largement celui de la « gouvernance mondiale »[4] ou « globale »[5]. Un auteur peut ainsi expliquer qu'« il y a une hiérarchie, mais seulement une hiérarchie de fait, pas une hiérarchie de droit, qui conduit à donner priorité à la régulation de type mondial sur la régulation régionale, et à la régulation régionale sur la régulation nationale, pour toute une série de raisons, le plus souvent d'ordre économique, parfois d'ordre politique, parfois simplement d'ordre psychologique »[6]. La mondialisation-globalisation est un phénomène général, si bien que, en droit, la mondialisation-globalisation du droit devrait être un phénomène général. Elle l'est d'ailleurs ; mais *le problème est qu'elle passe par des voies privées plus que par des voies publiques*[7], car la logique intergouvernementale est intrinsèquement bridée[8]. Est souligné que la régulation d'une société globalisée ne pourrait

[1] F. OST, M. VAN DE KERCHOVE, *De la pyramide au réseau ? Pour une théorie dialectique du droit*, Publications des Facultés universitaires Saint-Louis (Bruxelles), 2002, p. 130.

[2] B. BADIE, *La fin des territoires*, Fayard, 1995, p. 14.

[3] *Ibid.*

[4] Réf. à P. JACQUET, J. PISANI-FERRY, L. TUBIANA et *alii*, *Gouvernance mondiale*, La documentation française, 2002.

[5] Réf. à M. DELPLANQUE, *Gouvernance globale, gouvernement du monde*, Bénévent, coll. Libelli, 2004.

[6] J. ZILLER, « L'interrégulation dans le contexte de l'intégration européenne et de la mondialisation », *RF adm. publ.* 2004, n° 109, p. 19.

[7] En ce sens, P. LAURENT, « L'émergence d'une société civile internationale », in B. FRYDMAN, dir., *La société civile et ses droits*, Bruylant (Bruxelles), 2004, p. 161 s.

[8] P. TÜRK, « La souveraineté des États à l'épreuve d'internet », *RDP* 2013, p. 1489.

se faire qu'à travers le pluralisme juridique[1] ; l'internet étant l'outil de communication d'une société globalisée, il ne saurait être encadré que par des normes d'origines diverses et variées et en particulier d'origine privée. En ce sens, il est remarquable que Google développe sa propre politique en matière de droit international privé, cela car, expliquent ses représentants, des règles internationales fixant les critères d'application du droit interne lorsque le service est matériellement localisé à l'étranger font défaut[2].

Il n'est donc guère original de remarquer qu'*un mode de communication universel a besoin d'un droit universel*[3] et, par suite, de s'attendre au développement d'un droit supra-national de l'internet[4]. Les ouvrages spécialisés conviennent que « la solution aux difficultés rencontrées [...] réside certainement dans l'élaboration d'un droit véritablement international, c'est-à-dire d'un droit qui, comme les réseaux, transcende les

[1] V. PETEV, « Pluralisme juridique, construction européenne et droits participatifs », *Arch. phil. droit* 2005, p. 15.

[2] P. BLOCHE, P. VERCHÈRE, « Les droits de l'individu dans la révolution numérique », rapport d'information n° 3560, Assemblée nationale, 2011, p. 183. Différents critères sont pris en compte : notamment l'implantation d'une filiale de la société dans le pays et l'existence d'une activité de promotion commerciale. Si ces deux critères sont remplis, la société Google prend en compte la législation locale.

[3] J. HUET, E. DREYER, *Droit de la communication numérique*, LGDJ, coll. Manuel, 2011, p. 187.

[4] Par exemple, É. TARDIEU GUIGUES, « Internet et territoire », *RLDI* 2012, n° 99, p. 59 s. ; O. CACHARD, *La régulation internationale du marché électronique*, LGDJ, coll. Bibliothèque de droit privé, 2002 ; T. FUENTES CAMACHO, *Les dimensions internationales du droit du cyberespace*, Economica, coll. Droit du cyberespace, 2000 ; É. A. CAPRIOLI, *Droit international de l'économie numérique*, 2e éd., Litec, 2007 ; É. A. CAPRIOLI, « Aperçus sur le droit du commerce électronique (international) – Souveraineté étatique et marchés internationaux à la fin du XXe siècle », in *Mélanges Philippe Kahn*, Litec, 2000, p. 247 s. ; P.-Y. GAUTIER, « Du droit applicable dans le village planétaire au titre de l'usage immatériel des œuvres », *D.* 1996, p. 131 s.

frontières, de telle sorte qu'à une situation proprement internationale réponde un droit vraiment international »[1]. Il n'est toutefois pas lieu, en ces lignes, de demander ou d'exiger un tel « droit vraiment international », ni de songer aux moyens d'y parvenir. Doit être rappelé qu'il n'est autorisé, en ce livre inscrit dans le cadre de la science macro-juridique, que de présenter et analyser ce qui a déjà été construit par les organisations internationales et non de chercher à spéculer sur les modalités d'une future « gouvernance » internationale. Il suffit par conséquent de constater qu'il existe peu ou prou un consensus autour du point de savoir si le droit postmoderne, dans l'idéal, devrait être produit au niveau supra-étatique et, ensuite, d'*observer comment les institutions interétatiques ont œuvré et œuvrent afin de satisfaire cette attente*.

La problématique est de taille dès lors que, en matière de régulation du cyberespace, on juge tout à la fois que « toute action individuelle d'un État est forcément improductive »[2] et qu' « il y a quelque naïveté à imaginer un droit planétaire »[3]. En raison de *la diversité des intérêts et des conceptions de l'office du droit défendus par les États*, il paraît difficile d'envisager que, dans un avenir proche et même dans un avenir lointain, pourrait être construit un droit d'origine publique à dimensions mondiales davantage complet et contraignant. Si quelques auteurs observent une « unification du droit »[4], celle-ci demeure

[1] *Lamy Droit de l'informatique et des réseaux* 2011, n° 2389.

[2] J.-L. BERGEL, « La dynamique des systèmes juridiques, évolutions et convergences », conférence à la Faculté de droit et de science politique d'Aix-en-Provence, 22 févr. 2012.

[3] *Lamy Droit de l'informatique et des réseaux* 2011, n° 2389 ; également, B. FAUVARQUE-COSSON, « Le droit international classique à l'épreuve des réseaux », in B. FAUVARQUE-COSSON et *alii*, *Le droit international de l'internet*, Bruylant (Bruxelles), 2003, p. 61 s.

[4] J.-F. RIFFARD, « La mutation de la norme : l'avènement d'un droit nivelé ? Ou retour sur quelques aspects de l'unification et la globalisation des droits », in M. BEHAR-TOUCHAIS, N. MARTIAL-BRAZ, J.-F. RIFFARD, dir., *Les mutations*

très partielle et imparfaite — à tel point que d'autres parlent de « défaillance » du système juridique international[1] — et, en 2014, le Conseil économique, social et environnemental pouvait convenir que « le cadre de la gouvernance internationale de l'internet reste à construire »[2]. Il faut craindre que l'appel lancé, de manière symptomatique, par la Cour d'appel de Paris à l'occasion de l'affaire « Yahoo! », « considérant qu'il est constant que l'Internet connaît une dimension internationale et qu'il n'existe pas, à l'heure actuelle, de règles de droit internationales ni même d'harmonisation entre les règles nationales »[3], soit resté lettre morte et doive le rester encore longtemps.

Bien sûr, les problèmes de compétence juridictionnelle et de loi applicable ont pris une importance centrale parmi les réflexions des juristes relatives à l'internet[4], mais, plus encore,

de la norme, Economica, coll. Études juridiques, 2011, p. 96 (l'auteur parle d'un « véritable droit uniforme au plan international » et d'un « véritable droit mondial »). Également, M.-C. PONTHOREAU, « Trois interprétations de la globalisation juridique – Approche critique des mutations du droit public », *AJDA* 2006, p. 21.

1 B. ANCEL, « Droit international privé », in D. ALLAND, S. RIALS, dir., *Dictionnaire de la culture juridique*, Lamy-Puf, coll. Quadrige-dicos poche, 2003, p. 492. Est aussi révélateur le fait qu'on note que, « sans doute par habitude du "mouvant", l'internationaliste est moins effrayé par l'incertitude qu'il faut intégrer dans le raisonnement juridique. Le mou, le flou, le mouvant, l'indéterminé, l'aléa sont des parties de son univers » (J.-M. SOREL, « Le rôle du droit international dans le développement du pluralisme (et vice versa) : une liaison moins naturelle qu'il n'y paraît », in L. FONTAINE, dir., *Droit et pluralisme*, Nemesis-Bruylant (Bruxelles), coll. Droit et justice, 2007, p. 96).

2 N. CHICHE, *Internet : pour une gouvernance ouverte et équitable*, Éditions des journaux officiels, coll. Les études du Conseil économique, social et environnemental, 2014, p. 5.

3 CA Paris, 17 mars 2004, n° 03/1520, *Yahoo! Inc. c/ Association amicale des déportés d'Auschwitz et des Camps de Haute Silésie et MRAP*.

4 Par exemple, M. VIVANT, « Droit international de l'internet, loi applicable et juridiction compétente », *RLDI* 2010, n° 63 ; J.-S. BERGÉ, « Questions

se pose *la question d'un droit unitaire, donc d'un droit mondialisé, de règles universelles*. « Impossible à localiser car il se trouve partout à la fois »[1], l'internet présente une véritable ubiquité, laquelle constitue un « redoutable obstacle à la répartition des compétences entre les systèmes de droit simultanément applicables tant [elle] multiplie les conflits potentiels de juridictions »[2]. Une grande problématique du droit global réside dans les conflits de normes, c'est-à-dire dans les situations où des règles aux significations et aux portées contradictoires paraissent être simultanément applicables, à des titres différents (domaines de validité spatial, temporel, personnel et/ou matériel)[3]. D'aucuns ont relevé combien le droit international privé, notamment en ce qu'il suppose une localisation des actes et des faits dans l'espace et dans le temps, est inadapté aux activités globales[4]. De plus, ledit droit

pratiques autour de la diffusion des supports de presse par internet : quel juge, quelle loi applicable, quelle efficacité internationale des décisions rendues ? », *Légicom* 2009, n° 2, p. 37 s.

[1] M. DELMAS-MARTY, *Les forces imaginantes du droit – Le relatif et l'universel*, Le Seuil, coll. La couleur des idées, 2004, p. 337. Pour reprendre la fameuse formule de Lawrence Lessig, sur l'internet, « *everywhere is anywhere, and hence no place in particular* » (L. LESSIG, « The zones of cyberspace », *Stanford Law Review* 1996, p. 1404 (cité par J. HERVOIS, *La production de la norme juridique en matière scientifique et technologique*, th., Université de La Rochelle, 2011, p. 41)). En effet, le lieu où se produisent les phénomènes du cyberespace est à la fois partout et nulle part.

[2] M. DELMAS-MARTY, *Les forces imaginantes du droit – Le relatif et l'universel*, Le Seuil, coll. La couleur des idées, 2004, p. 337.

[3] *Cf.*, par exemple, P. MAYER, « L'État et le droit international privé », *Droits* 1993, n° 16, p. 38 (« ce qui caractérise le conflit de lois est la pluralité de règles, émanant d'auteurs différents, qui ont vocation à régir une situation donnée, et entre lesquelles un choix est nécessaire »).

[4] Par exemple, É. A. CAPRIOLI, *Règlement des litiges internationaux et droit applicable dans le commerce électronique*, Litec, 2002, p. 5 ; J. PASSA, « Compétence juridictionnelle et loi applicable en matière de protection de la propriété intellectuelle sur internet », *RLDI* 2010, n° 63 ; O. CACHARD, « Du juge compétent pour connaître d'un contrat de voyage à forfait présenté sur un

international privé, malgré son appellation, est un droit étatique plus qu'interétatique[1].

En tout cas est-il indiscutable que « la perspective internationale est une perspective obligée pour celui qui veut justement poser la question de la régulation juridique de l'internet »[2]. Une étude consacrée à la liberté des communications et, plus largement, au droit global et au droit postmoderne ne saurait ne pas contenir des développements importants inspirés par le « droit venu d'ailleurs », pour reprendre une expression de Carbonnier[3]. La concurrence des droits étatiques et le « *forum shopping* »[4] sont inconciliables

site internet », *RCDIP* 2011, p. 414 s. ; K. BENYEKHLEF, K. SEFFAR, « Commerce électronique et normativités alternatives », *University of Ottawa Law and Technology Journal* 2006, p. 364 ; K. BENYEKHLEF, « Réflexions pour une approche pragmatique des conflits de juridiction dans le cyberespace », in V. GAUTRAIS, dir., *Droit du commerce électronique*, Thémis (Montréal), 2002, p. 137.

[1] Ainsi observe-t-on que, « pas plus qu'il n'est en mesure de fournir la règlementation des relations privées internationales, l'ordre international ne dispose actuellement d'organes propres à assurer la sanction des droits qui en résultent. Pour obtenir le règlement des litiges d'intérêt privé, il faut donc de nouveau se tourner vers les ordres juridiques nationaux et s'adresser à leurs tribunaux » (B. ANCEL, « Droit international privé », in D. ALLAND, S. RIALS, dir., *Dictionnaire de la culture juridique*, Lamy-Puf, coll. Quadrige-dicos poche, 2003, p. 495).

[2] *Lamy Droit de l'informatique et des réseaux* 2011, n° 2347.

[3] J. CARBONNIER, *Droit et passion du droit sous la Ve République*, Flammarion, 2006, p. 48.

[4] Depuis l'arrêt de la première chambre civile de la Cour de cassation *American Trading* du 5 décembre 1910, il est acquis que les parties à un contrat international peuvent désigner la loi qui lui est applicable. La solution a été consacrée, par la suite, dans les divers textes internationaux comportant des règles de conflit en la matière : Convention de La Haye de 1955 sur la vente (article 2), Convention de La Haye de 1978 sur les contrats d'intermédiaire (article 5), Convention de Rome (article 3) et Règlement Rome I (article 3). Néanmoins, traditionnellement, les intérêts cruciaux que l'État souhaite défendre sur la scène internationale sont protégés grâce au mécanisme des lois de police. Une loi de police est une disposition impérative qui s'applique

avec l'intention de disposer d'un droit global d'origine publique légitime et performant[1]. En caricaturant la situation, peut être regretté que « toute entreprise du web construite dans un garage doit respecter les législations de 190 pays à la fois puisque le service sera accessible partout dans le monde »[2].

Y compris au sein des institutions étatiques, on observe que l'État n'est pas la bonne échelle pour encadrer l'internet et les activités internetiques[3]. Lorsque le Conseil économique, social et environnemental doit rédiger un rapport sur la « gouvernance de l'internet », c'est logiquement qu'il confie cette tâche à sa

quelle que soit la loi désignée par la règle de conflit ou par les contractants. En droit français, ont été élevées à un tel rang, par exemple, les règles du Code de la propriété intellectuelle relatives au droit moral de l'auteur d'une œuvre artistique ou encore les prescriptions découlant de la loi de 1881 sur la liberté de la presse (T. AZZI, « Les mutations de la norme en droit international privé », in M. BEHAR-TOUCHAIS, N. MARTIAL-BRAZ, J.-F. RIFFARD, dir., *Les mutations de la norme*, Economica, coll. Études juridiques, 2011, p. 162).

[1] Par exemple, J. R. REIDENBERG, « L'instabilité et la concurrence des régimes réglementaires dans le Cyberespace », in E. MACKAAY, dir., *Les incertitudes du droit*, Thémis (Montréal), 2000, p. 135 s. Aussi des députés observent-ils que, par exemple, « la question de savoir quel est le droit applicable en matière de protection de la vie privée se pose aujourd'hui avec d'autant plus d'acuité que la mondialisation s'est traduite par une intensification des flux transfrontaliers de données personnelles, alors même que les systèmes juridiques nationaux se caractérisent par des différences d'approche en matière de protection des données personnelles. Ainsi, lorsque les individus veulent, à l'encontre d'un acteur d'Internet basé à l'étranger, exercer leur droit au respect de la vie privée dans le cadre de la législation nationale, ils se voient opposer par le juge le principe dit d'extraterritorialité, qui fait obstacle à l'application de la législation et aux garanties qu'elle comporte » (P. BLOCHE, P. VERCHÈRE, « Les droits de l'individu dans la révolution numérique », rapport d'information n° 3560, Assemblée nationale, 2011, p. 181-182).

[2] B. DE LA CHAPELLE, « L'internet est-il vraiment sans frontières ? », Place de la toile, France culture, 11 févr. 2012.

[3] Par exemple, F. RANCY, « Un débat qui dépasse nos frontières », *La lettre de l'ARCEP* 2007, n° 58, p. 6.

section des affaires européennes et internationales[1] ; tandis que, quand le Conseil d'État consacre son rapport annuel pour l'année 2014 au problème des normes applicables aux communications par internet, son Vice-président peut écrire, en guise d'avant-propos, que « l'élaboration d'un corpus de règles opérationnelles doit mobiliser tous les ressorts de la normativité, combinant des conventions internationales et des règles européennes »[2].

Il semble évident que, « dans un contexte général de mondialisation, les médias ignorent les frontières. Il doit en aller de même de leur droit »[3]. Qui s'attache à un tel droit supposément transfrontière ne peut souscrire à la proposition kelsénienne de « raisonner exclusivement sur des ordres juridiques étatiques, sur des ordres dont la validité est limitée pour chacun à un certain espace appelé le territoire de l'État, et qui sont considérés comme souverains, c'est-à-dire comme n'étant subordonnés à aucun ordre juridique supérieur »[4].

Ensuite, parce qu'il s'avère que *le développement d'un droit mondial est utopique*, parce que « la disparité des droits est malheureusement dans la nature des choses »[5], il convient de *s'en remettre irrémédiablement à l'État* et d'espérer qu'il soit

[1] N. CHICHE, *Internet : pour une gouvernance ouverte et équitable*, Éditions des journaux officiels, coll. Les études du Conseil économique, social et environnemental, 2014.

[2] J.-M. SAUVÉ, « Avant-propos », in Conseil d'État, *Le numérique et les droits fondamentaux*, La documentation française, coll. Les rapports du Conseil d'État, 2014, p. 6.

[3] E. DERIEUX, A. GRANCHET, *Droit des médias – Droit français, européen et international*, 6e éd., LGDJ, coll. Manuels droit public, 2010, 4e de couverture.

[4] H. KELSEN, *Théorie pure du droit*, 2e éd., trad. Ch. Eisenmann, Dalloz, 1962, p. 263. Et l'illustre théoricien du droit d'ajouter qu' « il faut examiner le problème du fondement de la validité des normes des ordres étatiques en faisant abstraction de l'existence possible d'un ordre international » (*ibid.*).

[5] *Lamy Droit de l'informatique et des réseaux* 2011, n° 2388.

en mesure, malgré l'« impasse des échelles »[1] allant de pair avec la postmodernité juridique, d'édicter pertinemment son droit.

3. *Un utopique et idéaliste droit mondial*

Une norme mondiale est une norme dont le domaine d'application est planétaire, qui est applicable dans l'espace international *indépendamment de la localisation de la situation qu'elle entend régir*, et qui, dans l'idéal, est effectivement respectée dans cet espace globalisé. Peu de normes du droit global répondent à cette définition et la majorité de celles qui le font ont une origine privée, non une origine publique. Aussi l'ancien Président de l'ARCEP, Jean-Ludovic Silicani, pouvait-il estimer, en 2010, que la création d'une « agence internationale veillant au bon développement de l'internet » était « utopique »[2], quand bien même il est avéré que « "cyberespace" est aujourd'hui un concept clé en géopolitique »[3]. Il n'est que possible de juger légitime l'intention, exposée en 2004 au sein d'une thèse de doctorat, de créer un « Comité international de l'internet »[4], mais sa

[1] *Cf.* B. BARRAUD, « L'État territorial face au cyberespace mondial – L'informatique en nuage… de Tchernobyl », *RLDI* 2016, n° 122, p. 41 s. ; B. BARRAUD, « Internet et temps du droit », *RLDI* 2016, n° 123, p. 37 s.

[2] J.-L. SILICANI, « "Il faudrait une agence internationale veillant au bon développement d'Internet" : une interview de Jean-Ludovic Silicani, président de l'ARCEP », *La Tribune* 14 avr. 2010.

[3] A. DESFORGES, « Cyberespace et géopolitique », Place de la toile, France culture, 24 mai 2014.

[4] S. ASTIER, *Vers une régulation éthique de l'internet*, th., Université de Limoges, 2004 ; S. ASTIER, « Une régulation éthique de l'internet : les défis d'une gouvernance mondiale », *RISA* 2005, p. 143 s.

concrétisation achoppe sur des difficultés qui paraissent difficilement surmontables.

Kant, en particulier, a fortement souhaité que le droit devienne mondial, qu'il ne soit plus fractionné en de multiples ordres et systèmes juridiques indépendants et souvent antagonistes. Le philosophe de Königsberg envisageait un « droit cosmopolitique »[1], c'est-à-dire un droit correspondant à une fédération mondiale placée sous l'égide d'un « Congrès permanent »[2]. Selon lui, le « droit des gens », servant à organiser l'humanité, devrait compléter et même remplacer les droits nationaux dès lors que les peuples sont les uns par rapport aux autres dans la même situation que des individus par rapport à leur communauté[3]. *In fine*, il faudrait que le droit repose sur

[1] Kant définissait le droit cosmopolitique comme « un droit d'hospitalité des individus par les États étrangers, un droit qui, dans l'univers des souverainetés séparées, témoignerait de la communauté originaire du genre humain, d'une identité fondamentale entre les hommes qui dépasse les frontières et qui justifierait l'existence du droit de tout individu de ne pas être traité en ennemi par les États étrangers, un droit accordé aux hommes en tant que citoyen du monde et non pas en tant que citoyen de tel ou tel État, un droit dont l'être humain est le sujet direct » (cité par J.-P. COLIN, « Variations sur la souveraineté », *Annuaire Français de Relations Internationales* 2009, n° 10, p. 12). L'abbé de Saint-Pierre formula dès 1713 un « projet de paix perpétuelle entre les nations », tandis que Locke et Montesquieu voyaient la solution dans une confédération d'États de petite taille, à l'image des Provinces-Unies de Hollande ou de la Confédération helvétique. Et, au début du XXe s., le président américain Woodrow Wilson a ambitionné de transposer à l'ordre international les principes qui présidaient à l'ordre interne des démocraties : l'État de droit, la démocratie, la transparence, les procédures de règlement des conflits et la sanction des transgressions, au besoin par la force.

[2] I. KANT, « Doctrine du droit », in *Métaphysique des mœurs*, trad. A. Philolenko, Vrin, 1979, § 61 (cité par R. SÈVE, « Kant Emmanuel – Doctrine du droit », in O. CAYLA, J.-L. HALPÉRIN, dir., *Dictionnaire des grandes œuvres juridiques*, Dalloz, 2008, p. 311).

[3] R. SÈVE, « Kant Emmanuel – Doctrine du droit », in O. CAYLA, J.-L. HALPÉRIN, dir., *Dictionnaire des grandes œuvres juridiques*, Dalloz, 2008, p. 311.

une association de tous avec tous car il s'en suivrait une paix perpétuelle entre les peuples. Était ainsi posée l'idéologie de base des institutions internationales. Nul doute que la globalisation est un véritable *facteur de cosmopolitisme* et qu'un tel « droit cosmopolitique » se marierait fort bien avec elle.

Et, après Kant, Norberto Bobbio[1] et bien d'autres[2] ont plaidé pour un droit réellement international, ont jugé que le cosmopolitisme, « favorisant la paix, l'égalité et l'altérité, et privilégiant l'harmonisation à l'uniformisation », pourrait offrir les bases d'une Constitution mondiale, d'une nouvelle manière de réaliser l'État de droit au niveau international[3]. Et se développent, au XXIe s., divers travaux relatifs au *« constitutionnalisme global »*[4]. Seulement l'État mondial, avec sa Constitution de l'humanité, ne paraît-il guère en voie de devenir prochainement une réalité.

Quant à la liberté des communications, elle a été, historiquement, très naturellement élaborée à l'échelle supranationale, mais *sous la forme d'un droit d'origine privée transnational* plus que sous la forme d'un droit d'origine publique international. On explique cela par les éléments

[1] Notamment, N. BOBBIO, *L'État et la démocratie internationale*, Éditions Complexe, 2001.

[2] Par exemple, J. HABERMAS, *La paix perpétuelle – Le bicentenaire d'une idée kantienne*, trad. R. Rochlitz, Éditions du Cerf, 1996 ; D. ARCHIBUGI, *La démocratie cosmopolitique : sur la voie d'une démocratie mondiale*, Éditions du Cerf, 2009 ; L. DE SUTTER, S. GUTWIRTH, « *Droit et cosmopolitique – Notes sur la contribution de Bruno Latour à la pensée du droit* », *Dr. et société* 2004, p. 259 s.

[3] K. BENYEKHLEF, *Une possible histoire de la norme – Les normativités émergentes de la mondialisation*, Thémis (Montréal), 2008, p. 638.

[4] *Cf.* G. TUSSEAU, « Un chaos conceptuel qui fait sens : la rhétorique du constitutionnalisme global », in J.-Y. CHÉROT, B. FRYDMAN, dir., *La science du droit dans la globalisation*, Bruylant (Bruxelles), coll. Penser le droit, 2012, p. 181 s.

suivants : la lenteur de l'élaboration des normes dans le cadre des dispositifs interétatiques, incompatible avec le rythme de l'innovation parmi les technologies internetiques ; les difficultés des membres des organisations internationales à comprendre la logique spécifique de l'internet ; le caractère largement nord-américain du réseau ; et l'idéologie libertaire ou libérale des techniciens et entrepreneurs de l'internet qui se traduit par une « méfiance viscérale à l'égard des bureaucraties »[1]. Les organisations internationales souffriraient ainsi peu ou prou des mêmes maux que les institutions étatiques, si bien que ce serait le droit d'origine publique plus que le droit d'origine étatique qui serait en « crise » avec le droit global. D'ailleurs, même l'aspect spatial de l' « impasse des échelles »[2] paraît impacter les organisations internationales — de manière toutefois moins profonde par rapport à ce qui se produit au niveau des États — puisqu'il est rare de trouver une institution inter-étatique produisant des normes applicables sur l'ensemble de la planète.

Pourtant, en matière de liberté des communications et de droit postmoderne, ce sont bien les sources internationales qui devraient les premières rivaliser avec les sources privées dès lors que ces dernières établissent des règles souvent applicables et appliquées à l'échelle mondiale[3]. On note que la plus antique philosophie « faisait dépendre l'existence de la Cité, qui tenait lieu d'État, à la possibilité pour chacun de ses membres de voir ses concitoyens et d'en être vu, de les entendre et de pouvoir en

[1] É. BROUSSEAU, « Régulation de l'internet : l'autorégulation nécessite-t-elle un cadre institutionnel ? », *Revue économique* 2001, p. 4.

[2] *Cf.* B. BARRAUD, « L'État territorial face au cyberespace mondial – L'informatique en nuage… de Tchernobyl », *RLDI* 2016, n° 122, p. 41 s.

[3] Ph. KAHN, « L'autorégulation », in H. GHERARI, S. SZUREK, dir., *L'émergence de la société civile internationale – Vers la privatisation du droit international*, Pedone, coll. Cahiers internationaux, 2003, p. 197.

être entendu »[1]. À l'évidence, à l'ère de l'internet et de la mondialisation, c'est une philosophie politico-juridique totalement inverse qui devrait primer. Mais il est remarquable que le caractère étatique et national des ordres juridiques a été principalement forgé au XIXe s., avec le grand mouvement des codifications nationales qu'a connu l'Europe, alors que, sous la double influence du droit romain et du droit canon, le droit a longtemps été, si ce n'est universel, du moins d'inspiration universelle[2]. « Ce n'est qu'à une époque récente, remarque Jean-Louis Bergel, que l'on a vu les systèmes juridiques se replier sur eux-mêmes »[3]. Partant, l'enjeu ne serait pas de trouver mais plutôt de *retrouver un droit international*, un « *jus commune* », les droits nationaux ne constituant qu'une parenthèse dans l'histoire du droit[4].

Seulement ces droits nationaux sont-ils aujourd'hui profondément ancrés dans la pensée *jus*-politique collective quand le droit international souffre de maux difficiles à soigner. Pour résumer la situation au moyen d'une formule à sensations, il semble que l'internationalisation du droit global et du droit postmoderne dont il témoigne soit autant indispensable qu'impensable.

[1] R. DRAÏ, *L'État purgatoire – La tentation postdémocratique*, Michalon, 2005, p. 183.

[2] J.-L. BERGEL, *Théorie générale du droit*, 5e éd., Dalloz, coll. Méthodes du droit, 2012, p. 150. Le professeur enseigne que, grâce aux conquêtes militaires de Rome puis à sa renaissance au XIe s., le droit romain a jadis marqué de son empreinte toute l'Europe occidentale et nivelé les diverses coutumes en France, en Belgique, en Hollande, en Italie, en Espagne, en Allemagne etc. Par ailleurs, avec la civilisation chrétienne, le droit canonique a régi dans toute l'Europe d'importantes matières. Et l'expansion du droit romain et du droit canon a encore été favorisée à l'époque par l'utilisation d'une langue commune, le latin, si bien que le droit avait une certaine vocation à l'universalisme (*ibid.*).

[3] *Ibid.*, p. 151.

[4] *Cf.*, également, A. TRUYOL Y SERRA, *Histoire du droit international public*, Economica, 1995.

4. *Répondre à la globalisation par l'internationalisation du droit : une solution autant indispensable qu'impensable*

Dans le cadre du droit postmoderne, ce sont moins les sources internationales que les sources privées qui remettent en cause l'utilité et la pérennité de l'État[1]. Or il faudrait que la situation soit inversée et que les institutions étatiques s'effacent seulement au profit d'institutions internationales[2]. Mais, concernant l'internet, d'aucuns regrettent que « le développement d'un réseau universel de communication n'a pas été accompagné d'une forme équivalente d'organisation de l'humanité »[3], et il est difficile d'imaginer comment il aurait pu en aller autrement. Si les organisations internationales participent également du pluralisme juridique[4], celui qui est caractéristique du droit postmoderne est en premier lieu le fait d'organisations privées.

La réalité reste celle d'une « dissociation du droit dans l'espace, chaque système éliminant les autres pour les relations juridiques situées dans son ressort de compétence »[5]. Les institutions internationales sont frappées par des limites

[1] En ce sens, mais de manière générale, L. COHEN-TANUGI, « Le droit sans les États ? », *Arch. phil. droit* 2003, p. 285 s. ; R. ROTH, « Droit pénal transnational : un droit pénal sans État et sans territoire ? », in Ch.-A. MORAND, dir., *Le droit saisi par la mondialisation*, Bruylant (Bruxelles), coll. Droit international, 2001, p. 131 s. ; G. TEUBNER, dir., *Global Law without a State*, Aldershot (Dartmouth), 1997.

[2] Par exemple, M. L. MUELLER, *Networks and States – The Global Politics of Internet Governance*, The MIT Press (Cambridge), 2010.

[3] F. RIGAUX, *Ordonnancements juridiques et conversion numérique*, Larcier (Bruxelles), coll. Petites fugues, 2014, p. 363.

[4] É. RALSER, « Pluralisme et droit international privé », *RRJ* 2003, p. 2547 s.

[5] J.-L. BERGEL, *Théorie générale du droit*, 5e éd., Dalloz, coll. Méthodes du droit, 2012, p. 150.

insurmontables, alors que le droit d'origine européenne, s'il s'avère beaucoup plus perfectionné et complet, est un droit régional, loin du droit mondial espéré. L'État est donc toujours amené à produire largement les normes d'origine publique applicables aux objets, activités et phénomènes globaux, faute de sources publiques mondiales. La règle essentielle reste, à l'heure actuelle, que « l'État dispose d'une compétence pleine et exclusive sur les espaces qualifiés pour cela même de "territoriaux" »[1] ; et le droit international est avant tout « une géographie de compétences, [...] un droit [qui] structure avec soin les cadres spatiaux des compétences étatiques »[2], non un ensemble de règles unique applicable à tout individu où qu'il se trouve sur la planète. La liberté des communications n'est pas le seul témoignage des déséquilibres entre les sources du droit et du fait que leur état espéré ne correspond que rarement à leur état réel[3] ; il n'en est pas moins un excellent témoignage, spécialement puisque l'objet qu'il est censé régir est par nature transnational.

Pourtant, les initiatives dans le sens d'une *internationalisation du droit* se multiplient, très au-delà du seul cas des normes censées régir l'internet et les communications qu'il permet, lesquels ne sont pas les seuls à exiger un droit « applicable aux individus quels que soient leurs nationalités ou leurs lieux de résidence »[4]. Par exemple, la CNUCED (Conférence des Nations unies sur le commerce et le

[1] D. ALLAND, « Droit international public », in D. ALLAND, S. RIALS, dir., *Dictionnaire de la culture juridique*, Lamy-Puf, coll. Quadrige-dicos poche, 2003, p. 499.

[2] *Ibid.*

[3] *Cf.*, par exemple, Y. SCHEMEIL, W.-D. EBERWEIN, dir., *Normer le monde*, L'Harmattan, 2009 ; E.-O. CZEMPIEL, J. N. ROSENAU, dir., *Governance without Government: Order and Change in World Politics*, Cambridge University Press, 1992.

[4] K. BENYEKHLEF, *Une possible histoire de la norme – Les normativités émergentes de la mondialisation*, Thémis (Montréal), 2008, p. 691.

développement) a lancé un cri d'alarme lors de sa dixième réunion tenue à Bangkok en février 2000 : elle a proposé de créer un « Parlement mondial pour la mondialisation ». Une telle initiative serait sans nul doute bienvenue afin d'établir le droit global.

Au XIXe s. et au XXe s., plusieurs innovations technologiques dans le domaine des communications ont suscité la création d'organisations intergouvernementales spéciales destinées à traiter les nouvelles questions de coopération internationale qu'elles posaient. Ce fut le cas du téléphone, avec l'Union télégraphique internationale fondée en 1865, devenue l'Union internationale des télécommunications (UIT) en 1932 et qui est la plus ancienne organisation internationale ; de la poste, avec l'Union postale universelle (UPU) créée en 1874 ; du chemin de fer, avec l'Union internationale des chemins de fer (UIC) établie en 1922 ; de l'aviation, avec l'Organisation de l'aviation civile internationale (OACI) instituée en 1944. Le progrès technique et technologique, en effaçant les frontières physiques et politiques et en renforçant l'interdépendance entre les États, a de la sorte été *un moteur important de la coopération internationale*. Aussi l'internet, qui permet des relations aux dimensions mondiales et transnationales plus fortement marquées qu'avec aucune autre technologie, aurait-il pu être à l'origine d'une grande internationalisation du droit, en tout cas à l'échelle des règles de droit lui étant applicables.

On peut estimer que, « dans son essence, l'État devrait être mondial, cosmopolitique, unique, universel »[1], et que « les États-Nations positifs de nos jours ne représentent qu'une étape avant l'État cosmopolitique et universel, ils n'ont pas encore

[1] J. Jiang, « *Quid jus* ? Esquisse d'une théorie dialectique de la définition du droit », *RRJ* 2002, p. 651.

totalement réalisé le concept d'État »[1] ; reste que l'État mondial n'existe pas dans les faits, y compris sous une forme partielle et imparfaite, et qu'il ne semble pas en mesure d'exister bientôt. Le « droit commun mondial »[2] et le « Parlement mondial [qui] garantira une véritable représentation des peuples [...] en tant que totalité des citoyens du monde »[3] ne sont — semble-t-il — ni pour aujourd'hui ni pour demain. La situation actuelle n'est, en définitive, que peu différente de celle qu'observait Hauriou dans les années 1910, lorsqu'il prédisait qu' « il y a peu de chances pour que les États nationaux des cinq parties du monde soient jamais absorbés par un État unique »[4].

Par ailleurs, les États doivent internationaliser un objet normatif postmoderne tel que la liberté des communications au nom du principe de bonne foi basé sur l'adage *sic uteri tuo ut alienum non laedas*[5]. En effet, la situation de l'internet n'est pas sans rappeler celle du *voisinage d'États* et, plus spécialement, celle des lacs et des cours d'eau : si un État modifie un cours d'eau, le volume et la qualité de l'eau du lac peuvent en être affectés, ce qui est éventuellement préjudiciable pour les autres

[1] *Ibid.*, p. 652. Selon l'auteur, « l'Organisation des Nations Unies et l'Union européenne doivent être considérées comme des formes imparfaites qui préfigurent l'État cosmopolite futur » (*ibid.*).

[2] Réf. à O. THOLOZAN, « Vers un droit commun mondial ? », in J.-Y. CHÉROT, B. FRYDMAN, dir., *La science du droit dans la globalisation*, Bruylant (Bruxelles), coll. Penser le droit, 2012, p. 273 s.

[3] J. HABERMAS, *La paix perpétuelle – Le bicentenaire d'une idée kantienne*, trad. R. Rochlitz, Éditions du Cerf, 1996, p. 77 (cité par L. BAL, *Le mythe de la souveraineté en droit international – La souveraineté des États à l'épreuve des mutations de l'ordre juridique international*, th., Université de Strasbourg, 2012, p. 468).

[4] M. HAURIOU, *Principes de droit public à l'usage des étudiants en licence et en doctorat ès sciences politiques*, 2e éd., Librairie du Recueil Sirey, 1916, p. VIII.

[5] J. A. GRAHAM, *Les aspects internationaux des contrats conclus et exécutés dans l'espace virtuel*, th., Université de Paris I - Panthéon-Sorbonne, 2001.

États riverains[1]. De même, si un État décide d'intervenir dans l'espace virtuel, des conséquences peuvent en résulter pour d'autres. Il en est ainsi lorsque, par exemple, un gouvernement autorise ses services à protéger ses serveurs en envoyant des *applets* hostiles vers le serveur d'où provient une attaque et à détruire tout le disque dur. Or ce serveur peut appartenir à un État sans pour autant que celui-ci soit impliqué dans l'attaque. Tel est le cas notamment des universités dont les serveurs sont régulièrement utilisés de manière frauduleuse comme retransmetteurs pour acheminer des attaques[2]. Il faudrait donc s'inspirer, parmi d'autres possibilités, de la mécanique de l'Organisation mondiale du commerce, cette organisation étant à la fois un producteur de normes à portée mondiale et *l'autorité de police* assurant le respect et l'effectivité de ces normes. L'OMC impose la primauté de son droit sur les droits régionaux et nationaux, lesquels doivent toujours être compatibles, y compris lorsqu'ils sont antérieurs[3].

Reste qu'une véritable élaboration à la fois publique et mondiale du droit postmoderne ne semble pouvoir être envisagée ni à court terme ni à moyen terme. Il s'ensuit que quiconque observe le droit global regrettera nécessairement les grandes imperfections des ordres normatifs internationaux. Or c'est déjà cela qui incite les puissances privées à se donner leur droit. Le constat ne peut qu'être celui de graves insuffisances des organisations internationales comparativement à l'importante « capacité normative » des organisations transnationales, notamment des entreprises multinationales qui ne manquent pas de devenir des multinationales du droit.

[1] *Ibid.*

[2] *Ibid.*

[3] É. LOQUIN, « Les sources du droit mondialisé », *Dr. et patrimoine* 2001, p. 96.

5. *Le retrait et les insuffisances des ordres normatifs internationaux par rapport aux ordres normatifs transnationaux privés*

Il résulte des difficultés consubstantielles aux organisations internationales précédemment évoquées un approfondissement inéluctablement imparfait des ordres normatifs internationaux. En définitive, le droit global et le droit postmoderne ne paraissent pas pouvoir réserver une grande place à ce droit international par trop limité et qui semble appartenir à un autre âge.

Il convient, tout d'abord, de souligner combien le développement des ordres juridiques internationaux est superficiel, à tel point que certains envisagent la possibilité de voir disparaître le droit international au profit de ce nouveau et très différent droit global qui serait au moins autant d'ordre privé que d'ordre public[1]. En premier lieu, le droit international se définit *à travers la souveraineté étatique*, les États, sujets classiques de ce droit[2], étant sur *un strict pied d'égalité juridique*, comme le rappelle l'article 2 paragraphe 1 de la Charte des Nations Unies. Or « la clef d'intelligence principale du droit international est le rôle central qu'y jouent les États et, par conséquent, la marque que lui imprime la souveraineté qui les caractérise. La souveraineté, en effet, est ce que l'on peut dire négativement à propos de ce qui ne connaît point de supérieur [...]. Et, si rien n'est supérieur à l'État, de quelle

[1] Par exemple, P. S. Berman, « From International Law to Law and Globalization », *CJTL* 2005, p. 485 s.

[2] J. Chevallier, *L'État*, 2e éd., Dalloz, coll. Connaissance du droit, 2011, p. 76.

façon le droit international peut-il s'imposer à lui ? *N'est-il pas difficile de considérer l'État comme un "sujet" de ce droit ?* »[1].

L'ordre juridique international, interétatique, ne peut être qu'un pauvre ordre juridique, *institutionnellement trop peu développé* ; et Raymond Aron de qualifier l'idée de droit international d' « illusoire », ajoutant que, « si on rattache l'État à la souveraineté et le droit à l'État, il n'y a *pas de droit international*, seulement une "morale positive" »[2]. Déjà Duguit ne comprenait pas comment il pourrait exister un droit international alors que « le droit est l'ensemble des règles qui déterminent l'organisation d'une personne collective souveraine et qui s'appliquent aux rapports de cette personne avec ses sujets. Il règle les rapports de *personnes inégales*, d'une personne commandante souveraine avec des personnes non souveraines et subordonnées »[3]. Non sans raisons, le maître bordelais renvoyait les relations internationales dans le seul monde des faits[4]. Il est vrai que, si la puissance est au fait ce que la souveraineté est au droit[5], les relations internationales procèdent davantage de la puissance que de la souveraineté[6].

[1] D. ALLAND, « Droit international public », in D. ALLAND, S. RIALS, dir., *Dictionnaire de la culture juridique*, Lamy-Puf, coll. Quadrige-dicos poche, 2003, p. 498 (non souligné dans le texte original).

[2] R. ARON, *Paix et guerre entre les nations*, Calmann-Lévy, 1975, p. 710 (non souligné dans le texte original ; cité par D. DE BÉCHILLON, *Qu'est-ce qu'une règle de droit ?*, Odile Jacob, 1997, p. 82).

[3] L. DUGUIT, *Traité de droit constitutionnel – Tome premier : La règle de droit, le problème de l'État*, 3e éd., De Boccard, 1927, p. 714 (non souligné dans le texte original).

[4] *Ibid.*

[5] B. BARRAUD, *L'État – Entre fait et droit*, L'Harmattan, coll. Logiques juridiques, 2015, p. 170.

[6] *Cf.*, notamment, M. LEFEBVRE, *Le jeu du droit et de la puissance – Précis de relations internationales*, Puf, 2000 ; E. ZOLLER, *Droit des relations extérieures*, Puf, 1992.

La « compétence de la compétence » marque la limite de l'autonomie d'une organisation internationale vis-à-vis des États qui la composent : elle ne peut pas disposer seule de ses textes constitutifs ; tous les États membres doivent décider à l'unanimité des modifications des textes suprêmes. Il n'est donc *nulle autonomie de l'organisation par rapport aux États*. Un État ne peut pas en contraindre un autre si ce n'est en recourant à la force et à la guerre non juridiques. Le souci de la préservation de leur souveraineté par les États explique la place éminente du consentement dans la formation des règles d'origine internationale, consentement qui s'analyse de façon expédiente comme l'expression d'une volonté d'être lié par un engagement exprès. S'applique la *théorie de l'autolimitation* aux termes de laquelle un État ne peut être lié que par les règles auxquelles il a consenti. Aucun droit n'est antérieur ou supérieur à l'autorité étatique[1] ; telle est la position retenue par la Cour permanente de justice internationale dans le célèbre arrêt dit « du lotus », en 1927 : « Les règles de droit liant les États procèdent de la volonté de ceux-ci »[2].

Point, donc, d'unilatéralité dans l'édiction des traités internationaux, alors que, dans l'ordre juridique classiquement entendu, l'acte unilatéral est le principe quand le contrat est l'exception, la juridicité se matérialisant en particulier à travers la contrainte. Mais un État, parce qu'il est souverain, ne peut pas se voir opposer une obligation à laquelle il n'a pas consenti. Et on parle bien de « stipulations » et non de « dispositions » afin de désigner les divers articles (ou plutôt clauses contractuelles) que contiennent les « traités », « conventions », « accords », « pactes », « chartes », « protocoles » internationaux, c'est-à-dire les « accords internationaux conclus par écrit entre États et régis par le droit international », ainsi que

[1] F. POIRAT, « État », in D. ALLAND, S. RIALS, dir., *Dictionnaire de la culture juridique*, Paris, Lamy-Puf, coll. Quadrige - Dicos poche, 2003, p. 644.

[2] Cour permanente de justice internationale, 7 sept. 1927, *Lotus*.

les décrit l'article 2 de la Convention de Vienne. De plus, alors qu'un État n'est lié que s'il a consenti, les modalités de ce consentement importent peu sur le plan formel, raison pour laquelle est soulignée l'absence de formalisme en droit international public[1], ce qui conforte le sentiment selon lequel sont en cause des ordres juridiques en gestation, pouvant potentiellement être largement perfectionnés. Et produit le même effet le constat selon lequel la coutume est en droit international plus que dans toute autre matière une source essentielle[2], tant quantitativement que qualitativement[3].

L'ordre juridique le plus « primitif »[4] ou « archaïque »[5] est celui dans lequel *les organes créateurs des normes en sont également les destinataires*[6]. Tel est le cas de l'ordre juridique

[1] D. ALLAND, « Droit international public », in D. ALLAND, S. RIALS, dir., *Dictionnaire de la culture juridique*, Lamy-Puf, coll. Quadrige-dicos poche, 2003, p. 499.

[2] P. DEUMIER, *Introduction générale au droit*, 2e éd., LGDJ, coll. Manuel, 2013, p. 333. L'auteur précise que les coutumes sont importantes à mesure des lacunes des conventions internationales. Dans le prolongement des indications données par l'article 38 du statut de la Cour internationale de justice, la jurisprudence internationale a posé qu'une pratique doit revêtir certaines caractéristiques de constance, d'uniformité etc., et porter la marque — que bien souvent le juge lui imprime — d'une conscience qu'elle est obligatoire pour être une coutume.

[3] S. SUR, « La coutume internationale, sa vie, son œuvre », *Droits* 1986, n° 3, p. 111.

[4] H. KELSEN, *Théorie pure du droit*, 2e éd., trad. Ch. Eisenmann, Dalloz, 1962 (cité par P. AMSELEK, « Réflexions autour de la conception kelsénienne de l'ordre juridique », *RDP* 1978, p. 5) ; également, X. MAGNON, *Théorie(s) du droit*, Ellipses, coll. Universités-Droit, 2008, p. 112.

[5] D. ALLAND, « Droit international public », in D. ALLAND, S. RIALS, dir., *Dictionnaire de la culture juridique*, Lamy-Puf, coll. Quadrige-dicos poche, 2003, p. 498.

[6] Un auteur écrit ainsi que « l'ordre juridique international est un ordre juridique primitif dans lequel il n'existe pas de différenciation des organes pour les fonctions de création, d'application et de sanction du droit. Les États sont à la fois les destinataires, les producteurs et ceux qui sanctionnent le

international dont les faiblesses structurelles, les « limites congénitales »[1], sont criantes, spécialement en comparaison de ce qu'est un État, soit un ordre juridique typique — et cela même si Michel Virally cherchait à convaincre du fait que « le droit international est un droit différent beaucoup plus qu'un droit primitif »[2]. Dans cet ordre, qui prend des allures de « bric-à-brac »[3], dont « l'autonomie organique est très limitée »[4], « pas de Constitution, de pouvoir législatif, de pouvoir exécutif, ni de juridiction obligatoire »[5]. Les États, destinataires des normes du droit international public, sont ceux-là mêmes qui les produisent et qui, de plus, en assurent la sanction. Mais il n'existe pas de juges internationaux véritables : la Cour pénale internationale et la Cour de justice de La Haye, qui n'est qu'une cour d'arbitrage, interviennent seulement si les États s'y soumettent et décident de les saisir[6]. En l'absence de pouvoir exécutif,

respect du droit international » (X. MAGNON, *Théorie(s) du droit*, Ellipses, coll. Universités-Droit, 2008, p. 112).

1 P. DEUMIER, *Introduction générale au droit*, 2e éd., LGDJ, coll. Manuel, 2013, p. 116.

2 M. VIRALLY, « Sur la prétendue "primitivité" du droit international », in *Le droit international en devenir*, Puf, 1990, p. 92 (cité par L. BAL, *Le mythe de la souveraineté en droit international – La souveraineté des États à l'épreuve des mutations de l'ordre juridique international*, th., Université de Strasbourg, 2012, p. 15).

3 J. COMBACAU, « Le droit international : bric-à-brac ou système ? », *Arch. phil. droit* 1986, p. 85 s.

4 M. VAN DE KERCHOVE, « Les rapports entre systèmes juridiques : entre clôture et ouverture », in J.-L. BERGEL, dir., *Le plurijuridisme*, PUAM (Aix-en-Provence), 2005, p. 43.

5 M. DRAIN, *Relations internationales*, 16e éd., Larcier, coll. Paradigme, 2012, p. 27.

6 *Cf.* Ch. ROUSSEAU, « Crise de la justice internationale ? », in *Mélanges Marcel Waline*, t. I, LGDJ, 1974, p. 259 s. ; H. ASCENSIO, « La notion de juridiction internationale en question », in H. ASCENSIO et *alii*, *La juridictionnalisation du droit international*, Pedone, 2003, p. 163 s. ; L. CONDORELLI, « L'autorité de la décision des juridictions internationales permanentes », in

aucune force publique permanente ne permet d'assurer durablement l'exécution des décisions et le maintien de la paix, comme une actualité tragique ne cesse de le rappeler.

L'article 31 de la Convention de Vienne de 1969 sur le droit des traités peut bien stipuler qu' « un traité doit être interprété de bonne foi suivant le sens ordinaire à attribuer aux termes du traité dans leur contexte et à la lumière de son objet et de son but », quand l'article 26 du même texte prévoit que « tout traité en vigueur lie les parties et doit être exécuté par elles de bonne foi », ce ne sont là, à l'instar de l'adage « *pacta sunt servanda* », que des mots de peu de poids tant qu'il ne se trouve guère de force coercitive pour les faire respecter et sanctionner les contrevenants. Logiquement, un droit d'origine internationale devrait pouvoir s'appuyer sur une *police internationale* dès lors qu'il a vocation à s'appliquer à l'échelon international[1]. Puisque, « dans un système international où il n'existe ni forces de police ni juridiction obligatoire, [...] c'est d'abord dans la volonté des États de s'engager qu'il faut déceler la source de l'obligation et non dans l'existence problématique de sanctions »[2], la fragilité du droit international est criante, n'étant pas une autre que la fragilité de ladite volonté étatique de s'engager, laquelle peut subir les conséquences d'un changement de politique, d'un changement de gouvernement ou même d'une révolution populaire.

L'ordre juridique international se perfectionne dès lors que le traité devient une sorte de « contrat social » duquel découlent des institutions capables d'élaborer et de sanctionner des formes

L. CONDORELLI et *alii*, *La juridiction internationale permanente*, Pedone, 1987, p. 277 s.

[1] P. WEIL, « Vers une normativité relative en droit international », *RGDI publ.* 1982, p. 1.

[2] A. LAQUIÈZE, « Sanction », in D. ALLAND, S. RIALS, dir., *Dictionnaire de la culture juridique*, Paris, Lamy-Puf, coll. Quadrige - Dicos poche, 2003, p. 1383.

de droit dérivé auxquelles les États ont adhéré par un acte initial mais en perdant pour la suite le contrôle de ce droit et donc, par voie de conséquence, une part de leur souveraineté. Déjà en 1963 un professeur notait que le droit international était de moins en moins « relationnel » et de plus en plus « institutionnel »[1]. Seulement cette situation, bien connue dans l'espace de l'Union européenne, demeure-t-elle excessivement rare — « exceptionnelle » notait Michel van de Kerchove il y a peu[2] — à l'échelle internationale[3] où il reste vrai que les États sont à la fois les auteurs et les destinataires du droit, même si le temps des « évolutions amollissantes » du droit international[4] paraît désormais révolu. L'ordre juridique international ne connaît qu'une hiérarchie des normes très sommaire — en ce qu'elle peut être matérielle bien plus que formelle[5] — ; il se démarque par l'horizontalité des rapports qui se déroulent en son sein[6], lesquels sont des rapports intersubjectifs, là où l'ordre juridique étatique relève d'une organisation foncièrement verticale. Dans le système international, l'absence d'organes centraux investis d'une puissance publique détachée des sujets de droit rend *l'horizontalité inéluctable*[7].

[1] R.-J. DUPUY, *Le droit international*, Puf, coll. Que-sais-je ?, 1963.

[2] M. VAN DE KERCHOVE, « Les rapports entre systèmes juridiques : entre clôture et ouverture », in J.-L. BERGEL, dir., *Le plurijuridisme*, PUAM (Aix-en-Provence), 2005, p. 43.

[3] *Cf.*, par exemple, P. REUTER, *Le développement de l'ordre juridique international*, Economica, 1995.

[4] P. WEIL, « Vers une normativité relative en Droit international », *RGDI publ.* 1982, p. 5.

[5] P. DEUMIER, *Introduction générale au droit*, 2e éd., LGDJ, coll. Manuel, 2013, p. 254.

[6] Ph. BLACHER, « L'État dans la doctrine "progressiste" du droit international public », *Cités* 2004, n° 18, p. 83.

[7] P. HAGGENMACHER, « L'État souverain comme sujet du droit international, de Vitoria à Vattel », *Droits* 1993, n° 16, p. 11.

Il n'est donc guère surprenant que des théoriciens aient dénié à l'ordre normatif international la qualité d'ordre juridique[1], et donc aux normes d'origine internationale la qualité de règles de droit[2], ou aient préféré l'expression « système juridique international » à celle d' « ordre juridique international », le système étant à leurs yeux une « version faible » de l'ordre[3]. L'ordre ou système international serait, au mieux, « un État qui fonctionne mal »[4] ; et Prosper Weil de dénoncer un « droit malade de ses normes »[5].

Dès lors, les organisations transnationales prospèrent en profitant des vides laissés par les organisations internationales. C'est pourquoi il est difficile d'imaginer comment le droit global et le droit postmoderne pourraient se développer davantage dans un cadre public que dans un cadre privé.

En matière de liberté des communications, les sources privées de normes concurrencent les sources publiques. Notamment, la régulation des technologies et des équipements se trouve entre les mains de forums spécialisés et d'organismes qui élaborent des standards par un processus collaboratif

[1] *Cf.*, notamment, D. ALLAND, « De l'ordre juridique international », *Droits* 2002, n° 35, p. 79 s.

[2] Par exemple, Ch. DE VISSCHER, *Théories et réalités en droit international public*, 4e éd., Pedone, 1970 (cité par P. DEUMIER, *Introduction générale au droit*, 2e éd., LGDJ, coll. Manuel, 2013, p. 117). *Cf.*, spécialement, F. ATTAR, *Le droit international entre ordre et chaos*, Hachette, 1994 ; Ch. LEBEN, « Une nouvelle controverse sur le positivisme en droit international », *Droits* 1987, n° 5, p. 121 s.

[3] J. COMBACAU, « Logique de la validité contre logique de l'opposabilité dans la Convention de Vienne sur le droit des traités », in *Mélanges Michel Virally*, Pedone, 1991, p. 195 (cité par X. MAGNON, *Théorie(s) du droit*, Ellipses, coll. Universités-Droit, 2008, p. 109).

[4] J. ZILLER, « L'interrégulation dans le contexte de l'intégration européenne et de la mondialisation », *RF adm. publ.* 2004, n° 109, p. 20.

[5] P. WEIL, « Vers une normativité relative en droit international », *RGDI publ.* 1982, p. 5.

d'échanges entre experts, lequel diffère de la mise en place ordinaire de standards de communication à l'échelle internationale jusque-là confiée principalement à des institutions publiques[1].

Alors que les précédentes innovations technologiques, comme les télécommunications ou l'aviation, avaient suscité la création d'organisations intergouvernementales spécialisées, la « gouvernance » de l'internet se distingue par *l'absence d'autorité centrale* et par le rôle joué par diverses instances de droit privé[2] : ICANN pour la gestion des noms de domaine, IETF et W3C pour la définition des standards techniques, Internet Society et Forum pour la gouvernance d'internet concernant le traitement des questions politiques, économiques et de société. Dans ce modèle qualifié de « multiacteurs », les États ne sont que des parties prenantes parmi d'autres ; ils sont « banalisés » comme jamais ils ne l'ont été depuis la fin du Moyen Âge. Et tel semble être une grande marque de la postmodernité juridique. Ainsi l'ISOC explique-t-elle que « la coordination technique d'Internet possède des caractéristiques communes : ouverture, indépendance, gestion par des organisations membres à but non lucratif qui collaborent afin de répondre aux besoins de tous »[3]. Et d'ajouter que « cette autorégulation a été la clé de la croissance réussie d'Internet et est assez flexible pour s'adapter aux exigences futures »[4].

Il faut pourtant insister sur l'opportunité et la légitimité *a priori* supérieures d'une liberté des communications d'origine

[1] Par exemple, É. CLERC, « La gestion semi-privée de l'internet », in Ch.-A. MORAND, dir., *Le droit saisi par la mondialisation*, Bruylant (Bruxelles), 2001, p. 333 s.

[2] E. LAGRANGE, « Panorama des institutions impliquées dans la "gouvernance de l'Internet" », in Société française pour le droit international, *Internet et le droit international*, Pedone, 2013, p. 199 s.

[3] [en ligne] <isoc.fr>.

[4] *Ibid.*

publique par rapport à une liberté des communications d'origine privée[1] — cela étant plus évident en matière de contenu qu'en matière de contenant des communications[2]. En conséquence, le passage de la modernité à la postmodernité serait synonyme de temps difficiles à vivre pour le droit.

Un État mondial et, donc, un *droit étatique mondial* seraient certainement la solution aux difficultés à s'imposer des sources publiques du droit global ; mais, comme l'écrivait froidement Saint-Just à propos de l'éventualité d'une paix universelle, il est

[1] Par exemple, la Commission européenne met l'accent sur le besoin d'une « gouvernance de l'internet » plus transparente, reposant sur une représentation davantage équilibrée des différentes parties prenantes et dans laquelle les organes décisionnels seraient davantage responsabilisés, ce qui implique qu'ils puissent être contraints de rendre des comptes aux États (Commission européenne, « Politique et gouvernance de l'Internet : le rôle de l'Europe à l'avenir », COM/2014/072 final, communication au Parlement européen, au Conseil européen, au Comité économique et social européen et au Comité des régions, 2014). Ces préconisations de la Commission européenne font directement écho aux principes adoptés par l'ensemble des participants au forum Netmundial organisé à Sao Paulo les 23 et 24 avril 2014. Parmi ces principes figurent, en effet, la transparence, la responsabilisation et le caractère équitable de la représentation des différentes parties prenantes. Bien qu'elles concernent la gouvernance de l'infrastructure de l'internet au sens large, il convient de préciser que ces positions ont largement trait au fonctionnement de l'ICANN. De nombreux États, notamment la France, considèrent qu'elle ne tient pas suffisamment compte des positions exprimées par les États dans son processus de décision, en dépit de la création d'un Government Advisory Committee au sein duquel les gouvernements sont représentés.

[2] Par exemple, A. PELLET, « Une gestion privée de l'ordre public de l'Internet ? », in Société française pour le droit international, *Internet et le droit international*, Pedone, 2013, p. 239 s. C'est pourquoi le Conseil d'État en vient à proposer la rédaction d' « une convention internationale qui énoncerait les grands principes devant être respectés par les États [qui] serait plus protectrice des libertés » et qui, « en ne stipulant rien sur les modalités de la gouvernance, ne porterait pas atteinte à l'efficacité de celle-ci » (Conseil d'État, *Le numérique et les droits fondamentaux*, La documentation française, coll. Les rapports du Conseil d'État, 2014, p. 331).

à craindre que « ce rêve, s'il est possible, n'est que dans un avenir qui n'est pas fait pour nous »[1]. D'ailleurs, pour ce qui est de l'exemple de la liberté des communications, même un État mondial pourrait souffrir de la technicité et du particularisme des questions liées à l'internet, à tel point que le Conseil d'État préfère retenir qu' « abandonner le modèle multiacteurs au profit d'un modèle intergouvernemental n'apparaît pas souhaitable dès lors que ce dernier risquerait de s'avérer incapable d'intégrer les innovations technologiques majeures à venir »[2]. Mais cet État mondial disposerait sans doute d'autorités spécialisées qui lui permettraient de mieux saisir les domaines spécifiques tels que celui du cyberespace.

En tout cas le Conseil d'État continue-t-il de faire des États les « dépositaires de l'intérêt général »[3]. Déjà en 1998, dans son étude sur *Internet et les réseaux numériques*, le Conseil avait souligné que l'organisme chargé de la régulation du système des noms de domaine (l'ICANN) était investi d'une mission d'intérêt général et devait dès lors être guidé par un « mandat » international[4]. Or force est de reconnaître que ce mandat est aujourd'hui encore très maigre, pour ne pas dire inexistant.

Et, en 2014, le Conseil d'État observait que « la spécificité d'internet tient moins à l'absence du droit émanant des États, en réalité très présent, qu'à l'absence d'organisation interétatique et de convention internationale au niveau mondial »[5], tandis que le Conseil économique, social et environnemental, la même année, notait, « quant à la création *ex nihilo* d'une nouvelle

[1] Cité par A. LECA, *La lyre de Thémis ou la poésie du droit*, PUAM (Aix-en-Provence), 2011, p. 76.

[2] Conseil d'État, *Le numérique et les droits fondamentaux*, La documentation française, coll. Les rapports du Conseil d'État, 2014, p. 329.

[3] *Ibid.*, p. 330.

[4] EDCE 1998, *Internet et les réseaux numériques*.

[5] Conseil d'État, *Le numérique et les droits fondamentaux*, La documentation française, coll. Les rapports du Conseil d'État, 2014, p. 137.

organisation mondiale multilatérale, [que] le piétinement des négociations sur l'éventuelle création d'une organisation mondiale de l'environnement prouve que cette option relève à ce stade de l'utopie »[1]. En outre, le Conseil économique, social et environnemental de préciser que « le rééquilibrage de la gouvernance d'Internet implique à court terme une réforme des institutions existantes ; à plus long terme, il conviendrait de promouvoir la conclusion d'une convention internationale relative aux libertés fondamentales et aux principes de la gouvernance d'internet »[2].

L'état actuel des sources internationales de la liberté des communications et, plus largement, du droit postmoderne apparaît ainsi très insatisfaisant. Si le cyberespace est désormais au cœur des relations internationales[3] et si d'aucuns plaident pour une refonte radicale de la « gouvernance internationale »[4] ou proposent l'instauration d'un « Comité International de l'Internet »[5], cette dernière proposition n'est guère en passe d'être réalisée tant lesdites relations internationales prennent surtout un tour conflictuel. Le paradoxe apparaît sans ambiguïté : *le droit global d'origine publique requiert, pour des raisons bien comprises, d'être établi par des structures à compétence planétaire ; mais, pour des raisons là aussi très bien comprises, ce droit est essentiellement produit par les États*.

[1] N. CHICHE, *Internet : pour une gouvernance ouverte et équitable*, Éditions des journaux officiels, coll. Les études du Conseil économique, social et environnemental, 2014, p. 38.

[2] *Ibid.*, p. 329.

[3] A. DESFORGES, « Cyberespace et géopolitique », Place de la toile, France culture, 24 mai 2014.

[4] B. DU MARAIS, « Régulation de l'internet : des faux-semblants au retour à la réalité », *RF adm. publ.* 2004, p. 91.

[5] S. ASTIER, *Vers une régulation éthique de l'internet*, th., Université de Limoges, 2004.

Partant, il faut parier que le droit postmoderne, quelle que soit l'influence de la globalisation sur le droit, ne saurait se construire dans des cadres internationaux plus que dans des cadres nationaux. Comme, par ailleurs, les États sont « en crise » ou, du moins, en difficulté, le droit tend à migrer de la sphère publique vers la sphère privée, ce mouvement n'étant pas un autre que celui allant de la sphère moderne vers la sphère postmoderne.

6. *Le droit postmoderne voué à demeurer divisé en de multiples droits nationaux*

Kelsen imaginait qu'allait « s'estomper puis s'effacer la ligne-frontière qui sépare le droit international et le droit étatique, en sorte que la fin ultime de l'évolution réelle du droit, qui va vers une centralisation croissante, apparaît être l'unité organique d'une communauté universelle ou mondiale, fondée sur un ordre juridique ou, en d'autres termes, la formation d'un État mondial »[1]. Toutefois, à l'aune de l'état du droit international de son époque, l'illustre théoricien s'empressait de préciser que, « à l'heure actuelle, on ne saurait prétendre qu'une telle unité et une telle communauté existent »[2]. Or la situation

[1] H. KELSEN, *Théorie pure du droit*, 2e éd., trad. Ch. Eisenmann, Dalloz, 1962 (cité par Ch. BEHRENDT, F. BOUHON, *Introduction à la théorie générale de l'État – Recueil de textes*, Larcier (Bruxelles), coll. Faculté de droit de l'Université de Liège, 2009, p. 362).

[2] *Ibid.* (cité par Ch. BEHRENDT, F. BOUHON, *Introduction à la théorie générale de l'État – Recueil de textes*, Larcier (Bruxelles), coll. Faculté de droit de l'Université de Liège, 2009, p. 362). Et l'auteur de *Théorie pure du droit* d'expliquer qu' « il n'existe qu'une unité scientifique de la totalité du droit : autrement dit, il est possible de comprendre l'ensemble droit international et ordres étatiques comme un système de droit unitaire, tout à fait de la même façon que l'on a accoutumé de considérer chaque ordre étatique comme une

du XXIe s. ne paraît qu'un peu plus favorable à l'émancipation des organisations internationales que la situation du XXe s.[1] ; le droit d'origine internationale est toujours un « droit en devenir »[2]. Concernant la liberté des communications, le constat ne peut qu'être celui-là : il n'existe guère de véritable « droit international du cyberespace »[3].

En 1997, des spécialistes du droit de l'internet alors naissant observaient les prémices d'un droit s'apprêtant à devenir fondamentalement international[4] ; la suite des évènements a plutôt abouti à la consécration de droits foncièrement nationaux, à tel point qu'on va jusqu'à estimer qu' « il ne faut plus parler de l'internet mais des internets, car l'internet est en train d'être partitionné »[5]. C'est très logiquement qu'aujourd'hui les députés Patrick Bloche et Patrice Verchère opèrent le constat suivant : « Compte tenu des limites inhérentes à toute initiative purement nationale dans un espace déterritorialisé et largement dominé par l'initiative privée, la coopération internationale des

unité » (*ibid.* (cité par Ch. BEHRENDT, F. BOUHON, *Introduction à la théorie générale de l'État – Recueil de textes*, Larcier (Bruxelles), coll. Faculté de droit de l'Université de Liège, 2009, p. 362)). Ce n'est bien que sous un angle théorique que se positionnait Kelsen.

[1] J.-M. SOREL, « Internet et le droit international : un étrange ballet sans chorégraphe », in Société française pour le droit international, *Internet et le droit international*, Pedone, 2013, p. 477 s.

[2] Réf. à M. VIRALLY, *Le droit international en devenir*, Puf, 1990.

[3] Ph. LAGRANGE, « Internet et l'évolution normative du droit international : d'un droit international applicable à l'Internet à un droit international du cyberespace ? », in Société française pour le droit international, *Internet et le droit international*, Pedone, 2013, p. 65 s.

[4] K. BENYEKHLEF, P. TRUDEL et *alii*, *Droit du cyberespace*, Thémis (Montréal), 1997, p. 6.

[5] B. BEAUDE, *Les fins d'Internet*, Fyp éditions, coll. Stimulo, 2014. L'auteur ajoute que, « lorsque les États réussiront à réellement maîtriser l'internet, alors celui-ci disparaîtra car il sera divisé en régions. [...] Il faut choisir entre la nationalisation de l'internet et la mondialisation de la politique. Or c'est forcément la nationalisation de l'internet qui sera choisie » (*ibid.*).

États est indispensable pour faire du web un espace de “civilité mondiale” »[1]. Seulement, si la confrontation de droits nationaux à un phénomène transnational est à l'évidence problématique[2] et si l'internet a introduit le droit supra-national dans la vie quotidienne des particuliers et des entreprises comme jamais auparavant, les moyens d'aboutir à un droit mondial d'origine publique continuent à manquer. Et les députés d'ajouter tout de suite : « Il n'est pas sérieusement envisageable d'organiser une réelle régulation à moyen terme au plan international pour des raisons évidentes »[3].

La réalité est donc aujourd'hui celle d'un droit global paradoxalement fragmenté ; et dans sa partie publique plus que dans sa partie privée. L'unification serait le seul processus d'*intégration* parfaite, du moins d'un point de vue formel. En ignorant la notion de marge nationale d'appréciation et en excluant les différences, elle permettrait de se représenter l'ordre juridique mondial sur le modèle hiérarchique, déductif et cohérent des ordres nationaux traditionnels[4]. Seulement, pour des raisons aisément identifiables, cette unification s'avère inenvisageable, tant à court terme qu'à moyen terme[5]. Cela fait

[1] P. Bloche, P. Verchère, « Les droits de l'individu dans la révolution numérique », rapport d'information n° 3560, Assemblée nationale, 2011, p. 293.

[2] *Lamy Droit de l'informatique et des réseaux* 2011, n° 2315.

[3] P. Bloche, P. Verchère, « Les droits de l'individu dans la révolution numérique », rapport d'information n° 3560, Assemblée nationale, 2011, p. 293.

[4] M. Delmas-Marty, « Le pluralisme ordonné et les interactions entre ensembles juridiques », *D.* 2006, p. 951.

[5] Ainsi, « cette perfection n'est pas garantie du point de vue empirique car l'unification implique de telles difficultés de mise en œuvre qu'elle risque d'être largement ineffective ; et moins encore d'un point de vue axiologique car sa légitimité, même à une échelle restreinte à l'Europe, est fortement contestée. On ne la voit plus désormais comme une utopie lointaine et irréelle, mais comme un cauchemar dont on craint au contraire qu'il ne se réalise, sur le modèle imaginé par Kant d'une tyrannie mondiale » (*ibid.*).

longtemps que des auteurs plaident pour un État mondial[1], pour une intégration totale qui amènerait à *subroger le supranational à l'international*[2] ; les conditions nécessaires à ces fins ne sont pas réunies et elles ne semblent pas pouvoir être réunies au cours des prochains temps. S' « il se pourrait que, par une ultime ruse de l'Histoire, la signification historique de l'émergence du *Global Law* soit de préparer celle de l'État Mondial et Homogène et avec lui, forcément, le retour triomphant du genre des TGE [théories générales de l'État], appliquées cette fois-ci à ce qui serait le Méga État Global, la totalité cosmopolitique enfin réalisée »[3], il faut gager que pareil propos est à ranger dans le domaine de l'utopique bien plutôt que dans le domaine du réaliste. La lucidité invite à retenir que l' « État mondial » n'est ni pour aujourd'hui ni pour demain. Et Mireille Delmas-Marty peut considérer que le droit mondial ne saurait être conçu sur le modèle national, même fédéral ou confédéral, et que seul le modèle du « pluralisme ordonné » est éventuellement envisageable[4].

Engagée dans une lutte inégale contre le foisonnement des lois, des valeurs et des cultures, l'idée d'un droit mondial se trouve contenue par une palissade ou lapalissade infranchissable : *comment se ressembler lorsqu'on est différents ?* Et, l'intégration diminuant ou supprimant la souveraineté étatique, le constat d'un « passage de la

[1] Par exemple, K. C. DOWDALL, « The World State », *Law Quaterly Review* 1995, n° 153.

[2] P. PESCATORE, *Le droit de l'intégration*, Bruylant (Bruxelles), 2005.

[3] M. XIFARAS, « Après les Théories Générales de l'État : le droit global ? », *Jus Politicum* 2012, n° 8, p. 57.

[4] M. DELMAS-MARTY, « La mondialisation du droit : chances et risques », *D.* 1999, p. 43.

souveraineté des États membres à celle de l'organisation »[1] ne saurait correspondre à la vérité des faits tant, d'une part, les États souhaitent très généralement privilégier la défense de leurs souverainetés et tant, d'autre part, les disparités entre les aspirations des gouvernants interdisent très souvent de trouver un accord entraînant des répercussions précises en droit positif.

Droit postmoderne ou non, l'intégration ou la fusion des législations ne sera toujours qu'un mythe et Jean-Louis Bergel peut écrire que « l'unification législative mondiale ou même de deux ou plusieurs États souverains est une chimère »[2]. Sans doute imagine-t-on que ce sont les mêmes États occidentaux, derrière les États-Unis, qui sont à l'origine du développement de la globalisation, et notamment de la liberté des communications, et qui promeuvent une « théorie générale du droit constitutionnel dont l'universalisation programmée est parfois perçue comme une nouvelle forme d'impérialisme »[3]. La mondialisation du droit serait une *américanisation du droit* allant de pair avec l'américanisation de la culture dont l'internet est le premier vecteur[4]. Reste que, y compris à l'échelle des États occidentaux, il n'est pas question — et il ne le sera pas avant très longtemps — de se doter de véritables institutions créatrices et applicatrices de normes prenant en charge ce qui serait un droit global au sens le plus fort et le plus complet.

[1] D. ALLAND, « Droit international public », in D. ALLAND, S. RIALS, dir., *Dictionnaire de la culture juridique*, Lamy-Puf, coll. Quadrige-dicos poche, 2003, p. 503.

[2] J.-L. BERGEL, *Théorie générale du droit*, 5e éd., Dalloz, coll. Méthodes du droit, 2012, p. 169.

[3] P. TÜRK, « La souveraineté des États à l'épreuve d'internet », *RDP* 2013, p. 1489.

[4] J.-J. LAVENUE, « Internationalisation ou américanisation du droit public ? L'exemple paradoxal du droit du cyberespace confronté à la notion d'ordre public », *Lex Electronica* 2006, n° 11 ; L. COHEN-TANUGI, « L'américanisation du droit français », *Arch. phil. droit* 2001.

Les divergences entre les conceptions européenne et américaine de la liberté d'expression ou des responsabilités attachées à la liberté des communications en témoignent parfaitement. Et, quant au « Safe Harbor », ensemble de principes de protection des données personnelles négocié entre les autorités américaines et la Commission européenne en 2001, le Conseil d'État le qualifie tout simplement de « système qui a échoué »[1].

Un auteur plaide pour le développement de l'intégration conduisant au remplacement du « droit international » par le « droit supra-national », dans lequel les États ne seraient plus souverains[2]. Dans aucun pays les pouvoirs publics ne sont conquis par pareille proposition. La souveraineté internationale[3], qui implique l'égalité juridique entre les États rappelée par l'article 2 de la Charte des Nations Unies, demeure largement défendue ; or elle semble interdire la construction d'un droit mondial d'origine publique puisque, dans le même temps, les intérêts défendus par les États — décrits comme « jaloux » les uns des autres[4] — sont divergents et même souvent antagonistes. A illustré dernièrement cette donnée l'échec du sommet international de l'UIT de Dubaï, en décembre 2012, trop d'États ayant entendu défendre avant toute autre chose leurs *« souverainetés numériques »*.

[1] Conseil d'État, *Le numérique et les droits fondamentaux*, La documentation française, coll. Les rapports du Conseil d'État, 2014, p. 326. Le problème tient en particulier aux limites du modèle d'autocertification : les entreprises américaines s'engageant à respecter les principes du « Safe Harbor », mais sans que des contrôles du caractère effectif de ce respect soient assurés.

[2] P. PESCATORE, *Le droit de l'intégration*, Bruylant (Bruxelles), 2005.

[3] *Cf.*, notamment, Ch. CHAUMONT, « Recherches du contenu irréductible du concept de souveraineté internationale de l'État », in *Mélanges Jules Basdevant*, Pedone, 1960, p. 114 s.

[4] J. HUET, E. DREYER, *Droit de la communication numérique*, LGDJ, coll. Manuel, 2011, p. 228.

En 1890, dans son *Traité sur les codes*, le grand juriste japonais Hozumi plaidait pour l'application du « principe de nationalisme juridique » en vertu duquel les lois devraient uniquement exprimer des intérêts nationaux[1]. Ce principe paraît aujourd'hui encore imprégner le droit d'origine publique, si bien que celui-ci se conjugue au pluriel, connaît des contenus sensiblement variables en fonction des pays. Jusqu'à la réalité de la « société civile européenne »[2], sur laquelle s'appuierait l'État européen, est incertaine ; la question de la réalité de la « société civile mondiale », de laquelle devrait émerger l' « État cosmopolitique » remplaçant des « États nationaux »[3], bien que l'internet et le web contribuent à faire émerger cette réalité, ne se discute même pas. Le « sentiment d'identité »[4] demeure très largement ancré à un échelon national pour ce qui est des activités physiques. Quant aux activités accompagnant la mondialisation, si se développe un tel sentiment d'identité à une échelle globale, l'une de ses composantes réside dans *une forme d'esprit libertaire foncièrement anti-politique et donc anti-étatique*.

En outre, Mireille Delmas-Marty explique que l'intégration normative permettant d'aboutir à un *droit commun* peut se réaliser suivant trois modèles qui sont, par niveaux d'intégration croissants, la coopération, l'harmonisation et l'unification[5]. Le

[1] Cité par J.-H. MOITRY, « Japon (culture juridique) », in D. ALLAND, S. RIALS, dir., *Dictionnaire de la culture juridique*, Lamy-Puf, coll. Quadrige-dicos poche, 2003, p. 860.

[2] Réf. à J.-C. BOUAL, « Une société civile européenne est possible », in J.-C. BOUAL, dir., *Vers une société civile européenne*, L'aube éditions, 1999, p. 13 s.

[3] U. BECK, *Pouvoir et contre-pouvoir à l'heure de la mondialisation*, Flammarion, coll. Champs, 2003, p. 36.

[4] Sur cette question, *cf.* D. GUTMANN, *Le sentiment d'identité*, LGDJ, 2000.

[5] M. DELMAS-MARTY, *Le pluralisme ordonné*, Le Seuil, coll. La couleur des idées, 2006 (cité par L. BAL, *Le mythe de la souveraineté en droit*

professeur ne manque pas d'ajouter que, à l'échelle mondiale, il est difficile d'aller plus loin que la *coopération* en raison de la barrière que constitue la souveraineté des États[1]. Et la réalité de cette coopération, concernant les objets, activités et phénomènes globaux, est qu'elle est très modeste et ne permet guère de s'approcher de l'idéal d'un droit commun.

Un site web connu de tous les internautes tel que <thepiratebay.[xx]>, dont la vocation première est de garantir l'accès à un catalogue immense d'œuvres en contrefaçon des droits de leurs auteurs, peut alors sans difficulté changer d'extension de nom de domaine dès que les autorités publiques du pays dans lequel il est installé se décident à l'attaquer[2]. *Les voies du droit sont clairement moins performantes que les voies de la pratique et, plus spécialement, que les voies de la pratique illégale.* Rousseau et Voltaire se réfugièrent en Suisse pour y narguer une censure qui n'est jamais parvenue à empêcher la diffusion en France de leurs œuvres, même les plus subversives. Aujourd'hui, rien n'est vraiment changé sous l'angle politique, alors que certains bouleversements technologiques ont décuplé les enjeux, les possibilités et les dangers. Et c'est bien *la variété*

international – La souveraineté des États à l'épreuve des mutations de l'ordre juridique international, th., Université de Strasbourg, 2012, p. 535).

[1] *Ibid.* (cité par L. BAL, *Le mythe de la souveraineté en droit international – La souveraineté des États à l'épreuve des mutations de l'ordre juridique international*, th., Université de Strasbourg, 2012, p. 535). Également, J.-L. BERGEL, *Théorie générale du droit*, 5e éd., Dalloz, coll. Méthodes du droit, 2012, p. 169.

[2] En avril 2015, ce site était accessible à l'adresse <thepiratebay.to>, <.to> étant l'extension géographique des îles Tonga. Par ailleurs, peut être cité, dans un tout autre registre, l'exemple des îles Tuvalu, dont l'extension est le <.tv>. Cela constitue pour ce pays une véritable aubaine : en vendant des noms de domaine sous cette extension aux plus offrants, il a engrangé plus de douze millions de dollars (soit plus que son PIB annuel de l'année 1998) et a pu financer son inscription à l'ONU (189e membre). Le Turkménistan est dans une situation similaire avec le <.tm> (confusion avec le mot anglais « *Trademark* » signifiant « marque déposée »).

des lois et des règlementations nationales, permettant aux multinationales de mettre les systèmes nationaux en concurrence et de créer ainsi une forme de *dumping* législatif et règlementaire[1], qu'il faut décrire.

Lorsque des écrits d'Albert Camus sont librement téléchargés sur un site web canadien 51 ans après la mort de l'illustre prix Nobel — car la durée de protection des droits d'auteur est en Amérique du Nord de 50 ans *post-mortem* — et que le service en cause est accessible depuis la France, pays dans lequel cette durée de protection est de 70 ans *post-mortem*, la situation est ô combien sensible et témoigne du besoin de consacrer un droit commun[2]. Mais, pour l'heure, il ne se trouve guère de réponse à ce besoin. Le *droit universel* partagé par tous les États du monde ou même par la plupart d'entre eux relève de l'ordre de l'utopique, comme relève de l'ordre de l'utopique « le pari d'une mondialisation douce qui, sans annoncer la fin des systèmes nationaux, ni exclure la recherche d'un ordre mondial, substituerait le pluralisme à l'impérialisme et l'esprit de concorde à l'esprit de conquête »[3].

Éventuellement pourrait-on créer une instance internationale de corégulation — sous l'impulsion de l'Union européenne qui promeut une « gouvernance multi-acteurs » —, à laquelle participeraient, à côté des acteurs publics, certains acteurs privés[4] ; mais cette dernière ne saurait être plus aisée à mettre

[1] S. ASTIER, « Une régulation éthique de l'internet : les défis d'une gouvernance mondiale », *RISA* 2005, p. 153.

[2] J. HUET, E. DREYER, *Droit de la communication numérique*, LGDJ, coll. Manuel, 2011, p. 250.

[3] M. DELMAS-MARTY, « Plurijuridisme et mondialisation : vers un pluralisme ordonné », in J.-L. BERGEL, dir., *Le plurijuridisme*, PUAM (Aix-en-Provence), 2005, p. 365.

[4] En ce sens, peut être relevé que Vint Cerf, co-inventeur de l'internet (à travers le protocole TCP/IP), disait, en 2007 : « Je crois qu'il sera très dur d'accomplir [l']objectif [de créer une structure publique internationale de contrôle de l'Internet] pour une raison : 99 pour cent de l'Internet sont entre

en place qu'une structure purement publique, au contraire dès lors qu'aux oppositions entre États viendraient s'ajouter les oppositions entre secteur public et secteur privé.

L'État serait finalement « la moins mauvaise échelle pour engager des politiques relatives à l'internet »[1] et aux activités globales en général. Le droit international semble plus proche du « chaos » que de l' « ordre »[2] et plus proche du « bric-à-brac » que du « système »[3]. Il apparaît toujours « en devenir »[4], toujours « primitif »[5] et « archaïque »[6] en ce qu'il ne connaît pas de Constitution[7] ni de différenciation des organes pour les fonctions de création et d'application du droit — lequel ne saurait être autre que du « droit souple »[8] —, en ce que les États sont à la fois ses destinataires, ses producteurs et ceux qui le

les mains du secteur privé et sont contrôlés par des opérateurs privés [...]. Internet est utilisé par des milliards de personnes de par le monde, ce n'est pas une chose qui peut être encadrée uniquement par le gouvernement. C'est pour cela qu'il faut une structure qui intègre l'ensemble des parties prenantes et qui permette de s'assurer que l'ensemble des perspectives sont bien prises en compte » (cité par J. CATTAN, *Le droit et les communications électroniques*, th., Université d'Aix-Marseille, 2012, p. 558).

1 P. BELLANGER, *La souveraineté numérique*, Stock, 2014.

2 Réf. à F. ATTAR, *Le droit international entre ordre et chaos*, Hachette, 1994.

3 Réf. à J. COMBACAU, « Le droit international : bric-à-brac ou système ? », *Arch. phil. droit* 1986, p. 85 s.

4 Réf. à M. VIRALLY, *Le droit international en devenir*, Puf, 1990.

5 X. MAGNON, *Théorie(s) du droit*, Ellipses, coll. Universités-Droit, 2008, p. 112.

6 D. ALLAND, « Droit international public », in D. ALLAND, S. RIALS, dir., *Dictionnaire de la culture juridique*, Lamy-Puf, coll. Quadrige-dicos poche, 2003, p. 498.

7 M. DRAIN, *Relations internationales*, 16e éd., Larcier, coll. Paradigme, 2012, p. 27.

8 Aussi le Conseil d'État propose-t-il que « la gouvernance d'internet pourrait être décrite comme le fruit de la superposition d'un droit souple à l'échelle mondiale et d'un droit dur à l'échelle nationale » (Conseil d'État, *Le numérique et les droits fondamentaux*, La documentation française, coll. Les rapports du Conseil d'État, 2014, p. 133).

sanctionnent, ce qui est à l'origine d'une « faiblesse structurelle [qui] favorise dans une certaine mesure [son] ineffectivité »[1]. Les organisations internationales, parce qu'elles « ne semblent pas avoir le mandat ni les ressources pour surveiller l'infrastructure mondiale de l'information »[2], se cantonnent à l'établissement d'orientations politiques larges et abstraites. Ce constat s'avère évidemment problématique pour un droit n'ayant de sens qu'au-delà des États tel que le droit global ou le droit postmoderne.

Aussi la responsabilité retombe-t-elle sur les épaules des États qui, malgré toutes leurs difficultés, se doivent d'être des « nœuds normatifs de poids »[3]. Et certains des meilleurs spécialistes de ces questions de se dire favorables à « une gouvernance décentralisée avec des réponses apportées au niveau local, au plus proche du citoyen et du consommateur, et pas au niveau européen ou mondial »[4]. *Par choix ou par obligation, c'est bien à l'État qu'il incombe toujours d'édicter la majeure partie du droit* ou, en tout cas, la majeure partie du droit d'origine publique.

Le droit global, pour ce qui est de son pan public, est bien *morcelé en autant de droits particuliers qu'il y a d'États*. Ensuite, le progrès que constitue l'Union européenne n'amène à tempérer que modestement ce constat tant ses dimensions sont celles d'un « ordre juridique international partiel »[5], celles d'un

[1] X. MAGNON, *Théorie(s) du droit*, Ellipses, coll. Universités-Droit, 2008, p. 112.

[2] R. BERTHOU, *L'évolution de la création du droit engendrée par Internet : vers un rôle de guide structurel pour l'ordre juridique européen*, th., Université de Rennes I, 2004, p. 278.

[3] *Ibid.*, p. 277.

[4] I. FALQUE-PIERROTIN, « Le droit à l'oubli numérique », Le bien commun, France culture, 22 mars 2012.

[5] X. MAGNON, *Théorie(s) du droit*, Ellipses, coll. Universités-Droit, 2008, p. 112.

État continental, non celles d'un État mondial. Parmi les sources publiques du droit postmoderne, les sources internationales sont de peu de poids, tandis que les sources européennes jouent un rôle important, mais uniquement à l'échelle d'un continent.

Il n'en faut pas moins s'intéresser à l'Union européenne. Peut-être, alors que la liberté des communications sert de laboratoire du droit global et que le droit global sert de laboratoire du droit postmoderne, constitue-t-elle un lieu décisif tant pour l'élaboration de la liberté des communications que pour celle du droit global et que pour celle du droit postmoderne. L'étude de la liberté des communications permet en effet d'observer combien l'Union européenne joue aujourd'hui un rôle utile en même temps qu'original dans le processus de fabrication du droit. Si le « *Brexit* » constitue assurément un coup d'arrêt dans la construction européenne, il se pourrait néanmoins que l'Union européenne, pour les États restants, se positionne toujours plus au cœur du droit postmoderne.

Chapitre 4. L'européanisation intensive du droit postmoderne

Puisque l'échelle mondiale est à la fois l'échelle au niveau de laquelle il est nécessaire d'établir le droit postmoderne apte à saisir efficacement les objets, activités et phénomènes globaux et une échelle au niveau de laquelle il est illusoire d'imaginer possible la construction de régimes juridiques pleins et entiers, le droit issu de l'Union européenne se présente tel un pis-aller. Reste que ce droit de l'Union européenne doit nécessairement être abordé en ce livre car il est très perfectionné, surtout en comparaison d'un droit international par trop superficiel et incomplet (*1*), et car l'Union présente sans aucun doute d'importants avantages structurels lui permettant de réguler assez efficacement un objet tel que la liberté des communications (*2*). Mais elle comporte également des limites non anodines, en premier lieu car elle est, à l'instar d'un État, territorialisée, loin de posséder la compétence mondiale que requiert une technologie comme l'internet (*3*). Toujours est-il que l'Union européenne, organisation dont le fonctionnement apparaît à plus d'un titre postmoderne, semble devoir jouer un rôle cardinal dans la construction du droit postmoderne (*4*). Peut-être l'État postmoderne supposé accompagner le droit postmoderne gagnerait-il à s'inspirer de la légistique européenne, notamment en ce qu'elle permet aux institutions de l'Union de largement s'ouvrir à la société civile. Cette dernière n'est alors plus la concurrente mais l'associée des pouvoirs publics.

Par ailleurs, si seule l'Union européenne sera abordée en ce chapitre, il est important de la distinguer du Conseil de l'Europe, ce dernier étant davantage à ranger au nombre des organisations internationales. Est ici reprise l'opinion selon laquelle le Conseil de l'Europe « ne constitue pas un ordre juridique autonome, qui se serait détaché de l'ordre international : [il] en est un instrument spécialisé et régional »[1]. Certainement est-ce à raison que François Rigaux qualifiait la Convention européenne de sauvegarde des droits de l'homme et des libertés fondamentales, signée à Rome le 4 novembre 1950 — et que la France n'a ratifiée qu'en 1974 pour des raisons qui ressortissent directement aux communications électroniques[2] —, et la Cour européenne des droits de l'homme[3] de « plus grande réussite de l'histoire des nations européennes »[4] ; et certainement est-ce à raison que l'ancien président de cette cour soutient qu'il s'agit du « système le plus abouti de protection des droits fondamentaux »[5] ; mais, du point

[1] P. DEUMIER, *Introduction générale au droit*, 2e éd., LGDJ, coll. Manuel, 2013, p. 118.

[2] *Cf.*, en particulier, F. SUDRE, *La Convention européenne des droits de l'homme*, 9e éd., Puf, coll. Que sais-je ?, 2012.

[3] Sur cette cour, *cf.* J.-P. COSTA, *Des juges pour la liberté*, Dalloz, coll. Les sens du droit, 2013 ; J.-P. MARGUÉNAUD, *La Cour européenne des droits de l'homme*, 6e éd., Dalloz, coll. Connaissance du droit, 2012.

[4] F. RIGAUX, *Ordonnancements juridiques et conversion numérique*, Larcier (Bruxelles), coll. Petites fugues, 2014, p. 363.

[5] J.-P. COSTA, « La normativité des arrêts rendus par la Cour européenne des droits de l'homme », in C. THIBIERGE, dir., *La force normative – Naissance d'un concept*, LGDJ-Bruylant (Paris-Bruxelles), 2009, p. 29. Le magistrat explique : « La Cour de Strasbourg [...] rend des arrêts qui ont force obligatoire ; le Comité des ministres du Conseil de l'Europe doit surveiller leur exécution par les États concernés. Il s'agit donc d'une justice supranationale qui prend des décisions ayant force normative. [...] Cette force normative résulte de plusieurs dispositions combinées de la Convention européenne : son article premier prévoit que les États parties reconnaissent aux personnes relevant de leur juridiction les droits et libertés garantis par la Convention. L'article 19 assigne à notre Cour la mission d'assurer le respect par les États de ces engagements. L'article 46 énonce la force obligatoire des arrêts de la Cour. Enfin, l'article 41 permet à la Cour de condamner la partie lésée à recevoir une satisfaction équitable, à la charge de l'État ayant violé ses droits. D'application directe dans les ordres juridiques nationaux, la Convention y tient une place élevée quoique variable dans la hiérarchie des normes : selon les Constitutions nationales, elle se situe parfois au même

de vue du développement institutionnel, du niveau d'intégration et de l'atteinte à la souveraineté étatique, l'Union européenne mérite d'être étudiée à part. Comme l'a affirmé la Cour de justice des communautés européennes dans son célèbre arrêt *Costa* de 1964, l'Union est un « ordre juridique propre intégré au système juridique des États membres »[1].

niveau que la loi interne, le plus souvent, comme en France, à un niveau supra-législatif et infra-constitutionnel, quelquefois au même niveau que la Constitution elle-même » (*ibid.*). Mais de reconnaître par ailleurs que « les recommandations du Comité des ministres restent cependant parfois [...] lettre morte face à l'inaction des États. Le Protocole 14 a d'ailleurs prévu une sorte de recours en manquement dans une telle hypothèse, mais on sait qu'il n'est pas encore entré en vigueur. La portée concrète des arrêts de la Cour, et par là même leur force normative réelle, dépend donc en partie de la volonté des autorités nationales de coopérer avec le Comité et la Cour et de mettre en œuvre des mesures adéquates pour protéger les droits garantis par la Convention » (*ibid.*, p. 31).

[1] CJCE, 15 juill. 1964, aff. 6/64, *Costa c/ ENEL*. Certes, l'Union et le Conseil fabriquent chacun du droit européen, partagent le même drapeau (bleu azur avec une couronne de douze étoiles d'or) et le même hymne (*L'Ode à la joie* de Beethoven), ont leur siège ou une partie de leur siège à Strasbourg et possèdent des assemblées, cours de justice et autres conseils ou comités que les étudiants et les « profanes » souvent confondent — « confusions dont la fréquence n'ôte rien à l'énormité » (P. DEUMIER, *Introduction générale au droit*, 2e éd., LGDJ, coll. Manuel, 2013, p. 120) — ; reste que l'importance qualitative et quantitative de l'Union européenne est sans commune mesure avec celle du Conseil de l'Europe, y compris à l'aune de la liberté des communications. Il faut donc précisément séparer le « droit européen communautaire » — mais l'adjectif « communautaire » ne pourra pas être ici utilisé (Pour des exemples d'utilisation de l'adjectif « communautaire » avant le Traité de Lisbonne : D. SIMON, « Droit communautaire », in D. ALLAND, S. RIALS, dir., *Dictionnaire de la culture juridique*, Lamy-Puf, coll. Quadrige-dicos poche, 2003, p. 448 s. ; D. SIMON, *Le système juridique communautaire*, 3e éd., Puf, 2001), tandis qu' « unioniste » est encore insuffisamment consacré pour pouvoir être employé — et le « droit européen conventionnel » (J. MORAND-DEVILLER, *Droit administratif*, 13e éd., LGDJ, coll. Cours, 2013, p. 246). Quant à l'adjectif « européen », utilisé seul, il peut légitimement apparaître trop imprécis. Le « droit européen » désigne logiquement le droit applicable à l'Union européenne et/ou issu de l'Union européenne ainsi que le droit applicable au Conseil de l'Europe et/ou issu du Conseil de l'Europe (J.-

1. *Les institutions de l'Union européenne sensiblement plus perfectionnées que les institutions internationales*

L'Union européenne est incontournable au sein de cette introduction au droit postmoderne en ce qu'elle est certainement la meilleure illustration du développement d'un droit spécifique, visant l'harmonisation ou même l'uniformisation, à l'échelle continentale[1]. Il existe, à travers le monde, diverses autres organisations à dimension régionale, mais leur potentiel d'intégration juridique est très différent[2]. Aucune d'entre elles n'égale ni n'approche le niveau de développement institutionnel de l'Union européenne et ne parvient à réaliser autant qu'elle l'idée de droit commun[3]. Toutes sont des ententes régionales à vocation uniquement économique, construites à l'aune de motifs exclusivement économiques : libéraliser les mouvements de biens, de services

S. Bergé, S. Robin-Olivier, *Droit européen*, 2e éd., Puf, coll. Thémis droit, 2011 ; J.-C. Gautron, *Droit européen*, 14e éd., Dalloz, coll. Mémentos, 2012 ; Ch. Lescot, *Institutions européennes*, 14e éd., Paradigme (Orléans), coll. Manuel, 2011).

[1] M. Delmas-Marty, « Plurijuridisme et mondialisation : vers un pluralisme ordonné », in J.-L. Bergel, dir., *Le plurijuridisme*, PUAM (Aix-en-Provence), 2005, p. 356.

[2] Il peut s'agir d'un simple cadre de consultation mutuelle (en Asie (ASEAN), entre certains États du Golfe (CCG) et en Afrique australe (SADC)) ou de coopération économique (pour la zone Asie/Pacifique (APEC, qui pèse près de 60 % de l'économie mondiale)) ; d'une zone de libre-échange (en Amérique du nord (ALENA) et pour tout le continent américain (ZLEA)) ou d'union douanière (en Amérique du sud (MERCOSUR) et dans les Caraïbes (CARICOM)) ; ou encore d'une organisation d'harmonisation du droit des affaires (entre pays africains de la zone franc (OHADA)). *Cf.* J. Ténier, *Intégrations régionales et mondialisation – Complémentarité ou contradiction*, La documentation française, 2003.

[3] *Cf.* F. Snyder, « Gouverner la mondialisation économique : pluralisme juridique mondial et droit européen », *Dr. et société* 2003, p. 435 s.

et de capitaux. Seule l'Union européenne repose aujourd'hui sur une volonté politique au moins autant que sur une nécessité économique[1] et possède réellement un *centre supranational*[2].

En appelant, le 9 mai 1950, à « faire l'Europe par des réalisations concrètes, créant d'abord une solidarité de fait », Robert Schuman, le ministre français des affaires étrangères d'alors, présentait son initiative comme la « première étape vers une *fédération européenne* ». Si quelques étapes restent à accomplir, et si l'on peut juger que l'Europe politique en est à un stade intermédiaire « entre confédération et fédération »[3], les progrès de l'Europe politique durant la seconde moitié du XXe s. et durant la première décennie du XXIe s. sont tout à fait remarquables. La Seconde Guerre mondiale, quand 20 millions d'européens (ressortissants d'Union soviétique exclus) se sont entretués, c'était il y a 60 ans. À présent, le droit européen n'a plus rien à voir avec le « *jus publicum europaeum* », ce droit public européen qu'a pensé Carl Schmitt et qui consistait en un ordre au sein duquel la guerre était « une forme de

[1] A.-J. ARNAUD, *Critique de la raison juridique – 2. Gouvernants sans frontières – Entre mondialisation et post-mondialisation*, LGDJ, coll. Droit et société, 2003, p. 55 (« l'Union européenne apparaît comme une exception fondée sur une longue histoire »). Mais, initialement, l'objectif était de bâtir une paix durable en réalisant une union économique — ce qui lui a valu de recevoir le prix Nobel de la paix en 2012. Six États ont créé, en 1951, la Communauté européenne du charbon et de l'acier (CECA) puis, en 1957, plus largement, la Communauté économique européenne (CEE). Du Traité de Rome au Traité de Maastricht, du marché commun établi par étapes successives au marché intérieur et à la monnaie unique, les règles fondamentales du droit de l'Union fixent l'objectif d'un marché supranational fonctionnant sans entraves ni barrières.

[2] L. BAL, *Le mythe de la souveraineté en droit international – La souveraineté des États à l'épreuve des mutations de l'ordre juridique international*, th., Université de Strasbourg, 2012, p. 537.

[3] J.-B. AUBY, *La globalisation, le droit et l'État*, 2e éd., LGDJ, coll. Systèmes, 2010, p. 33.

reconnaissance de l'autre État »[1]. Assurément la construction européenne reçoit-elle des louanges qui sont méritées[2], même si elle est encore loin de baigner dans un fleuve de sécurité et de sérénité, *a fortiori* à l'heure du « *Brexit* ». À défaut de droit véritablement international, elle est nécessairement un nœud de poids au sein du droit global et, par suite, au sein du droit postmoderne.

Un professeur observe, concernant le droit originaire de l'Union européenne, qu'« on ne sait pas si c'est du droit interne ou du droit international ; [il] illustre à merveille l'altération de la distinction »[3]. Cependant, ce droit doit peut-être s'analyser comme étant *un droit externe mais non international* car ontologiquement régional ; c'est pourquoi, en ce livre, sont distinguées l'internationalisation et l'européanisation du droit. Surtout, cette séparation se justifie par le fait que l'une et l'autre possèdent des importances inégales à l'égard du droit postmoderne.

Le droit et les institutions spécifiques à l'Union européenne s'avèrent excessivement *perfectionnés et complexes*, en particulier structurellement[4]. D'aucuns posent la question de

[1] S. LAUNAY, « La théorie réaliste est-elle morte pour cause de "mondialisation" ? », in G. DEMUIJNCK, P. VERCAUTEREN, dir, *L'État face à la globalisation économique – Quelles formes de gouvernance ?*, Sandre, 2009, p. 62.

[2] Mireille Delmas-Marty, par exemple, note que, « si l'intégration européenne est relativement réussie, c'est parce qu'elle est pluraliste et ne marque pas l'extension hégémonique d'un seul système, mais la recherche d'un dénominateur commun, par une sorte de métissage juridique des divers systèmes nationaux » (M. DELMAS-MARTY, « L'espace juridique européen, laboratoire de la mondialisation », *D.* 2000, p. 421).

[3] D. SIMON, « Les fondements de l'autonomie du droit communautaire », in Société française pour le droit international, *Droit international et droit communautaire – Perspectives actuelles*, Pedone, 2000, p. 108.

[4] *Cf.*, notamment, M. DELMAS-MARTY, « L'espace juridique européen, laboratoire de la mondialisation », *D.* 2000, p. 421 s.

savoir si l'Union ne serait pas devenue un « super-État »[1] — ou affirment qu'elle l'est devenue[2] — et, en tout cas, conviennent qu'il s'agit d'un « ordre juridique très original »[3], d'une « nature particulière, peu comparable avec l'ordre juridique international en raison notamment de l'applicabilité directe du droit communautaire aux individus »[4]. Cela paraît plus conforme à la réalité de cette structure interétatique que la vision selon laquelle elle ne serait qu' « un ordre juridique international comme un autre »[5].

Il faut donc insister sur le haut niveau de perfectionnement du droit originaire de l'Union européenne, lequel se laisse surtout saisir par comparaison avec les limites du droit d'origine internationale. Et, si les normes issues de l'Union européenne sont sophistiquées et mieux adaptées au monde contemporain que les normes internationales, c'est déjà parce que les institutions de l'Union européenne sont sophistiquées et mieux adaptées au monde contemporain que les institutions internationales.

Nul doute que l'Union européenne a connu et continue de connaître une évolution importante et constante et que l'Union

[1] S. SAURUGGER, « Théoriser l'État dans l'Union européenne ou la souveraineté au concret », *Jus Politicum* 2012, n° 8, p. 13. Sur ce point, *cf.*, notamment, O. BEAUD, « Peut-on penser l'Union européenne comme une Fédération ? », in F. ESPOSITO, N. LEVRAT, dir., *Europe : de l'intégration à la fédération*, Bruylant (Bruxelles), 2010, p. 71 s. ; F. ESPOSITO, N. LEVRAT, dir., *Europe : de l'intégration à la fédération*, Bruylant (Bruxelles), 2010, *passim*.

[2] G. MAJONE, *La Communauté européenne, un État régulateur*, Montchrestien, 1996.

[3] R. BERTHOU, « Le droit au gré d'Internet : à propos d'une réseautisation fort peu anodine de l'univers juridique », *Lex Electronica* 2006, n° 11, p. 12.

[4] O. BEAUD, *La puissance de l'État*, Puf, coll. Léviathan, 1994, p. 487.

[5] Ch. LEBEN, « À propos de la nature juridique des Communautés européennes », *Droits* 1991, n° 14, p. 61. L'année de parution de cette étude est importante ; elle permet d'expliquer pourquoi son auteur a pu en venir à tenir pareil discours.

européenne d'aujourd'hui est fort différente de celle de l'immédiat après guerre froide[1] — le Traité de Maastricht, en 1992, a été un tournant[2] —, laquelle ne partageait déjà plus grand-chose avec l'Union européenne dont on rêvait au début des années 1930[3]. Et l'Union s'est construite par le droit et autour du droit ; elle est, suivant les mots utilisés par la Cour de justice des communautés européennes, avant tout une « communauté de droit »[4]. En somme, elle n'a de cesse d'essayer de se perfectionner.

Comme l'explique Jacques Chevallier, l'intégration économique supra-nationale, si elle crée de nouveaux liens d'interdépendance, n'est cependant pas synonyme d'intégration politique en ce qu'elle ne porte pas directement atteinte à la souveraineté de l'État et ne le remet pas en cause en tant qu'espace politique et administratif ; c'est ce qui, *a contrario*, fait ressortir la singularité de la construction européenne[5]. L'Union européenne est une configuration politique originale, privant les États d'une partie de leurs prérogatives de souveraineté[6], ce qui la démarque radicalement des sources internationales, Conseil de l'Europe compris. Peut-être aurait-elle ainsi constitué le premier foyer historique de droit postmoderne. Aussi convient-il d'explorer plus avant ses particularités.

[1] *Cf.*, par exemple, P. MAGNETTE, E. REMACLE, dir., *Le nouveau modèle européen – t. I : Institutions et gouvernance*, Éditions de l'Université de Bruxelles, 2000.

[2] Par exemple, S. HOFFMAN, R. KEOHANE, *The New European Community: Decision Making and Institutional Change*, Westview Press (Boulder), 1993.

[3] B. MIRKINE-GUETZÉVITCH, G. SCELLE, *L'Union européenne*, Delagrave, 1931.

[4] CJCE, 23 avr. 1986, aff. 294/83, *Les Verts c/ Parlement*. *Cf.* J. RIDEAU, dir., *De la Communauté de Droit à l'Union de Droit – Continuités et avatars européens*, LGDJ, 2000.

[5] J. CHEVALLIER, *L'État*, 2e éd., Dalloz, coll. Connaissance du droit, 2011, p. 99.

[6] *Ibid.*

La construction européenne a eu d'abord pour objectif la constitution d'un espace économique commun aux États membres ; corrélativement, ont été élaborées des politiques communautaires sectorielles dans toute une série de domaines (agriculture, transports, télécommunications, énergie, crédit etc.). Des pas nouveaux ont été franchis en 1986 avec la signature de l'Acte unique, préparant la création d'une « Union économique et monétaire » formalisée par le traité de Maastricht. Le passage, le 1er janvier 2002, à une monnaie unique, l'euro, représente un saut qualitatif dont les conséquences en termes de souveraineté étatique sont décisives : cela aboutit non seulement à déposséder l'État d'une de ses attributions régaliennes, celle de battre monnaie, le pouvoir de régulation monétaire étant transféré à la Banque centrale européenne, mais aussi à imposer une convergence, au moins relative, des politiques économiques[1]. Et les compétences de l'Union vont bien au-delà du seul domaine économique[2]. L'établissement progressif d'un « espace de liberté, de sécurité et de justice », auquel le Traité de Lisbonne, entré en vigueur le 1er décembre 2009, entend donner une nouvelle impulsion, montre bien que, en Europe, les fonctions régaliennes ne sont plus le domaine réservé des États[3].

Économiquement et culturellement, la place de l'Europe dans la compétition mondialisée que favorise l'internet suscite

[1] *Ibid.*, p. 100.

[2] En effet, le traité de Maastricht a constitué là encore un tournant, non seulement en étendant une série de compétences préexistantes des instances communautaires, mais encore en ouvrant de nouveaux champs d'action à l'Union (éducation et formation professionnelle, culture, santé, protection des consommateurs etc.) et surtout en ajoutant ce qui était alors conçu comme deux nouveaux « piliers », concernant des domaines régaliens par essence : la politique étrangère et de sécurité commune, d'une part ; la coopération en matière de justice et d'affaires intérieures, d'autre part.

[3] J. CHEVALLIER, *L'État*, 2e éd., Dalloz, coll. Connaissance du droit, 2011, p. 100.

aujourd'hui l'inquiétude et un récent rapport du Sénat se demande si ce continent ne serait pas en train de devenir une modeste « colonie du monde numérique » en ce qu'il serait « sous-développé dans le domaine des technologies de l'information et de la communication »[1]. Dans le classement des plus grandes entreprises du secteur du numérique, les compagnies européennes sont très peu nombreuses, distancées de manière écrasante par les firmes américaines ainsi que par les sociétés chinoises. En revanche, sous l'angle de la production juridique, le constat est beaucoup moins alarmant puisque les institutions de l'Union européenne jouent un rôle non négligeable en tant que sources formelles mais aussi — et peut-être même surtout — jouent un rôle déterminant en tant que sources matérielles, par le biais des nombreuses lois qui servent à transposer des directives européennes (ces textes étant des sources formelles aux yeux des pouvoirs publics mais essentiellement des sources matérielles du point de vue des internautes).

Ainsi convient-il de souligner les décisifs avantages structurels que présentent les normes et institutions européennes comparativement aux normes et institutions internationales. Ces avantages sont certainement à l'origine de leur relatif succès et pourrait les appeler à se situer au cœur du droit postmoderne.

2. *Les avantages structurels de l'ordre juridique européen*

L'ordre juridique de l'Union européenne est *un ordre juridique* sui generis *et complexe*, si bien qu'il dispose mieux

[1] C. MORIN-DESAILLY, « L'Union européenne, colonie du monde numérique ? », Rapport au nom de la commission des affaires européennes, Sénat, 2013.

que l'ordre juridique international des moyens nécessaires à l'élaboration d'un objet normatif postmoderne tel que, par exemple, la liberté des communications. Ainsi que le conçoit la jurisprudence de la Cour de justice de l'Union européenne elle-même, le droit originaire de l'Union européenne constitue un ordre juridique nouveau[1] et intégré[2]. À la différence des autres organisations régionales, l'idée directrice qui a présidé à la construction européenne est *l'intégration*[3], si bien que le droit de l'Union européenne ne s'analyse pas (ou plus) comme un simple droit interétatique et qu'il présente *un caractère législatif bien plus qu'un caractère conventionnel*[4]. À mesure

[1] CJCE, 5 févr. 1963, aff. 26/92, *Van Gend en Loos c/ Administration fiscale néerlandaise* (« la Communauté constitue un nouvel ordre juridique de droit international au profit duquel les États ont limité leurs droits souverains et dont les sujets sont non seulement les États membres mais également leurs ressortissants ; partant, le droit communautaire, indépendant des législations des États membres, de même qu'il crée des charges dans le chef des particuliers, est aussi destiné à engendrer des droits qui entrent dans leurs patrimoines juridiques »).

[2] CJCE, 15 juill. 1964, aff. 6/64, *Costa c/ ENEL* (« à la différence des traités internationaux ordinaires, le traité de la CEE a institué un ordre juridique propre intégré au système juridique des États membres lors de l'entrée en vigueur du traité et qui s'impose à leurs juridictions »). En France, la Cour de cassation, dès 1975 dans l'affaire « Jacques Vabre », a admis que le traité de Rome a institué un « ordre juridique propre intégré à celui des États membres » et que « l'ordre juridique qu'il a créé est directement applicable aux ressortissants de ces États et s'impose à leurs juridictions » (Cass. ch. mixte, 24 mai 1975, *Jacques Vabre*). Plus tardivement, le Conseil d'État a également affirmé la primauté du droit communautaire sur les normes internes (CE Ass., 20 oct. 1989, *Nicolo*).

[3] *Cf.*, notamment, M. ALBERT, dir., *Regards croisés sur l'Europe*, Puf, 2005.

[4] P. PESCATORE, *Le droit de l'intégration – Émergence d'un phénomène nouveau dans les relations internationales selon l'expérience des communautés européennes*, Bruylant (Bruxelles), 2005, p. 65 (cité par L. BAL, *Le mythe de la souveraineté en droit international – La souveraineté des États à l'épreuve des mutations de l'ordre juridique international*, th., Université de Strasbourg, 2012, p. 592).

des différents traités institutionnels adoptés[1], la CEE est devenue l'Union européenne, tandis que, de 6 initialement, le nombre d'États membres s'est accru progressivement pour atteindre aujourd'hui 28 (ou 27 au terme du « *Brexit* »). On note que, dès les années 1950, la construction européenne a été envisagée comme devant aboutir à l'édification d'un nouvel ordre juridique[2]. Et le Conseil constitutionnel a pu retenir, à l'occasion de sa décision relative à la signature du Traité de Maastricht en 1992, que l'Europe communautaire « est une organisation internationale permanente, dotée de la personnalité juridique et investie de pouvoirs de décision par l'effet de transferts de compétences consentis par les États membres. [...] [Elle est] un ordre juridique propre qui, bien que se trouvant intégré au système juridique des différents États membres des communautés, n'appartient pas à l'ordre institutionnel de la République française »[3].

L'Union européenne est un ordre créé par le droit et créant du droit[4] : il y a le droit qui la fonde et qui lui octroie ses compétences (le droit primaire, élaboré par les États membres sous la forme de traités institutionnels et qu'un auteur qualifie d' « ordre répartiteur »[5]) et le droit qu'elle crée en vertu de ses compétences et au moyen de ses organes (le *droit dérivé*,

[1] Ces traités sont le Traité de Rome du 25 mars 1957, le Traité de Bruxelles du 8 avril 1965, l'Acte unique européen signé les 17 et 22 février 1986, le Traité sur l'Union européenne de Maastricht du 7 février 1992, le Traité d'Amsterdam du 2 octobre 1997 ou encore les accords de Nice, du 7 décembre 2000, et de Lisbonne, du 13 décembre 2007.

[2] B. FRYDMAN, *Les transformations du droit moderne*, Fondation Roi Baudoin (Bruxelles), coll. Citoyen, droit et société, 1998, p. 56.

[3] Cons. const., déc. 9 avr. 1992, n° 92-308 DC, *Traité de Maastricht*.

[4] J. COMBACAU, S. SUR, *Droit international public*, 9e éd., Montchrestien, 2010, p. 7.

[5] X. MAGNON, *Théorie(s) du droit*, Ellipses, coll. Universités-Droit, 2008, p. 106.

consistant en des règlements[1], directives — qui ne fixent pas simplement des objectifs mais sont de véritables « législations-cadres »[2] —, décisions et arrêts et sur lequel les États n'ont pas le contrôle). C'est cette dernière forme de droit, *qui s'adresse plus aux individus qu'aux États*, qui fait toute la différence entre les institutions européennes et les institutions internationales envisagées à l'intérieur du précédent chapitre. En cela, ces institutions européennes intéressent tout particulièrement la construction du droit postmoderne.

En outre, il faut ajouter à cela *le principe de primauté du droit de l'Union sur les droits internes* qui implique que les juges nationaux doivent écarter toute disposition, même postérieure, de leurs législations nationales qui serait contraire à des dispositions du droit de l'Union, sans avoir à demander ou à attendre son élimination par une loi ou par la Constitution. Le droit produit par l'Union européenne pénètre directement, sans aucune procédure de réception, dans l'ordre juridique des États[3]. Il peut être invoqué par les justiciables devant les juges étatiques. Il impose aux États membres d'appliquer les règlements et de transposer exactement les directives ; il incombe même aux tribunaux d'interpréter leurs droits nationaux à la lumière du droit de l'Union lorsque le délai de transposition d'une directive est expiré et que ladite directive n'a pas encore été transposée. Ainsi la validité des droits de chacun des États membres est-elle largement subordonnée au droit de l'Union.

[1] Les règlements sont des textes de portée générale, obligatoires dans tous leurs éléments et directement applicables sur le territoire de tout État membre.

[2] J. ZILLER, « L'interrégulation dans le contexte de l'intégration européenne et de la mondialisation », *RF adm. publ.* 2004, n° 109, p. 21. Les directives, en principe, lient tout État membre destinataire quant aux résultats à atteindre, tout en laissant aux instances nationales la compétence quant à la forme et aux moyens.

[3] R. DENOIX DE SAINT MARC, *L'État*, 2e éd., Puf, coll. Que sais-je ?, 2012, p. 116.

Ensuite, trois institutions européennes participent principalement, selon des « procédures d'une redoutable complexité »[1], à l'élaboration de ce droit dérivé ô combien significatif du droit postmoderne. Il s'agit du Conseil européen[2], du Parlement européen[3] et de la Commission européenne[4]. Il faut ajouter la Cour de Justice de l'Union européenne, sise à Luxembourg, qui est chargée d'assurer le respect du droit de l'Union et son interprétation uniforme et qui, comme tout juge suprême, fait fréquemment œuvre créatrice. Les *institutions intégrées* de l'Union sont celles dont les membres ne sont pas délégués par les gouvernements et n'agissent pas à l'aune d'instructions étatiques : Commission, Parlement, Cour de justice et Tribunal de première instance. Et les relations entre les différents organes et entre l'Union et les États membres sont régies par un nombre impressionnant de règles secondaires au sens de Hart, c'est-à-dire de règles procédurales dont les destinataires ne sont pas des individus personnes privées mais des institutions publiques qui, elles, sont chargées d'édicter les normes primaires imposant ou interdisant certains comportements[5]. Les règles provenant de l'Union, qui sont d'application directe et immédiate, sont interprétées de manière

[1] P. DEUMIER, *Introduction générale au droit*, 2e éd., LGDJ, coll. Manuel, 2013, p. 119.

[2] Le Conseil européen, organe intergouvernemental, réunit les chefs d'États et de gouvernements et représente les États membres au sein de l'Union.

[3] Le Parlement européen sert à représenter les populations à travers 785 députés européens élus dans des circonscriptions régionales. *Cf.*, en particulier, P. MAGNETTE, « L'Union européenne : un régime semi-parlementaire », in P. DELWIT, J.-M. DE WAELE, P. MAGNETTE, dir., *À quoi sert le Parlement européen ?*, Éditions complexe, 1999, p. 25 s.

[4] La Commission européenne, organe le plus puissant de tous, représente l'intérêt collectif de l'Union européenne, de façon indépendante mais sous le contrôle politique du Parlement européen.

[5] D. DOGOT, A. VAN WAEYENBERGE, « L'Union européenne, laboratoire du droit global », in J.-Y. CHÉROT, B. FRYDMAN, dir., *La science du droit dans la globalisation*, Bruylant (Bruxelles), coll. Penser le droit, 2012, p. 257.

extensive et progressive par les instances administratives et judiciaires de l'organisation. Celles-ci invalident les normes nationales non conformes. Les normes disqualifiées peuvent certes être « sauvées » par quelques nouveaux règlements ou directives de l'Union, mais l'adoption d'un tel régime substitutif nécessite un large accord entre les États membres (majorité qualifiée ou unanimité), ce qui témoigne du caractère encore limité de l'Union européenne[1].

Il importe de ne pas omettre ces limites persistantes de l'Union européenne, même si les explications précédentes permettent de concevoir combien le droit façonné dans son cadre présente un degré de perfectionnement et de complexité sans doute intimement lié à la postmodernité juridique. En somme, le droit de l'Union européenne est certainement un espace juridique au sein duquel le droit global et le droit postmoderne se déploient plus profondément qu'ailleurs, mais sans que ce déploiement puisse être aujourd'hui jugé suffisant.

3. *Les limites inéluctables de l'Union européenne*

Parmi les précédentes pages, ce n'est qu'une très sommaire description du fonctionnement de l'Union européenne qui a pu être proposée. Celle-ci se présente tel un ordre juridique excessivement développé, incomparable à tous les autres

[1] Nombre d'observateurs soulignent la faiblesse du projet politique communautaire, qui n'a guère évolué depuis ses débuts puisqu'il s'agit toujours, pour l'essentiel, de sauvegarder la paix et d'assurer la prospérité économique par la libéralisation des marchés (B. FRYDMAN, *Les transformations du droit moderne*, Fondation Roi Baudoin (Bruxelles), coll. Citoyen, droit et société, 1998, p. 56). Et l'auteur d'illustrer son propos par la politique européenne en matière de télécommunications, qui a débouché le 1er janvier 1998 sur la libéralisation de ce secteur stratégique dans l'ensemble de l'Union.

systèmes normatifs interétatiques existant à travers le monde. Il ne paraît donc guère légitime d'affirmer que l'ordre de l'Union européenne serait un « ordre juridique international comme un autre »[1], un « ordre juridique faiblement ordonné »[2]. L'Union est bien une « forme d'organisation politique originale [qui] vide la notion de souveraineté d'une part au moins de sa substance »[3]. Plus précisément, la souveraineté est « transférée »[4]. Certes, au moment d'édifier l'Union ou de l'intégrer, la règle reste que cette organisation ne dispose pas de la « compétence de sa compétence », ce qui marque *la limite de l'autonomie de l'organisation vis-à-vis des États* ; mais, une fois celle-ci en marche, les États qui la composent sont bel et bien soumis à elle, loin d'en avoir le contrôle. L'État reste le titulaire originaire de la compétence, de la souveraineté, mais il n'en est plus le titulaire présent.

Si quelques auteurs en viennent à regretter, par exemple, que les institutions de l'Union européenne « emmêlent les fils de la souveraineté plus qu'elles ne les maillent »[5], il semble permis de se féliciter du transfert de nombreuses prérogatives *de l'échelon national à l'échelon continental*, du moins dans les matières juridiques atteintes par le phénomène de globalisation

[1] Ch. LEBEN, « À propos de la nature juridique des Communautés européennes », *Droits* 1991, n° 14, p. 61.

[2] J.-Y. CHÉROT, « Le droit dans un ordre juridique faiblement ordonné – Le cas de l'Union européenne », in *Mélanges Bruno Genevois*, Dalloz, 2009, p. 175 s. ; également, H. OBERDORFF, « Ordre et désordre normatifs dans l'Union européenne », *RDP* 2006, p. 113 s. ; M. ENGUÉLÉGUÉLÉ, « Les organisations européennes entre "désordre" et nouvel "ordre" européen », in J. CHEVALLIER et *alii*, *Désordre(s)*, Puf, coll. CURAPP, 1997, p. 373 s.

[3] J. CHEVALLIER, *L'État*, 2e éd., Dalloz, coll. Connaissance du droit, 2011, p. 100.

[4] J.-L. BERGEL, *Théorie générale du droit*, 5e éd., Dalloz, coll. Méthodes du droit, 2012, p. 171.

[5] C. FRANCK, « La souveraineté dans l'intégration européenne », *Cahiers du CRHIDI* 1997, n° 7, p. 138.

— et à défaut d'institutions publiques mondiales susceptibles de prendre en charge ces matières. Comme le résume Pascale Deumier, l'ordre juridique de l'Union européenne « est redoutablement efficace, contrairement à l'ordre international et au Conseil de l'Europe »[1]. Cela vaut notamment à l'égard de la liberté des communications, avec laquelle la réalité est bien celle d'une situation contrastée des institutions publiques externes : *dénuement normatif des organisations internationales*, d'une part, *développement normatif de l'Union européenne*, d'autre part.

Néanmoins, il serait inconséquent d'adopter une vision idyllique du droit produit par l'Union européenne ; ses limites sont nombreuses[2] et, en premier lieu, l'action de l'Union est, comme celle de tout État, *limitée à un territoire borné par des frontières*. De plus, la cadence de l'évolution des technologies, des activités et des phénomènes de la globalisation, à l'instar de l'internet et des marchés qui s'ordonnent autour de lui, dépasse allègrement le rythme du processus législatif européen. L'adoption et la transposition par les 28 (ou 27) États membres d'une directive prennent *a minima* quelques trois années. Entre temps, le paysage des sociétés, des cultures et des économies globalisées mue inexorablement, rendant parfois les normes obsolètes avant même leur entrée en vigueur. « La législation doit demeurer pertinente dans le temps »[3], ce qui, pour l'Union européenne autant que pour les États, est un défi étouffant. L'Union européenne ne permet donc qu'un peu mieux que les États de répondre aux problèmes des deux dimensions de

[1] P. DEUMIER, *Introduction générale au droit*, 2e éd., LGDJ, coll. Manuel, 2013, p. 119.

[2] Par exemple, J. ZILLER, « L'interrégulation dans le contexte de l'intégration européenne et de la mondialisation », *RF adm. publ.* 2004, n° 109, p. 21.

[3] T. R. FENOUHLET, « La corégulation : une piste pour la régulation de la société de l'information ? », *LPA* 21 févr. 2002, p. 12.

l' « *impasse des échelles* » (*dimension spatiale et dimension temporelle*)[1].

Au-delà de ces difficultés, l'Union européenne ne saurait s'analyser aujourd'hui comme étant un État, comme produisant un droit étatique, *a fortiori* après que le « projet de traité instituant une Constitution pour l'Europe », qui avait été signé en 2003, ait été un échec, fermant la voie à l'édification d'un État fédéral — dans une communication du 22 mai 2002, la Commission européenne indiquait clairement que ce texte devait avoir « pour l'Union la même valeur qu'une Constitution pour un État »[2]. Aussi est-il loisible de suivre qui convient que « l'État européen, avec tous les attributs d'un État nation, n'est pas prêt de voir le jour »[3] — il se trouve d'ailleurs des professeurs qui refusent de qualifier les normes provenant de l'Union européenne de « juridiques »[4]. Avec ce caractère inabouti de l'Union européenne, c'est une part importante de la publicisation du droit postmoderne qui se trouve interdite.

On constate « la désétatisation de la régulation juridique et la remise en cause de la logique interétatique auxquelles participe en premier lieu l'Union européenne »[5]. Le passage par les États

[1] *Cf.* B. BARRAUD, « L'État territorial face au cyberespace mondial – L'informatique en nuage… de Tchernobyl », *RLDI* 2016, n° 122, p. 41 s. ; B. BARRAUD, « Internet et temps du droit », *RLDI* 2016, n° 123, p. 37 s.

[2] Cité par Ph. BLACHER, « L'État dans la doctrine "progressiste" du droit international public », *Cités* 2004, n° 18, p. 82. Sur la critique de l'idée de Constitution européenne, *cf.* M. CLAPIÉ, *Manuel d'institutions européennes*, 3e éd., Flammarion, coll. Champs Université, 2010.

[3] R. DRAÏ, *L'État purgatoire – La tentation postdémocratique*, Michalon, 2005, p. 180. Pour une analyse contraire, *cf.* G. MAJONE, *La Communauté européenne, un État régulateur*, Montchrestien, 1996.

[4] *Cf.* L. BOY, « Normes techniques et normes juridiques », *Cah. Cons. const.* 2007, n° 21.

[5] L. BAL, *Le mythe de la souveraineté en droit international – La souveraineté des États à l'épreuve des mutations de l'ordre juridique international*, th., Université de Strasbourg, 2012, p. 591.

demeure toutefois la seule option pour l'Union qui ne dispose pas des ressources matérielles nécessaires à la mise en œuvre directe de ses politiques publiques. Il y a « dissociation entre la compétence initiale et la compétence d'exécution »[1]. En ce sens, les États ne sont pas totalement écartés du processus de régulation ; mais, dans la mesure où ils « sont tenus d'inscrire leurs politiques dans le cadre fixé au niveau européen »[2], le constat d'*une érosion du pouvoir régulateur des États* demeure très réaliste[3].

François Ost et Michel van de Kerchove retiennent que « la construction européenne configure un modèle *sui generis* pour ne pas avoir à s'interroger sur les démentis qu'elle inflige aux concepts et représentations classiques de la théorie du droit »[4]. Cet outil passe-partout qu'est le *sui generis* paraît bien devoir être retenu : l'ordre juridique de l'Union européenne est un ordre singulier, *ni étatique ni international*, ou semi-étatique et semi-international, semi-fédéral et semi-confédéral, *les États*

[1] J. ZILLER, « L'interrégulation dans le contexte de l'intégration européenne et de la mondialisation », *RF adm. publ.* 2004, p. 19.

[2] J. CHEVALLIER, « La régulation juridique en question », *Dr. et société* 2001, p. 837.

[3] M. DELMAS-MARTY, « Plurijuridisme et mondialisation : vers un pluralisme ordonné », in J.-L. BERGEL, dir., *Le plurijuridisme*, PUAM (Aix-en-Provence), 2005, p. 359. Jean-Bernard Auby observe que, si le droit mondialisé est un droit désétatisé, « moins dépendant des volontés étatiques particulières », cela ne signifie pas qu'il « fonctionne en dehors des États ». Selon l'auteur, cela veut dire tout simplement que « les États ont une emprise moindre sur lui, qu'ils sont conduits, *volens nolens*, à accepter des règles plus ou moins uniformes sans lesquelles les ouvertures économiques et autres du monde d'aujourd'hui seraient freinées, qu'ils sont aussi conduits à accepter que des institutions internationales produisent du droit en partie hors de leur contrôle » (J.-B. AUBY, *La globalisation, le droit et l'État*, 2e éd., LGDJ, coll. Systèmes, 2010, p. 24-25).

[4] F. OST, M. VAN DE KERCHOVE, *De la pyramide au réseau ? Pour une théorie dialectique du droit*, Publications des Facultés universitaires Saint-Louis (Bruxelles), 2002, p. 14.

membres étant semi-souverains[1]. Sa nature juridique, l'Union ne la partage avec personne ; elle est seule en son genre juridique. La spécificité du droit de l'Union européenne est bien plus forte aujourd'hui qu'elle ne l'était en 1966[2].

En particulier, s'appliquent le principe de subsidiarité (dans les domaines qui ne relèvent pas de sa compétence exclusive, l'Union européenne n'intervient que si les objectifs de l'action envisagée ne peuvent pas être réalisés de manière suffisante par les États membres) et le principe de proportionnalité (l'action de l'Union doit se limiter à ce qui est nécessaire pour atteindre ses objectifs) ; des principes qu'on peut imaginer intimes de la postmodernité juridique.

Pour terminer ce chapitre, il faut insister sur le grand rapprochement qu'il semble indispensable d'opérer entre Union européenne et droit postmoderne. Si l'Union ne permet bien sûr guère de répondre à l'attente d'un droit mondial, elle présente nombre de caractéristiques symptomatiques de l'entrée dans une nouvelle ère juridique.

[1] En ce sens, Olivier Beaud écrivait, en 1994, que « l'Union européenne n'est ni un État fédéral ni une organisation internationale au sens du droit international ; elle est une Fédération, une union durable de plusieurs États dans une nouvelle entité qui ne supprime pas pour autant ces États. Le traité de Maastricht est un pacte constitutionnel fédératif » (O. BEAUD, *La puissance de l'État*, Puf, coll. Léviathan, 1994, p. 489). *Cf.*, plus récemment, O. BEAUD, « Peut-on penser l'Union européenne comme une Fédération ? », in F. ESPOSITO, N. LEVRAT, dir., *Europe : de l'intégration à la fédération*, Bruylant (Bruxelles), 2010, p. 71 s. ; également, J.-C. PIRIS, « L'Union européenne : vers une nouvelle forme de fédéralisme ? », *RTDE* 2005, p. 243 s. ; M. CROISAT, J.-L. QUERMONNE, *L'Europe et le fédéralisme*, 2e éd., Montchrestien, 1999 ; D. SIMON, *Le système juridique communautaire*, 3e éd., Puf, 2001 ; M. CROISAT, *Le fédéralisme en Europe*, Montchrestien, 2010 ; B. DE WITTE, « Direct Effect, Supremacy and the Nature of Legal Order », in P. CRAIG, G. DE BURCA, dir., *The Evolution of EU Law*, Oxford University Press, 1999, p. 177 s.

[2] Réf. à L. CONSTANTINESCO, « La spécificité du droit communautaire », *RTDE* 1966.

4. *La participation originale et efficace des organes européens à la construction du droit postmoderne*

La mondialisation du droit et l'avènement du droit global sont des phénomènes qui se déploient sous l'action de pouvoirs privés davantage qu'à l'initiative des pouvoirs publics[1]. Ces derniers, en effet, demeurent rigoureusement attachés aux États et, pour l'heure mais aussi sans doute encore pour longtemps, il n'existe guère d'État mondial[2]. L'« ordre mondial »[3] se fait, dans une large mesure, sans les États. En revanche, l'Union européenne se présente, de manière de plus en plus patente, sous les traits d'un État fédéral et ses organes occupent une place, au sein du droit postmoderne, tout à fait remarquable, à tel point qu'on évoque le risque (ou l'opportunité) de l'emprise d'un « Léviathan européen à la technocratie dévorante »[4].

Le Conseil d'État, dans son rapport public pour l'année 2014, précise, de façon éminemment significative, que « nombre [de ses] propositions relèvent de la compétence des institutions de l'Union européenne, soit parce qu'elles nécessitent une modification du droit de l'Union existant, soit parce que l'Union européenne constitue le niveau pertinent

[1] *Cf.*, notamment, O. THOLOZAN, « Vers un droit commun mondial ? », in J.-Y. CHÉROT, B. FRYDMAN, dir., *La science du droit dans la globalisation*, Bruylant (Bruxelles), coll. Penser le droit, 2012, p. 274 s. ; P. S. BERMAN, « From International Law to Law and Globalization », *CJTL* 2005, p. 485 s. ; E.-O. CZEMPIEL, J. N. ROSENAU, *Governance Without Government – Order and Change in World Politics*, Cambridge University Press, 1992.

[2] *Cf.*, *contra* et par exemple, J. CHEVALLIER, « La mondialisation de l'État de droit », in *Mélanges Philippe Ardant*, LGDJ, 1999, p. 325 s.

[3] Réf. à Ph. MOREAU DEFARGES, *L'ordre mondial*, Armand Colin, 2000.

[4] S. GOYARD-FABRE, *L'État, figure moderne de la politique*, Armand Colin, coll. Cursus philosophie, 1999, p. 139.

d'action »[1]. Il écrit aussi que « les citoyens européens doivent se voir appliquer en priorité des règles européennes »[2] et qu'il lui est apparu que « seul un nombre limité de propositions peuvent être portées par les autorités nationales »[3].

André-Jean Arnaud pouvait observer que « le droit européen montre un visage hybride. Sa création participe à la fois d'une tradition législative et jurisprudentielle et d'une recherche d'un autre type, non encore systématisé, non encore défini avec précision, mais qui, pragmatiquement, fonctionne sur des critères non classiques. L'étude de l'invention juridique européenne est susceptible de nous apprendre beaucoup sur *la gestion d'un jeu soumis aux lois du pluralisme et de la complexité qui caractérisent la société contemporaine* »[4]. L'Union européenne serait donc bien le laboratoire typique du droit postmoderne.

Pour autant, le caractère régional et le caractère semi-étatique de l'Union européenne amènent à considérer que le droit d'origine publique devra longtemps encore demeurer fractionné en divers droits locaux et, par suite, que le droit postmoderne peut et pourra difficilement être saisi par les sources publiques, quelles qu'elles soient. *Concrètement, les institutions européennes se placent du côté des États bien davantage que du côté des organisations internationales.*

Il est temps d'abandonner la présentation du droit postmoderne positif afin de se consacrer aux problématiques qu'il pose à la théorie du droit. Essentiellement, cette dernière

[1] Conseil d'État, *Le numérique et les droits fondamentaux*, La documentation française, coll. Les rapports du Conseil d'État, 2014, p. 25.

[2] *Ibid.*, p. 334.

[3] *Ibid.*, p. 335.

[4] A.-J. ARNAUD, « Du jeu fini au jeu ouvert – Réflexions additionnelles sur le Droit post-moderne », *Dr. et société* 1991, p. 46 (non souligné dans le texte original).

doit trouver les moyens d'accepter l'existence de sources et de normes privées, indépendantes des États, concurrençant les sources et les normes publiques, loin, donc, des théories étatistes du droit modernes. Ainsi les chercheurs en droit pourront-ils prendre en compte ces sources et normes privées dans leurs travaux, soit afin de les étudier en tant que telles, soit afin de les comparer aux sources et normes publiques et en tirer toutes les conséquences du point de vue de ces dernières. C'est bien en cette opposition du droit d'essence privée et du droit d'essence publique que semble résider la première des caractéristiques du droit postmoderne, qu'il soit compris comme droit positif ou comme pensée juridique.

Seconde partie

La pensée du droit postmoderne

Afin de pouvoir étudier pertinemment le droit positif postmoderne décrit au sein de la précédente partie, encore faut-il se doter d'outils théoriques adéquats. En effet, comment rendre compte des difficultés que connaissent les États, individuellement mais aussi collectivement, face à une société civile de plus en plus puissante si l'on se refuse à intégrer dans ses travaux les normes et institutions que cette société civile produit ? L'examen de la liberté des communications et du droit global montre à quel point il devient impérieux, à l'ère du droit postmoderne, de réviser le concept de droit afin de permettre aux normes et institutions d'origine privée d'être juridiques et d'ainsi pouvoir être étudiées et analysées par les chercheurs en droit.

Aujourd'hui, les juristes ne paraissent plus pouvoir ignorer les nouveaux objets normatifs que sont les usages, les codes privés, les chartes, les conditions générales d'utilisation, les contrats-types, les normes comptables, les normes managériales, les normes techniques, mais aussi les modes alternatifs de résolution des conflits, les labels, les standards, les protocoles, les meilleures pratiques, les statistiques, les indicateurs, les classements, les algorithmes, les nudges etc.

C'est pourquoi la pensée juridique postmoderne semble devoir être nécessairement ouverte au pluralisme (*chapitre 1*), non étatiste (*chapitre 2*) et même panjuridiste (*chapitre 3*), mais raisonnablement et non radicalement car le risque que la postmodernité fait courir à la théorie du droit est de dissoudre excessivement le domaine du droit dans celui du social, si bien qu'il n'aurait plus guère d'autonomie, ce qui aboutirait à remettre en cause l'utilité de la pensée juridique mais aussi et plus largement celle des facultés de droit et des juristes dont l'objet d'étude s'effacerait irrésistiblement.

Enfin, la théorie du droit postmoderne paraît se distinguer des théories modernes et, en premier lieu, de la théorie kelsénienne en raison de son émancipation par rapport au scientisme qui conduit les juristes à s'interdire tous développements stipulatifs, critiques ou autrement personnels et à se cantonner à la « pure » description et explication du droit positif (*chapitre 4*). La pensée juridique postmoderne ne s'oppose pas au caractère scientifique des travaux des chercheurs, loin s'en faut ; mais elle les autorise à s'en détacher aussi souvent que cela leur apparaît utile afin de faire œuvre de proposition, sans quoi le progrès de la recherche juridique se trouverait largement entravé.

Chapitre 1. Le pluralisme intrinsèque de la pensée du droit postmoderne

L'étude d'un objet normatif postmoderne tel que la liberté des communications montre à quel point il devient urgent de repenser le droit et, en premier lieu, de repenser le concept de droit, afin que les scientifiques du droit du XXIe s. puissent rendre pertinemment compte de la réalité des nouvelles activités normatives et régulationnelles qui se développent aujourd'hui (*1*). Cela implique surtout de remplacer le prisme du monisme juridique, avec lequel l'État est la seule source du droit ou, du moins, est au centre du droit, par celui du pluralisme juridique, avec lequel les acteurs du grand spectacle juridique sont nombreux et variés (*2*). Le passage du droit moderne au droit postmoderne se caractériserait donc en premier lieu par une évolution du monisme juridique vers le pluralisme juridique. Plus généralement, à l'aune des enseignements fournis par le droit global, il semble devenir indispensable d'accepter et, par suite, d'étudier la diversité, l'évolutivité et la contingence du droit (*3*).

1. *L'exigence de repenser le droit au XXIe siècle*

Aujourd'hui, diverses recherches tentent d'opérer un « changement d'ère dans la production des savoirs sur le juridique »[1]. En particulier, un chercheur en droit doit pouvoir

[1] J. COMMAILLE, « Préface », in A.-J. ARNAUD, M. J. FARINAS DULCE, *Introduction à l'analyse sociologique des systèmes juridiques*, Bruylant (Bruxelles), 1998, p. XIII. Pour ce qui est des travaux de l'auteur de ces lignes, notamment B. BARRAUD, *Théories du droit et pluralisme juridique – t. II : La théorie syncrétique du droit et la possibilité du pluralisme juridique*,

opérer des observations factuelles telles que celle selon laquelle la liberté des communications baigne dans le pluralisme juridique et non dans le monisme juridique. Il doit pouvoir procéder à l'étude objective et empirique de la « capacité souveraine de l'État à dire le droit »[1], loin de vouloir consacrer dogmatiquement cette souveraineté de l'État.

Ensuite, si les mutations juridico-normatives sont « difficilement maîtrisables par les moyens du raisonnement juridique traditionnel »[2], il devient indispensable, afin de ne pas faire œuvre vaine, de se décramponner de cette pensée juridique ordinaire, spécialement en ce qu'elle rattache la qualité juridique à la qualité étatique. Avec la théorie du droit postmoderne, *la qualité juridique est en définitive rattachée à la qualité normative*, ce qui en fait un normativisme non étatiste.

Mais encore faut-il ne pas s'élever trop brutalement face à la dogmatique juridique, même si de moins en moins nombreux

PUAM (Aix-en-Provence), coll. Inter-normes, 2016 ; B. BARRAUD, *La recherche juridique – Sciences et pensées du droit*, L'Harmattan, coll. Logiques juridiques, 2016.

[1] K. BENYEKHLEF, *Une possible histoire de la norme : les normativités émergentes de la mondialisation*, Thémis (Montréal), 2008, p. 4. Jacques Chevallier note que « ce concept-clé [la souveraineté] ayant présidé à la construction du droit moderne, en relation étroite avec l'édification de l'État […], non seulement n'a jamais suffi à rendre compte des différentes dimensions du phénomène juridique, mais encore il tend à perdre de plus en plus de sa substance du fait de l'évolution du droit en cours dans les sociétés contemporaines » (J. CHEVALLIER, « Souveraineté et droit », in D. MAILLARD DESGRÉES DU LOÛ, dir., *Les évolutions de la souveraineté*, Montchrestien, coll. Grands colloques, 2006, p. 203 (cité par L. BAL, *Le mythe de la souveraineté en droit international – La souveraineté des États à l'épreuve des mutations de l'ordre juridique international*, th., Université de Strasbourg, 2012, p. 507)).

[2] M. DELMAS-MARTY, « La grande complexité juridique du monde », in *Mélanges Gérard Timsit*, Bruylant (Bruxelles), 2004, p. 99 (cité par L. BAL, *Le mythe de la souveraineté en droit international – La souveraineté des États à l'épreuve des mutations de l'ordre juridique international*, th., Université de Strasbourg, 2012, p. 532).

sont ceux qui, dans l'antre des facultés de droit, y adhèrent. C'est à l'établissement de ce précaire équilibre entre, d'un côté, mise en lumière de certaines mutations concrètes du droit et de certains besoins de la pensée du droit et, de l'autre côté, ménagement d'une dogmatique juridique et d'un conservatisme — que Ripert avait été l'un des premiers à souligner[1] — qu'il est indispensable de ne pas heurter frontalement que doivent s'atteler les postmodernes. Une recherche en droit doit — semble-t-il — poursuivre l'objectif de contribuer à la construction et à l'amélioration du savoir ; mais elle ne saurait comporter de propos tels que ceux tenus par Tocqueville lorsqu'il « fini[ssait] en signalant ce qu'un grand nombre de lecteurs considérera comme un défaut capital de [son] ouvrage : ce livre ne se met précisément à la suite de personne »[2]. Il importe de réévaluer le lien constitutif entre l'État et le droit, mais, plus encore, il importe de le faire en douceur. Procéder scientifiquement, *i.e.* objectivement et empiriquement, est peut-être la meilleure manière d'y parvenir. C'est de façon définitive que Durkheim a affirmé qu' « il n'y a que des expériences méthodiques qui puissent arracher leurs secrets à des choses »[3].

Reste que, si elle s'inscrivait dans le cadre de l'une ou l'autre théorie étatiste du droit, soit dans l'une ou l'autre théorie du monisme juridique selon laquelle seules les normes d'origine publique revêtent la qualité juridique et peuvent être étudiées

[1] G. RIPERT, *Les forces créatrices du droit*, LGDJ, 1955.

[2] A. DE TOCQUEVILLE, *De la démocratie en Amérique* (1835 et 1840), Flammarion, coll. GF, 2010, p. 42. Et le savant politiste de préciser ses dires : « En écrivant [cet ouvrage], je n'ai entendu servir ni combattre aucun parti ; j'ai entrepris de voir, non pas autrement, mais plus loin que les partis ; et tandis qu'ils s'occupent du lendemain, j'ai voulu songer à l'avenir » (*ibid.*).

[3] É. DURKHEIM, *Les règles de la méthode sociologique*, 2e éd. (1937), Puf, coll. Bibliothèque de philosophie contemporaine, 1973, p. 142.

par le juriste[1], une étude de droit global ne mériterait pas une seconde d'effort. Faut-il rappeler, avec Karl Popper, que le critère permettant de choisir entre diverses théories à disposition devrait toujours être *la capacité à décrire et à expliquer des faits*[2] ? Les professeurs de droit comme les praticiens du droit ne peuvent plus, aujourd'hui, faire l'économie des règles qui sont *de facto* appliquées tout en n'étant pas insérées dans des codes officiels. Il faut être, en somme, un « théoricien du droit professionnel »[3].

Alors qu'a été montré combien les sources privées sont aussi importantes que les sources publiques dans la production du droit régissant la liberté des communications[4], analyser cette dernière uniquement à l'aune des normes d'origine publique conduirait à s'éloigner excessivement de la réalité de la régulation normative de l'internet et des activités internetiques et amènerait à fournir des réflexions guère pragmatiques, ainsi qu'à effectuer des propositions fort peu praticables.

[1] Parmi d'innombrables exemples, A. AUDOLANT, « Les lois de police en droit international privé : une force "super-impérative" ? », in C. THIBIERGE, dir., *La force normative – Naissance d'un concept*, LGDJ-Bruylant (Paris-Bruxelles), 2009, p. 309 (est une règle de droit « toute disposition émanant d'un organe étatique qui contribue à énoncer les droits et les obligations des individus »).

[2] K. POPPER, *Conjectures et réfutations – La croissance du savoir scientifique*, trad. M.-I. et M. B. de Launay, Payot (Lausanne), 1985, p. 343 (cité par R. RICCI, « Le statut épistémologique des théories juridiques : essai de définition d'une pratique scientifique juridique », *Dr. et société* 2002, p. 182).

[3] P. BRUNET, M. VAN DE KERCHOVE, « Présentation », *Dr. et société* 2010, p. 270.

[4] *Cf.*, plus généralement, J. COMMAILLE, « Nouvelles économies de la légalité, nouvelles formes de justice, nouveau régime de connaissance – L'anthropologie du droit avait-elle raison ? », in J. COMMAILLE et *alii*, *La quête anthropologique du droit – Autour de la démarche d'Étienne Le Roy*, Karthala, 2006, p. 351 s.

C'est sans doute à raison qu'un auteur constate combien « la typologie des sources formelles est trop restreinte »[1] et combien « elle n'est plus appropriée au paysage normatif contemporain »[2]. Aussi devient-il indispensable d'accueillir positivement les présupposés et conséquences théoriques de la postmodernité juridique et, plus précisément, d'une théorie du pluralisme juridique.

Et peut-être faut-il privilégier la théorie syncrétique du droit par rapport à toutes les autres théories du pluralisme juridique, cela pour des raisons développées dans un ouvrage intitulé *Théories du droit et pluralisme juridique*[3], raisons qui seront reprises plus loin en ces pages et qui peuvent se résumer dans la critique adressée par Santi Romano à la « tendance à appauvrir à l'excès le concept de droit »[4] de ceux qui ne s'inscrivent pas dans la « pensée juridique du droit »[5]. En d'autres termes, cette

[1] M. LEHOT, « Propositions pour une rénovation de la théorie générale des sources du droit », *RRJ* 2003, p. 2354.

[2] *Ibid.*

[3] *Cf.* B. BARRAUD, *Théories du droit et pluralisme juridique – t. I : Les théories dogmatiques du droit et la fragilité du pluralisme juridique*, PUAM (Aix-en-Provence), coll. Inter-normes, 2016 ; B. BARRAUD, *Théories du droit et pluralisme juridique – t. II : La théorie syncrétique du droit et la possibilité du pluralisme juridique*, PUAM (Aix-en-Provence), coll. Inter-normes, 2016. Également, B. BARRAUD, « L'échelle de juridicité : un outil pour mesurer le droit et fonder une théorie syncrétique (première partie : présentation) », *Arch. phil. droit* 2013, p. 365 s. ; B. BARRAUD, « L'échelle de juridicité : un outil pour mesurer le droit et fonder une théorie syncrétique (seconde partie : application) », *Arch. phil. droit* 2014, p. 503 s.

[4] S. ROMANO, *L'ordre juridique* (1946), trad. L. François, P. Gothot, Dalloz, coll. Philosophie du droit, 1975, p. 71. Appauvrissent peut-être à l'excès le concept de droit les tenants du « pluralisme juridique radical » qui se contentent de poser comme principe qu' « aucune forme de régulation ne doit être exclue du domaine juridique » (S. LEBEL-GRENIER, *Pour un pluralisme juridique radical*, th., Université McGill de Montréal, 2002, p. 24).

[5] Réf. à Ph. MALAURIE, « La pensée juridique du droit au XXe siècle », *JCP G* 2001, I, 283.

théorie syncrétique du droit semble être la seule à parvenir à consacrer le panjuridisme tout en préservant l'autonomie du droit au sein du social, cela grâce à une conception graduelle de la juridicité.

La première des spécificités de la pensée juridique postmoderne serait donc à trouver dans cette capacité à observer et analyser la réalité du pluralisme juridique, ce qui suppose d'avoir au préalable accepté la possibilité du pluralisme juridique.

2. *L'ouverture à la postmodernité juridique par le pluralisme*

« On progresse souvent, dit-on, par des régressions, par exemple en se rendant compte que l'homme n'est pas le centre de l'univers »[1]. Lorsque l'État n'est pas le centre du droit, c'est un progrès que de comprendre et d'accepter que l'État n'est pas le centre du droit alors que le contexte épistémique, si ce n'est idéologique, est celui d'une « hostilité à la diversité juridique du droit »[2]. « Formés à la pensée moderne, explique-t-on, nous avons appris à concevoir la régulation interne et les relations internationales en fonction d'un État totalement souverain. L'État était, jusqu'ici, seul maître de l'ordre que, par l'édiction de normes juridiques, il instaurait à l'intérieur de ses frontières

[1] R. Enthoven, Les grandes questions, France 5, 5 déc. 2013. En sens inverse, le physicien Étienne Klein donnait comme exemple d'une théorie fictive dont il faudrait se méfier le boson de Higges, avant que sa véracité ne soit définitivement et scientifiquement confirmée (É. Klein, « Comment savons-nous ce que nous savons ? », conférence à l'Agora des savoirs, Centre Rabelais de Montpellier, 2 nov. 2011).

[2] P. Deumier, *Introduction générale au droit*, 2e éd., LGDJ, coll. Manuel, 2013, p. 148.

territoriales et, dans ses rapports avec les autres États, par les traités qu'il passait avec eux »[1]. Mais le droit global montre que la situation peut aussi être celle d'un État aux prises avec la concurrence de foyers privés de normativité qui remettent en question sa vocation à édicter totalement le droit comme sa vocation à édicter principalement le droit[2]. L'État ne serait alors qu'un acteur parmi d'autres dans le monde de la régulation par les normes — qu'il faut, dans le cadre du panjuridisme postmoderne, envisager comme synonyme de régulation par le droit — ; il ne serait plus l'acteur dominant sans l'autorisation duquel nulle entité privée n'oserait produire des normes.

Qui observe concrètement les normes encadrant les objets, activités et phénomènes de la globalisation ne peut suivre ceux qui envisagent le droit sous la forme d'un tout unitaire, logique, cohérent et complet, dont les normes s'agencent de façon pyramidale et trouvent à leur sommet une « norme fondamentale » sur laquelle repose l'ensemble[3]. Celui-là ne peut suivre ceux qui ne jurent que par le « rationalisme constructiviste qui prétend réduire le phénomène juridique à une cascade de raisonnements déductifs développés sous l'autorité omnisciente et omnipotente de l'État »[4]. Qui observe concrètement les normes encadrant les objets, activités et

[1] A.-J. ARNAUD, *Critique de la raison juridique – 2. Gouvernants sans frontières – Entre mondialisation et post-mondialisation*, LGDJ, coll. Droit et société, 2003, p. 20.

[2] En ce sens, par exemple, F. LATTY, « La diversité des sources du droit de l'internet », in Société française pour le droit international, *Internet et le droit international*, Pedone, 2013, p. 50.

[3] *Cf.*, notamment, M. TROPER, « Normativisme », in D. ALLAND, S. RIALS, dir., *Dictionnaire de la culture juridique*, Lamy-Puf, coll. Quadrige-dicos poche, 2003, p. 1075 s. ; Ch. LEBEN, « Ordre juridique », in D. ALLAND, S. RIALS, dir., *Dictionnaire de la culture juridique*, Lamy-Puf, coll. Quadrige-dicos poche, 2003, p. 1113 s.

[4] P. PUIG, « La hiérarchie des normes : du système au principe », *RTD civ.* 2001, p. 749.

phénomènes de la globalisation ne peut qu'abonder dans le sens de ceux qui étudient la « juridiversité »[1], qui constatent un mouvement de « factualisation du droit et [de] juridicisation du non-droit »[2], qui soulignent le rapprochement du « droit spontané » et du « droit délibéré »[3], qui décrivent le droit tel un être incertain et mouvant, « hétérogène, fortuit et fracturé »[4], déformé ou même difforme[5], produit par des « sources anarchiques »[6] — étant entendu que le fait, grâce au panjuridisme postmoderne, de ne pas avoir à débattre de la « frontière floue entre les règles juridiques et les formes non juridiques de régulation sociale »[7] facilite grandement la tâche : toute forme de régulation sociale est juridique et intègre l'objet d'étude du *jus*-scientifique.

Hannah Arendt affirmait que « le passé est une force et non, comme dans presque toutes nos métaphores, […] un fardeau que l'homme doit porter sur ses épaules — poids mort dont les vivants peuvent ou même doivent se débarrasser dans leur

[1] Gh. OTIS, « Les figures de la théorie pluraliste dans la recherche juridique », in Gh. OTIS, dir., *Méthodologie du pluralisme juridique*, Karthala, coll. 4 vents, 2012, p. 18.

[2] V. LASSERRE, *Le nouvel ordre juridique – Le droit de la gouvernance*, LexisNexis, 2015, p. 353.

[3] P. DEUMIER, *Le droit spontané*, Economica, coll. Recherches juridiques, 2002, p. 377.

[4] V. LASSERRE-KIESOW, « L'ordre des sources ou le renouvellement des sources du droit », *D.* 2006, p. 2279.

[5] Réf. à P. COPPENS, J. LENOBLE, « Déformation et procéduralisation du droit », in R. JANDA, A. LAJOIE, R. A. MACDONALD, G. ROCHER, dir., *Théories et émergence du droit : pluralisme, surdétermination et effectivité*, Bruylant-Thémis (Bruxelles-Montréal), 1998, p. 105 s.

[6] V. LASSERRE, *Le nouvel ordre juridique – Le droit de la gouvernance*, LexisNexis, 2015, p. 6.

[7] F. OST, M. VAN DE KERCHOVE, *De la pyramide au réseau ? Pour une théorie dialectique du droit*, Publications des Facultés universitaires Saint-Louis (Bruxelles), 2002, p. 267.

marche vers le futur »[1]. Mais, concernant le passé de la pensée du droit — son passé récent en tout cas —, mieux vaut savoir s'en émanciper afin de pouvoir dire ce qu'est le droit à l'aune de ce qu'il est dans les faits et non à l'aune de ce qu'il était il y a 20, 50 ou 100 ans. Le droit ne peut être qu'en constante(s) révolution(s)[2] et, si Kelsen écrivait aujourd'hui, il consacrerait sans doute une tout autre « théorie pure du droit ». À l'heure du siècle internetique, il n'est plus admissible de laisser un roi proclamer « l'État, c'est moi » ; il n'est plus non plus admissible de laisser l'État proclamer « le droit, c'est moi ».

Néanmoins, que le pluralisme juridique soit possible théoriquement ne signifie pas qu'il soit nécessairement une réalité. Ce n'est pas parce que les normes issues de la société civile sont autant juridiques que les normes fabriquées par les États que toute branche du droit est marquée par le pluralisme juridique. Encore faut-il « mettre le droit à l'épreuve de la pratique »[3] — sans quoi toute recherche en droit est inutile — et observer si, quantitativement parlant, les règles produites par les sources privées ne sont pas anecdotiques par rapport aux normes produites par les sources publiques et si, tout au contraire, elles rivalisent avec elles. En tant que postmoderne, il convient donc de préférer, à la suite de Gurvitch, l'idée d' « infertilité juridique » à celle de « stérilité juridique », car il n'est pas de communautés qui ne peuvent pas produire de droit mais seulement des communautés qui n'en produisent pas[4]. Et

[1] H. ARENDT, *La crise de la culture* (1968), trad. P. Lévy et *alii*, Gallimard, coll. Folio essais, 2011, p. 20.

[2] En ce sens, X. DUPRÉ DE BOULOIS, M. KALUSZYNSKI, dir., *Le droit en révolution(s) – Regards sur la critique du droit des années 1970 à nos jours*, LGDJ, coll. Droit et société, 2011.

[3] J. BARTHELÉMY, *Les institutions politiques de l'Allemagne contemporaine*, Félix Alcan, 1915 (cité par M.-Ch. ROQUES-BONNET, *Le droit peut-il ignorer la révolution numérique ?*, Michalon, 2010, p. 333).

[4] G. GURVITCH, *Le temps présent et l'idée du droit social*, Vrin, 1932, p. 118.

encore faudrait-il s'intéresser aux origines formelles du droit mais aussi à ses origines matérielles — la société civile peut jouer un rôle plus ou moins important en tant que source formelle et/ou en tant que source matérielle[1].

[1] « La notion de "sources du droit", expliquent pertinemment des auteurs, bute sur la collaboration permanente des différents facteurs de création. Supposons une technique contractuelle née de la pratique, consacrée par une organisation professionnelle avant d'être reconnue par le juge, éventuellement avec la complicité d'un article du Code civil, pour finalement être organisée par une loi : quelle est la "source" de cette institution juridique ? L'exemple révèle que toute "source" au singulier doit se comprendre au pluriel. Or le schéma moderne postule un classement apte à rendre à chaque source sa prescription ou à chaque prescription sa source » (P. DEUMIER, Th. REVET, « Sources du droit (problématique générale) », in D. ALLAND, S. RIALS, dir., *Dictionnaire de la culture juridique*, Lamy-Puf, coll. Quadrige-dicos poche, 2003, p. 1433). Ne s'attacher qu'aux seules sources formelles simplifie évidemment grandement la tâche ; mais cela ne retire rien au fait que l'étude des sources matérielles est tout autant que celle des sources formelles digne d'intérêt. Elle amène à interroger, notamment, la coordination et le « dialogue » des sources du droit, ainsi que l'internormativité. *Cf.* J.-L. BERGEL, « La coordination des sources du droit », in J.-L. BERGEL, dir., *La méthodologie de l'étude des sources du droit*, PUAM (Aix-en-Provence), 2001, p. 125 s. ; L. ROLLAND, « Les pratiques contractuelles déviantes : confrontation ou coordination des sources matérielles et formelles du droit », in J.-L. BERGEL, dir., *La méthodologie de l'étude des sources du droit*, PUAM (Aix-en-Provence), 2001, p. 309 s. ; G. ROCHER, « Les phénomènes d'internormativité : faits et obstacles », in J.-G. BELLEY, dir., *Le droit soluble – Contributions québécoises à l'étude de l'internormativité*, LGDJ, coll. Droit et société, 1996, p. 25 s. ; M.-A. FRISON-ROCHE, « Logique, hiérarchie et dépendance des sources de droit », in D. BOURCIER, P. MACKAY, dir., *Lire le droit – Langue, texte, cognition*, LGDJ, coll. Droit et société, 1992, p. 121 s. ; C. CASTETS-RENARD, « La mutation de la production de la norme en droit privé : d'une concurrence à une collaboration des producteurs de la norme », in M. HECQUARD, J. KRYNEN, dir., *Regards critiques sur quelques (r)évolutions récentes du droit, t. I : Bilans*, Presses universitaires des sciences sociales de Toulouse, coll. Les travaux de l'IFR Mutations des normes juridiques, 2005, p. 13 s. Et *cf.*, plus spécifiquement, A. BENSAMOUN, « La loi du 1er août 2006 : nouvelle manifestation du dialogue entre le législateur et le juge en droit d'auteur », *D.* 2007, p. 328 s. ; E. DERIEUX, « Le juge et la loi, en droit

Reste que la transition de la modernité à la postmodernité du droit traduit tout spécialement le besoin de plus en plus pressant de comprendre et, par suite, d'expliquer la diversité, l'évolutivité et la contingence de cet objet socio-culturel original qu'est le droit.

3. *Le besoin d'accepter et d'étudier la diversité, l'évolutivité et la contingence du droit*

Les études des sources privées du droit, notamment de la place de la société civile dans le droit global, sont, en même temps que des travaux emblématiques de la postmodernité juridique, des contributions à la recherche sur le pluralisme juridique. Ce n'est pas là un élément accessoire ou anodin tant il semble que le pluralisme juridique peine à être compris, unanimement en tout cas, par la doctrine juridique et, plus largement, par ceux qui s'y intéressent — parmi lesquels figurent étrangement plus de non-juristes (sociologues et anthropologues du droit spécialement) que de juristes[1]. Il faut gager que l'affirmation de la postmodernité juridique ira de pair avec l'affirmation du pluralisme juridique, donc avec l'acceptation de la diversité et de la relativité de tout ce qui fait que le droit est ce qu'il est.

d'auteur et des médias – À propos de quelques affaires récentes », *Légipresse* 2008, n° 252.

[1] Il faut rappeler, avec Carbonnier, que les sociologues du droit sont des sociologues et les anthropologues du droit des anthropologues ; « il existe une sociologie de la musique ; elle peut rendre service, en les orientant, aux impresarios et même aux musiciens ; mais elle ne fait pas de musique » (J. CARBONNIER, « Gurvitch et les juristes », *Dr. et société* 1986, p. 433).

On remarque qu' « il est des mots que leur fortune use, des concepts que le succès rend flous »[1], et qu' « il en va ainsi de "pluralisme" »[2]. En outre, la pensée des sources du droit et du pluralisme juridique est trop souvent marquée par un discours idéologiquement très orienté[3]. Et la notion de « source du droit », utilisée afin de définir le pluralisme juridique, est elle-aussi, comme la plupart des métaphores, plutôt obscure[4]. Kelsen, notamment, n'y goûtait guère, la qualifiant de « vraiment inutilisable » en raison de sa « multiplicité de significations »[5]. Même si elle se retrouve dans beaucoup d'introductions au droit, Philippe Jestaz va jusqu'à la désigner en tant qu' « absurdité sémantique »[6]. Aussi n'est-il guère inutile de chercher à participer de la compréhension des concepts de pluralisme juridique et de sources du droit, ainsi que de la compréhension des phénomènes auxquels ces concepts renvoient, cela permettant donc de contribuer au développement de la postmodernité juridique. Peut-être est-ce ce qui explique le foisonnement actuel des travaux sur le pluralisme juridique ou sur les sources du droit.

[1] O. BENOIST, « Penser le pluralisme », in O. BENOIST, H. ISAR, dir., *Pluralisme, pluralismes*, PUAM (Aix-en-Provence), coll. Inter-normes, 2011, p. 11.

[2] *Ibid.*

[3] E. P. HABA, « Logique et idéologie dans la théorie des sources », *Arch. phil. droit* 1982, p. 235 s.

[4] L'idée de source est dénoncée en tant que « notion équivoque, qui se prête à une pluralité de significations » et qui rend difficile tout effort de théorisation (P. AMSELEK, « Brèves réflexions sur la notion de sources du droit », *Arch. phil droit* 1982, p. 251 ; également, P. ROUBIER, « L'ordre juridique et la théorie des sources du droit », in *Mélanges Georges Ripert*, LGDJ, 1950, p. 9 (cités par E. VERGÈS, *Les principes directeurs du procès judiciaire*, th., Université Aix-Marseille III - Paul Cézanne, 2000, p. 35)).

[5] H. KELSEN, *Théorie pure du droit*, 2e éd., trad. Ch. Eisenmann, Dalloz, 1962, p. 314.

[6] Ph. JESTAZ, « Sources délicieuses… (remarques en cascades sur les sources du droit) », *RTD civ.* 1993, p. 77.

Reste que, à l'heure de la globalisation du droit, il apparaît impensable de dénoncer la « grande illusion du pluralisme juridique »[1]. Celui-ci, s'il se définit comme la coexistence *effective* de sources publiques et privées de règles de droit, devient une réalité dans un nombre croissant de branches du droit[2]. Il y a bien « éclatement du monolithisme du droit »[3]. En outre, *le pluralisme se retrouve à l'intérieur des sources privées*, lesquelles sont bien plus hétéroclites que les sources

[1] J. Carbonnier, *Sociologie juridique*, Puf, coll. Quadrige, 1992, p. 361. Carbonnier cherche à démontrer que, lorsque les individus agissent selon des normes non étatiques, même s'ils les croient juridiques, elles ne le sont pas : « [Elles] ne le sont évidemment pas selon le droit dogmatique ; mais elles ne le sont pas davantage selon la sociologie du droit. Car, quelque critère sociologique que l'on forge de la juridicité (contrainte organisée ou jugement possible), ce critère manque. Tout au plus peut-on entrevoir des formes frustres, larvées : une pression psychologique venant de l'entourage, une ébauche de consultation familiale. Les choses ne se passent pas droit contre droit, mais droit contre sous-droit. [...] [On] croit avoir filmé le combat de deux grands systèmes juridiques, mais ce qu'[on] montre est un système juridique aux prises avec l'ombre d'un autre » (*ibid.*). Or que soit ici rappelé combien une forme frustre ou larvée de droit est toujours une forme de droit. Une « source officieuse de droit » — par opposition aux « sources officielles de droit » (Ph. Jestaz, « Sources délicieuses... (remarques en cascades sur les sources du droit) », *RTD civ.* 1993, p. 78) — est déjà une source du droit, de même qu'une « petite source du droit » (S. Gerry-Vernières, *Les « petites » sources du droit*, Economica, 2012). Toutes les sources de normes sont donc des sources de normes juridiques, mais certaines sources sont « délicieuses » quand d'autres sont très modestes (réf. à Ph. Jestaz, « Sources délicieuses... (remarques en cascades sur les sources du droit) », *RTD civ.* 1993, p. 73 s. ; J. Vanderlinden, « Contribution en forme de mascaret à une théorie des sources du droit au départ d'une source délicieuse », *RTD civ.* 1995, p. 69 s.).

[2] Par exemple, une expérience a permis de mesurer que, en droit de l'internet, 38 % des normes ont une origine étatique, 22 % des normes ont une origine publique externe et 40 % des normes ont une origine privée (B. Barraud, *Mesurer le pluralisme juridique – Une expérience*, L'Harmattan, coll. Le droit aujourd'hui, 2017).

[3] S. Andrini, A.-J. Arnaud, *Jean Carbonnier, Renato Treves et la sociologie du droit – Archéologie d'une discipline*, LGDJ, coll. Droit et société, 1995, p. 12.

étatiques ou même, plus largement, que les sources publiques. Et certaines institutions participant à la production privée du droit global se révèlent très originales dans le paysage juridique, à l'instar de celles qui jouent un rôle dans la normalisation et la « gouvernance » de l'internet (ISOC, W3C, IETF, ICANN etc.). Aussi est-il confirmé que « leur diversité est le trait le moins incertain des sources du droit »[1]. De plus en plus, il semble donc que le droit soit marqué par une forme de darwinisme permanent dont la théorie du droit postmoderne doit permettre de rendre compte.

À l'inverse, le polymorphisme du droit et, en particulier, des sources du droit est une réalité que la théorie du droit moderne et, en particulier, la théorie des sources du droit moderne méconnaissent[2]. La postmodernité s'inscrit donc dans un mouvement de rénovation de la pensée du droit et tout spécialement de la pensée des sources du droit. Il est probable qu'en la matière comme souvent le changement et la prise en compte du changement par la doctrine soient en décalage[3] ; et le passage de la modernité à la postmodernité serait une réponse à cette difficulté devenant de plus en plus patente à l'aube du XXIe s.[4] — et alors que de plus en plus d'observateurs

[1] P. DEUMIER, Th. REVET, « Sources du droit (problématique générale) », in D. ALLAND, S. RIALS, dir., *Dictionnaire de la culture juridique*, Lamy-Puf, coll. Quadrige-dicos poche, 2003, p. 1434.

[2] M. LEHOT, « Propositions pour une rénovation de la théorie générale des sources du droit », *RRJ* 2003, p. 2356. L'auteur invite à « reconnaître une conception protéiforme des sources du droit » (*ibid.*).

[3] En ce sens, M. LEHOT, *Le renouvellement des sources internes du droit et le renouveau du droit de la responsabilité civile*, th., Université du Mans, 2001 ; M. LEHOT, « Propositions pour une rénovation de la théorie générale des sources du droit », *RRJ* 2003, p. 2335 s.

[4] En ce sens, A. PIZZORUSSO, « La question des sources du droit au début du XXIe siècle », in *Mélanges Francis Delpérée*, Bruylant-LGDJ (Bruxelles-Paris), 2007, p. 1197 s.

remarquent le « profond renouvellement des sources du droit »[1]. En 1960, Carbonnier relevait la « multiplication des variétés de règles de droit »[2]. La composition normative du droit global témoigne du fait que ce phénomène s'est largement accentué depuis que l'illustre civiliste a écrit, spécialement en raison de l'émancipation de certains pôles normatifs privés.

Partant, la création du droit et les problématiques qui s'y rapportent semblent se situer au cœur du droit postmoderne. Et l'une des fonctions de la pensée juridique postmoderne serait de permettre aux chercheurs, d'une part, de saisir ces problématiques originales et, d'autre part, d'y répondre. Pour ce faire, la théorie du droit postmoderne se doit d'être résolument non étatiste, loin de réduire l'empire du droit à la pyramide des normes étatiques ou publiques.

[1] D. LEGEAIS, « Les mutations de la norme : le renouvellement des sources du droit en question », in M. BEHAR-TOUCHAIS, N. MARTIAL-BRAZ, J.-F. RIFFARD, dir., *Les mutations de la norme*, Economica, coll. Études juridiques, 2011, p. XI.

[2] J. CARBONNIER, *Théorie sociologique des sources du droit*, Association corporative des étudiants en droit de l'Université Panthéon-Sorbonne, 1961, p. 86.

Chapitre 2. L'antiétatisme nécessaire de la pensée du droit postmoderne

Qui étudie le droit postmoderne, tel qu'il se laisse envisager à travers l'exemple paroxystique du droit global, doit étudier les normes et institutions étatiques mais aussi et peut-être surtout les normes et institutions non étatiques — et tant les normes et institutions supra-étatiques, donc publiques, que les normes et institutions para-étatiques, donc privées. Par conséquent, il semble que toute recherche relative au droit postmoderne soit inconciliable avec la pensée juridique moderne en ce que sa principale caractéristique réside dans la relation intime qu'elle a consacrée entre droit et État (*1*). En particulier, l'influence du normativisme promu par Hans Kelsen paraît devoir inexorablement décliner à mesure que de plus en plus d'objets normatifs postmodernes tels que la liberté des communications auront à être examinés par les scientifiques du droit (*2*). Plus encore, en ce qu'ils invitent à relativiser grandement la maitrise étatique du droit (*3*), cette liberté des communications et le droit global en général montrent combien il devient déterminant pour la recherche en droit de porter autant d'attention aux normes et institutions privées qu'aux normes et institutions publiques, combien il devient nécessaire de ne pas discriminer les normes et institutions issues de la société civile (*4*). Cela n'interdit pas de juger le droit d'essence publique plus légitime que le droit d'essence privée — sous l'angle de la défense de l'intérêt général ou de la défense des divers droits et libertés fondamentaux — ; au contraire, en permettant de souligner les limites des instances publiques et les succès des organisations privées, cela ouvre la voie à la recherche de nouvelles solutions adaptées à l'ère du droit postmoderne, ce qui ne serait guère le cas dans le cadre d'une pensée juridique étatiste, stato-centrée, donc fermée.

1. *L'étude du droit global incompatible avec la vision moderne d'un lien indéfectible entre juridicité et étaticité*

L'actualité des sources étatiques du droit est un objet de recherche très ordinaire. En même temps, pareil objet ne peut être étudié pertinemment qu'à condition de s'autoriser à s'enquérir également de la place des sources non étatiques, dont les sources privées, au sein du droit. Or il est remarquable que, souvent, les penseurs et même les scientifiques du droit refusent d'intégrer les règles d'origine privée dans leurs champs d'observation. En témoigne ce manuel de « droit de la communication », paru en 2011, dont les auteurs expliquent, en introduction, qu'il « traite du cadre législatif, règlementaire et jurisprudentiel pour chacun des secteurs concernés »[1]. Les normes produites par des organismes privés ne pourraient donc pas intégrer le droit de la communication. Dans l'hypothèse où un tel présupposé, foncièrement moderne, était adopté au moment d'étudier le droit global, dans tous les cas, la conclusion serait que l'État possède une entière maîtrise du droit. Si, comme certains spécialistes le notent, « la nature du commerce électronique invite au développement d'initiatives privées de nature extra-juridique »[2], le juriste, *qui par définition s'attache à tout ce qui est juridique mais seulement à ce qui est juridique*, n'a pas à prendre en compte cette donnée d'ordre « extra-juridique ».

En décidant de voir du droit dans les normes issues de puissances privées autant que dans celles produites par les

[1] D. DE BELLESCIZE, L. FRANCESCHINI, *Droit de la communication*, 2e éd., Puf, coll. Thémis droit, 2011, p. 2.

[2] K. SEFFAR, K. BENYEKHLEF, « Commerce électronique et normativités alternatives », *University of Ottawa Law and Technology Journal* 2006, p. 375.

pouvoirs publics, prémisse foncièrement postmoderne, une recherche présentera donc un visage relativement iconoclaste mais qui, cependant, s'inscrira dans un certain air du temps *jus*-doctrinal. La difficulté n'est pas que d'aucuns estimeraient, après Benjamin Constant, qu' « il n'y a rien que les lois ne règlent »[1], ce qui est une considération d'ordre factuel (et en l'occurrence très inexacte). Elle est que beaucoup jugent qu' « il n'y a rien au-delà de la loi qui soit juridique » — « loi » devant toutefois être compris dans son sens large, soit comme désignant tout acte normatif étatique ou même public de portée générale[2]. La pensée moderne du droit est une *pensée du monisme juridique*, une pensée dominée par la vision d'une étroite imbrication entre État et droit. Partant, les travaux touchant au droit global et s'ouvrant à tout l'empire privé du droit devraient fatalement s'inscrire dans un courant postmoderne de pensée juridique, à la suite de la « conception pragmatique du droit » il y a quelques années proposée[3].

En revanche, à l'ère moderne, la théorie suivante s'impose et interdit d'interroger quelque production privée du droit que ce soit : « Le phénomène juridique est lié à la formation d'un pouvoir central souverain et capable d'exercer la contrainte : l'État. Il n'y a, dans cette conception, d'ordre juridique

[1] B. CONSTANT, *De la liberté des anciens comparée à celle des modernes*, 1819 (cité par O. THOLOZAN, « L'excellence de la loi dans la pensée juridique et politique française depuis le XVIIIe siècle », in M. FATIN-ROUGE STÉFANINI, L. GAY, J. PINI, dir., *Autour de la qualité des normes*, Bruylant (Bruxelles), coll. À la croisée des droits, 2010, p. 57).

[2] *Cf.* O. THOLOZAN, « L'excellence de la loi dans la pensée juridique et politique française depuis le XVIIIe siècle », in M. FATIN-ROUGE STÉFANINI, L. GAY, J. PINI, dir., *Autour de la qualité des normes*, Bruylant (Bruxelles), coll. À la croisée des droits, 2010, p. 57 s.

[3] *Cf.* B. BARRAUD, « Dictionnaire du droit postmoderne », in *Repenser la pyramide à l'ère des réseaux – Pour une conception pragmatique du droit*, L'Harmattan, coll. Logiques juridiques, 2012, p. 305 s.

qu'engendré par lui »[1]. En particulier grâce à sa souveraineté, « l'État [...] détient le *monopole du droit positif* »[2]. Est le plus souvent répondu par l'affirmative à l'interrogation « la pensée juridique est-elle nécessairement une pensée de l'État ? »[3], cela car est considéré que seul le souverain disposerait du pouvoir de conférer la juridicité. Parce que « celui qui édicte le droit exerce le pouvoir [et] celui qui a le monopole d'édiction est souverain »[4], Oliver Beaud définit la souveraineté comme « le monopole d'édiction du droit positif par l'État »[5]. Et le professeur d'en déduire cette conséquence : il existe « un lien capital entre l'État et le droit [...] ; l'État est historiquement et logiquement déterminé par sa relation avec le droit »[6].

Déjà dans la République de Bodin la puissance de donner la « loy » — qu'il faut comprendre comme puissance de donner le droit — était si fondamentale qu'elle englobait toutes les autres marques de souveraineté, « de sorte que, à parler proprement, on peut dire qu'il n'y a que ceste seule marque de souveraineté, attendu que tous les autres droits sont compris en cestui là »[7].

[1] P.-M. Dupuy, « L'unité de l'ordre juridique international – Cours général de droit international public », *RCADI* 2002, p. 27 (cité par L. Bal, *Le mythe de la souveraineté en droit international – La souveraineté des États à l'épreuve des mutations de l'ordre juridique international*, th., Université de Strasbourg, 2012, p. 39).

[2] O. Beaud, « La notion d'État », *Arch. phil. droit* 1990, p. 132 (non souligné dans le texte original).

[3] J. Favre, « La pensée juridique est-elle nécessairement une pensée de l'État ? », in D. Rousseau, dir., *Le Droit dérobé*, Montchrestien, coll. Grands colloques, 2007, p. 97 s.

[4] H. Steiger, *Staatlichkeit und Überstaatlichkeit*, Duncker & Humblot (Berlin), 1966, p. 25 (cité par O. Beaud, *La puissance de l'État*, Puf, coll. Léviathan, 1994, p. 130).

[5] O. Beaud, *La puissance de l'État*, Puf, coll. Léviathan, 1994, p. 130.

[6] *Ibid.*

[7] J. Bodin, *Les six livres de la République*, 1576, L. I, chap. 10 (cité par O. Beaud, *La puissance de l'État*, Puf, coll. Léviathan, 1994, p. 142).

Par le truchement de la souveraineté — qui n'est peut-être rien d'autre qu'une façon différente de désigner la « norme fondamentale » kelsénienne[1] — et de la légitimité qu'elle garantit, l'État moderne rationnel devient le seul maître du droit positif, déniant à toute autre autorité, et notamment à l'Église, quelque prérogative en la matière. Le Prince, depuis Bodin, occupe la place de législateur suprême et, historiquement, la souveraineté est une transposition de la *plenitudo potestatis* du pape[2].

Partant, à l'ère du droit moderne, il semble appartenir à l'ordre normal des choses juridiques que ceux qui pensent le droit le lient à la loi et à l'État[3] ou, plus encore, le réduisent à la loi et à l'État[4], d'autant plus que la Révolution française a provoqué un culte de la loi étatique qui, s'il tend à s'estomper, n'en demeure pas moins très prégnant. « État » et « droit » restent, à l'heure actuelle, deux notions qui se ressemblent et s'assemblent, consubstantielles et indissociables.

Ainsi considère-t-on aujourd'hui couramment que, pour « avoir le droit de créer du droit », il faut posséder le « monopole de l'exercice et de la maîtrise de la puissance publique »[5]. Plus clairement encore, bien des auteurs écrivent que « l'origine étatique est le fondement de toute juridicité »[6] ou que « c'est l'État qui donne à la norme sa

[1] B. BARRAUD, *L'État – Entre fait et droit*, L'Harmattan, coll. Logiques juridiques, 2015, p. 281 (où la souveraineté est définie comme une « méta-prérogative juridique conférant le "droit au droit" à l'État »).

[2] O. BEAUD, *La puissance de l'État*, Puf, coll. Léviathan, 1994, p. 62.

[3] L. DUGUIT, *L'État, le droit objectif et la loi positive*, Fontemoing, 1901.

[4] Th. HOBBES, « La loi, source unique du droit », in Ch. GRZEGORCZIK, F. MICHAUT, M. TROPER, *Le positivisme juridique*, LGDJ, coll. La pensée juridique, 1993, p. 301 s.

[5] H. WILLKE, « Le droit comme codage de la puissance publique légitime », *Droits* 1989, n° 10, p. 113.

[6] D. DE BÉCHILLON, *Qu'est-ce qu'une règle de droit ?*, Odile Jacob, 1997, p. 69.

juridicité »[1] — spécialement par la bouche du juge, lequel pourrait, à tout instant, conférer qualité juridique à une norme originellement extrajuridique[2] — et qu'il s'agit là de la seule référence permettant de distinguer les normes juridiques des normes sociales non juridiques[3]. Certains vont jusqu'à envisager une « centralisation de la capacité normative dans le pouvoir législatif de l'État »[4], ce qui signifie non seulement que toutes les normes juridiques seraient portées par des lois mais, plus encore, que toutes les normes le seraient. La problématique du « droit sans l'État »[5] est, aux yeux de nombreux universitaires-juristes, inconsidérée car incompatible avec les canons de la « dogmatique juridique ». Comme le décrivait Duguit, « l'État et le droit sont deux notions conditionnées l'une par l'autre : le pouvoir de l'État a besoin du droit ; le droit a besoin du pouvoir de l'État »[6].

Il en résulte que les sources du droit seraient nécessairement soit des organes étatiques, soit des organes non étatiques bénéficiant d'une délégation étatique de la capacité normative. Le postmodernisme juridique s'oppose à cet étatisme juridique et tolère la thèse d'une production privée de normes indépendante des pouvoirs publics, si bien que droit d'essence

[1] E. Vergès, *Les principes directeurs du procès judiciaire – Étude d'une catégorie juridique*, th., Université Paul Cézanne - Aix-Marseille III, 2000, p. 48.

[2] A. d'Ors, « Tout ce qu'approuvent les juges », *Droits* 1989, n° 10, p. 51 s.

[3] *Ibid.*

[4] P.-M. Dupuy, « L'unité de l'ordre juridique international – Cours général de droit international public », *RCADI* 2002, p. 120 (cité par L. Bal, *Le mythe de la souveraineté en droit international – La souveraineté des États à l'épreuve des mutations de l'ordre juridique international*, th., Université de Strasbourg, 2012, p. 39).

[5] Réf. à L. Cohen-Tanugi, *Le droit sans l'État*, 2e éd., Puf, coll. Quadrige essais débats, 2007.

[6] L. Duguit, « La doctrine allemande de l'auto-limitation de l'État », *RDP* 1919, p. 161.

publique et droit d'essence privée entrent en concurrence. Cela implique en particulier que la théorie postmoderne du droit s'oppose au normativisme promu par Hans Kelsen, qui aboutit à définir le droit en tant que pyramide des normes étatiques.

2. *La perte d'influence du normativisme kelsénien*

Actuellement, Kelsen demeure le premier guide en matière de pensée du droit. Selon lui, « droit » et « État » seraient deux termes différents employés afin de désigner un même phénomène ; il faudrait identifier, purement et simplement, le droit à l'État. Le théoricien définissait l'État en ces termes : un « ordre juridique relativement centralisé, limité dans son domaine de validité spatial et temporel, soumis immédiatement au droit international, et efficace dans l'ensemble et généralement »[1]. Pareils mots pourraient être choisis afin de caractériser le droit. Kelsen écrivait : « L'État est une personnification de l'ordre juridique ; dès lors, le dualisme de l'État et du droit ne repose sur aucune connaissance scientifique et, en définitive, la fonction propre de ce dualisme ne consiste pas en la connaissance de la réalité sociale, juridique en particulier, mais véhicule au contraire une fonction politique »[2]. Ce texte, outre la pertinente distinction du juridique et du social ou, mieux, du juridique dans le social, soutient que la séparation du droit et de l'État n'aurait d'utilité que dans l'ordre politique. Du point de vue de la théorie et de la science juridiques, elle devrait s'effacer et laisser place à un monisme juridique signifiant plus que l'interdiction de toute source du droit non

[1] H. KELSEN, *Théorie pure du droit*, 2e éd., trad. Ch. Eisenmann, Dalloz, 1962, p. 383.

[2] H. KELSEN, « Qu'est-ce que la théorie pure du droit ? », *Dr. et société* 1992, p. 563.

étatique : le droit serait l'État, ce dernier étant conçu comme l'ensemble des processus de production des normes juridiques[1]. Envisagé de la sorte, le droit serait un espace dans lequel aucun foyer de normes indépendant de l'État ne pourrait prendre place.

Par conséquent, plus la postmodernité subrogera la modernité, plus cette pensée du droit-État s'estompera. Reste que l'influence du normativisme kelsénien, bien que déclinante, demeure pour l'heure forte ; et, selon ce courant théorique, « un fait coutumier ne peut être interprété comme une norme juridique objectivement valable que si le fait caractérisé de la sorte est *institué dans la Constitution comme fait créateur de normes juridiques* »[2]. Aujourd'hui, une partie majoritaire de la doctrine continue de suivre Kelsen, continue d'accepter la « tyrannie intellectuelle » qui imprègne la pensée du droit[3] et continue d'adopter l'approche selon laquelle « la juridicité d'un contrat, d'un testament ou d'un acte de vente tient tout entière dans les *habilitations légales* que font à leur auteur les articles pertinents du Code civil. Ce sont ces textes qui habilitent l'acteur à fabriquer du Droit de la sorte et *juridicisent* par là son action »[4].

[1] *Cf.* M. TROPER, *La théorie du droit, le droit, l'État*, Puf, coll. Léviathan, 2001, p. 52.

[2] H. KELSEN, *Théorie pure du droit*, 2e éd., trad. Ch. Eisenmann, Dalloz, 1962, p. 227 (non souligné dans le texte original).

[3] Ph. JESTAZ, *Les sources du droit*, Dalloz, coll. Connaissance du droit, 2005, p. 4.

[4] D. DE BÉCHILLON, *Qu'est-ce qu'une règle de droit ?*, Odile Jacob, 1997, p. 252 (non souligné dans le texte original) ; également, G. TEBOUL, « Remarques sur la validité des règles coutumières internes dans l'ordre juridique français », *RDP* 1998, p. 695 s. Mais c'est aussi la théorie de Hart qui, aujourd'hui, influence, plus ou moins directement, cette doctrine. Qu'il soit rappelé que, selon le théoricien britannique, des entités privées peuvent créer du droit si, et seulement si, des « normes secondaires » (donc étatiques) les y habilitent (H. L. A. HART, *Le concept de droit*, trad. M. van de Kerchove, Publications des Facultés universitaires Saint-Louis (Bruxelles),

Selon Norberto Bobbio, ce serait l'ensemble du positivisme juridique qui réduirait la juridicité à l'étaticité[1] — ce qui est peu vraisemblable puisque, si les théories réalistes sont positivistes comme la théorie kelsénienne, il en va à l'identique de nombre de théories du pluralisme juridique, notamment les théories sociologiques. Or, aujourd'hui, la grande majorité des juristes revendique le titre de « positiviste », spécialement afin de s'opposer aux courants jusnaturalistes, lesquels sont en voie d'extinction. Dans le cadre de la postmodernité, c'est nécessairement une conception opposée — bien qu'*entièrement positiviste* — qui doit être retenue, contre les nombreux auteurs qui, aujourd'hui, perpétuent le statocentrisme et retiennent, par

1994, p. 122). Peut-être faut-il aussi voir là quelque influence de la pensée rousseauiste selon laquelle, « s'il restait quelque droit au particulier, comme il n'y aurait aucun supérieur commun qui pût prononcer entre lui et le public, chacun étant en quelques points son propre juge prétendrait bientôt l'être en tout, l'état de nature subsisterait et l'association deviendrait nécessairement tyrannique ou vaine » (J.-J. ROUSSEAU, *Du contrat social*, 1762, L. I, chap. 6). Et Duguit de commenter : « Je crois que ça a été la grande erreur de la Révolution, s'inspirant de Rousseau, de vouloir anéantir et interdire tous les groupements secondaires » par rapport au groupement étatique (L. DUGUIT, *Traité de droit constitutionnel – Tome premier : La règle de droit, le problème de l'État*, 3e éd., De Boccard, 1927, p. 665). Enfin, il faudrait citer Karl Marx, qui faisait du droit le « moyen de domination de l'État sur la société civile » (K. MARX, *Œuvres*, t. III, Gallimard, 1994, p. 372 (cité par E. RENAULT, « Marxistes (doctrines du droit) », in D. ALLAND, S. RIALS, dir., *Dictionnaire de la culture juridique*, Lamy-Puf, coll. Quadrige-dicos poche, 2003, p. 1002)).

[1] N. BOBBIO, *Essais de théorie du droit*, trad. Ch. Agostini, M. Guéret, LGDJ-Bruylant (Paris-Bruxelles), coll. La pensée juridique, 1998, p. 26 (« par positivisme juridique comme théorie, j'entends cette conception particulière du droit qui lie le phénomène juridique à la formation d'un pouvoir central, souverain, capable d'exercer la contrainte : l'État. On traite ici de l'identification commune du positivisme juridique avec la théorie étatique du droit. Historiquement, cette théorie est l'expression ou la prise de conscience par les juristes de ce phénomène complexe de la formation de l'État moderne, qui est la monopolisation du pouvoir de production juridique de la part de l'État »).

exemple, que « le contrat n'est pas un acte producteur de droit »[1] ou que la vision d'un droit d'origine privée et indépendant de l'État relèverait de la « magie » et de l' « illusion »[2].

La grande marque de la pensée juridique postmoderne semble donc bien être celle-là : l'atténuation du lien entre État et droit, cela afin d'autoriser le chercheur en droit à étudier toutes formes de normes. Cela présente évidemment un grand intérêt à l'heure où, aux côtés de la loi et de la jurisprudence, on trouve de plus en plus de nouveaux objets normatifs tels que les codes privés, les chartes, les usages, les conditions générales d'utilisation, les contrats-types, les normes comptables, les normes managériales, les normes techniques, mais aussi les modes alternatifs de résolution des conflits, les labels, les standards, les protocoles, les meilleures pratiques, les statistiques, les indicateurs de performance, les rankings, les algorithmes, les lois économiques des marchés, les nudges etc.

3. *De la modernité à la postmodernité : les fluctuations et incertitudes de la pensée juridico-étatique*

En 2017, la pensée juridique postmoderne n'a donc pas encore subrogé la pensée juridique moderne, loin s'en faut. Les adeptes des prémisses modernes restent plus nombreux que les

[1] L. Charbonnel, *La hiérarchie des normes conventionnelles : contribution à l'analyse normativiste du contrat*, th., Université de Montpellier I, 2010, p. 10.

[2] D. de Béchillon, « La structure des normes juridiques à l'épreuve de la postmodernité », in A. Berthoud, É. Serverin, dir., *La production des normes entre État et société civile – Les figures de l'institution et de la norme entre État et sociétés civiles*, L'Harmattan, 2000, p. 69.

adeptes des prémisses postmodernes. La force doctrinale des préceptes du XXe s. demeure supérieure à celle attachée aux propositions postmodernes. Toujours est-il que de plus en plus d'auteurs prédisent que les jours de l'étatisme et de la modernité juridiques seraient comptés, que seraient sur le point de s'installer une « crise de la conception des phénomènes juridiques »[1] et une « remise en cause des concepts fondamentaux sur lesquels s'est construit le droit »[2], notamment la pyramide des normes, désormais dénoncée en ce qu'elle serait « contraire à la logique juridique »[3] et à laquelle il faudrait préférer le paradigme du réseau de normes[4]. Comme si la période de transition conceptuelle entre modernité et postmodernité n'était plus à venir mais déjà à l'œuvre, on en vient à parler au passé du monisme juridique moderne[5] ; on affirme que le retrait de l'État de la construction et de la sanction des normes ne signifierait pas que le droit tendrait à disparaître mais plutôt qu'il tendrait à connaître de profondes

[1] J. CHEVALLIER, *L'État post-moderne*, 3e éd., LGDJ, coll. Droit et société, 2008, p. 39.

[2] M.-A. FRISON-ROCHE, « Les bouleversements du droit par internet », in J.-M. CHEVALIER et *alii*, *Internet et nos fondamentaux*, Puf, 2000, p. 44.

[3] D. ROUSSEAU, A. VIALA, *Droit constitutionnel*, Montchrestien, coll. Pages d'amphi, 2004, p. 218.

[4] F. OST, M. VAN DE KERCHOVE, *De la pyramide au réseau ? Pour une théorie dialectique du droit*, Publications des Facultés universitaires Saint-Louis (Bruxelles), 2002.

[5] « Pendant longtemps, une sorte de consensus semblait exister sur la définition du droit, au moins dans sa présentation pédagogique traditionnelle [...]. La conception était alors relativement claire et très cohérente, autour d'une assimilation forte entre règle de droit, loi et État » (P. DEUMIER, *Introduction générale au droit*, 2e éd., LGDJ, coll. Manuel, 2013, p. 14).

mutations[1]. *Les origines privées du droit, réalité historique évidente*[2]*, seraient à nouveau d'actualité.*

À l'aube du XIXe s., Portalis avançait que « l'office de la loi est de fixer, par de grandes vues, les maximes générales du droit, d'établir des principes féconds en conséquences, et non de descendre dans le détail des questions qui peuvent naître sur chaque matière. Une foule de choses sont donc nécessairement abandonnées à l'empire de l'usage, à la discussion des hommes instruits, à l'arbitrage des juges »[3]. Mais cette « foule de choses abandonnées à l'empire de l'usage » est-elle juridique ou bien cette qualité est-elle à réserver à la loi ? Les tenants de l'exégèse, longtemps, ont opté en faveur de la seconde voie, quoique Planiol ait pu dénombrer autant de sources privées que de sources publiques : la loi, la jurisprudence, *la coutume et les règles corporatives*[4] ; et quoique, hors de France, pareille approche ait été loin d'être acceptée unanimement. En Allemagne, en particulier, après que Savigny ait affirmé de

[1] A.-J. ARNAUD, *Critique de la raison juridique – 2. Gouvernants sans frontières – Entre mondialisation et post-mondialisation*, LGDJ, coll. Droit et société, 2003.

[2] *Cf.*, en ce sens, V. BEAULANDE-BARRAUD, J. CLAUSTRE, E. MARMURSZTEJN, *La fabrique de la norme – Lieux et modes de production des normes au moyen-âge et à l'époque moderne*, Presses universitaires de Rennes, 2012.

[3] J.-É.-M. PORTALIS, *Discours préliminaire sur le projet de Code civil*, 1801 (cité par A. SÉRIAUX, *Le Droit – Une introduction*, Ellipses, 1997, p. 269). Et l'illustre jurisconsulte de demander : « Peut-on se dissimuler l'influence et l'utilité de ce concert indélibéré, de cette puissance invisible, par laquelle, sans secousse et sans commotion, les peuples se font justice des mauvaises lois ? » (*ibid.* (cité par Ch. ATIAS, *Science des légistes, savoir des juristes*, 3e éd., PUAM (Aix-en-Provence), 1993, p. 11)). Mais cette puissance est-elle juridique ou seulement factuelle ?

[4] M. PLANIOL, *Traité élémentaire de droit civil conforme au programme officiel des facultés de droit*, t. I, 6e éd., LGDJ, 1915 (cité par R. CARRÉ DE MALBERG, *Contribution à la théorie générale de l'État spécialement d'après les données fournies par le droit constitutionnel français*, t. I, Librairie du Recueil Sirey, 1920, p. 291).

manière relativement paradoxale la préséance du « droit du peuple » sur le « droit des juristes »[1], Ehrlich élaborait sa théorie du « droit vivant »[2], tandis que Gierke accordait au droit une « force antérieure et extérieure à la force étatique »[3], si bien que l'État et le droit seraient deux formations sociales distinctes, se complétant réciproquement, s'associant souvent, mais ne se réduisant pas l'une à l'autre[4].

[1] C. F. VON SAVIGNY, *System des heutigen ràmischen Rechts*, 1848 (cité par J. CARBONNIER, *Théorie sociologique des sources du droit*, Association corporative des étudiants en droit de l'Université Panthéon-Sorbonne, 1961, p. 17).

[2] *Cf.* E. EHRLICH, « Le droit ne se réduit pas au droit étatique » (1913), in Ch. GRZEGORCZYK, F. MICHAUT, M. TROPER, *Le positivisme juridique*, LGDJ, coll. La pensée juridique, 1993, p. 372.

[3] O. VON GIERKE, *Das deutsche Genossenschaftsrecht – II : Geschichte des deutschen Körperschaftsbegriffs*, 1874 (cité par J. HUMMEL, « Allemagne (doctrines allemandes de l'État et du droit de Hegel et Jellinek) », in D. ALLAND, S. RIALS, dir., *Dictionnaire de la culture juridique*, Lamy-Puf, coll. Quadrige-dicos poche, 2003, p. 45).

[4] Sur ce point, la pensée de Gierke, qui écrivait durant la seconde moitié du XIXe s., est remarquable : « Il y a entre le droit et l'État, écrivait-il, une pénétration d'une nature particulièrement proche et intime. Le droit est inné à l'État. Le droit n'est pas plus enfanté par l'État que l'État n'est enfanté par le droit. Mais tous les deux, quoiqu'ayant des raisons d'être propres, sont développés l'un par l'autre, pour se compléter l'un par l'autre. [...] Aujourd'hui, l'État agit comme un organe formant le droit. Mais par là l'État ne devient ni la source dernière du droit, ni son organe unique de formation. La source dernière du droit réside bien plutôt dans la conscience commune d'une existence sociale. La croyance commune que quelque chose est droit a besoin, pour arriver à sa réalisation externe, comme règle de droit, de la matérialisation par une expression sociale. [...] Le plus souvent, cette expression a lieu par l'État dont le rôle principal est d'exprimer dans la loi la conscience juridique du peuple. Mais d'autres organismes sociaux que l'État peuvent formuler le droit. [...] La vie juridique et la vie étatique sont deux côtés autonomes de la vie sociale. Tandis que la puissance est la condition rationnelle pour l'État, si bien que l'État sans toute-puissance n'est pas un État, il est indifférent pour la notion de droit qu'il existe pour lui des moyens de puissance externe, et le droit sans puissance et sans action reste toujours le droit » (O. VON GIERKE, *Le fondement du droit public et les nouvelles théories*

Plus encore,

> *Les propositions juridiques abstraites formulées par l'État, comparables à l'écume se formant sur la surface des eaux, ne s'adressent, au fond, qu'aux tribunaux étatiques et à d'autres organes de l'État ; les groupes et les individus vivent leur vie juridique en pleine ignorance du contenu de ces propositions ; ils ne connaissent que l'ordre juridique spontané de la société. [...] Ce n'est qu'une partie infime de l'ordre juridique de la société qui peut être atteinte par la législation de l'État et la plus grande partie du droit spontané se développe* en toute indépendance *des propositions juridiques abstraites. Ces dernières, formant la couche la plus statique du droit, sont toujours en retard par rapport au droit spontané de la société.*[1]

En Italie, la pensée de Santi Romano est elle aussi remarquable car détachée de tout étatisme juridique. Selon le jurisconsulte romain, pour savoir si une institution privée est un ordre juridique, il faudrait se placer de son point de vue et non du point de vue étatique puisque, de ce dernier point de vue, ce ne serait toujours qu'une organisation factuelle extra-juridique[2]. Et, dans les pays scandinaves, on a pu écrire non que la coutume serait une source du droit à condition d'être reconnue

du droit public, Tübingen, 1874, p. 179 (cité par L. DUGUIT, *Traité de droit constitutionnel – Tome premier : La règle de droit, le problème de l'État*, 3e éd., De Boccard, 1927, p. 101-102)).

[1] E. EHRLICH, *Fondement de la sociologie du droit*, 1913 (non souligné dans le texte original ; cité par G. GURVITCH, *Éléments de sociologie juridique*, Aubier, 1940, p. 129).

[2] S. ROMANO, *L'ordre juridique* (1946), trad. L. François, P. Gothot, Dalloz, coll. Philosophie du droit, 1975, p. 94 (« il est des entités qui pour le droit étatique sont des entités de fait, alors que considérées en elles-mêmes elles présentent ce caractère institutionnel qui en fait des organismes juridiques »).

comme telle par la loi mais que la loi serait une source du droit à condition d'être reconnue comme telle par la coutume[1].

Au XXe s. et en France, d'autres célèbres penseurs du droit ont plaidé en faveur de l'inclusion de divers foyers privés de normativité à l'intérieur du cercle des sources de règles de droit[2]. Henri Batiffol estimait que « l'essence du droit est d'être spontané, d'émaner du peuple »[3] — si la loi est l'émanation du peuple, elle n'en est pas l'émanation spontanée. Puis, Michel Villey a dénoncé la « folle ambition du positivisme juridique de déduire le droit dans son intégralité de lois et non plus de la nature changeante »[4] — seulement l'acceptation du droit d'origine privée est-elle un tout autre problème que celui de l'acceptation du droit d'origine naturelle, bien que tous deux aboutissent à faire triompher le pluralisme juridique[5]. Surtout, Duguit et Hauriou se rejoignaient en ce qu'ils refusaient de faire correspondre règles de droit et règles de l'État et en ce que tous deux envisageaient des constructions socio-juridiques

[1] A. ROSS, *Introduction à l'empirisme juridique*, trad. E. Matzner, É. Millard, Bruylant-LGDJ (Bruxelles-Paris), coll. La pensée juridique, 2004, p. 31.

[2] Toutefois, ces penseurs sont demeurés minoritaires parmi la doctrine juridique et ne paraît pas juste le constat opéré par Hauriou et selon lequel « le grand mal dont souffrent les études de droit public depuis [1850], c'est l'abandon de la théorie classique du pouvoir. On ne veut plus admettre que ce soit le pouvoir politique qui crée le droit » (M. HAURIOU, *Précis de droit constitutionnel*, Librairie du Recueil Sirey, 1923, p. 285 (cité par O. BEAUD, *La puissance de l'État*, Puf, coll. Léviathan, 1994, p. 9)).

[3] H. BATIFFOL, *La philosophie du droit*, 4e éd., Puf, 1970, p. 32 (cité par J.-C. BÉCANE, M. COUDERC, J.-L. HÉRIN, *La loi*, 2e éd., Dalloz, coll. Méthodes du droit, 2010, p. 52).

[4] M. VILLEY, *Seize essais de philosophie du droit*, Dalloz, 1969, p. 78 (cité par A. PUNZI, « Pour une philosophie réaliste du droit – Villey et les équivoques sur le droit naturel », *Dr. et société* 2009, p. 86).

[5] *Cf.* B. BARRAUD, *Théories du droit et pluralisme juridique – t. I : Les théories dogmatiques du droit et la fragilité du pluralisme juridique*, PUAM (Aix-en-Provence), coll. Inter-normes, 2016, n° 30 s.

parfaitement autonomes par rapport aux institutions étatiques[1]. En ce sens, ils furent peut-être des postmodernes avant l'heure, des précurseurs de la postmodernité. Il n'en demeure pas moins que, au XXe s., la plupart des penseurs français du droit sont restés « nourris au modèle étatique »[2], si ce n'est au modèle « étatiste ».

Désormais, il semble que la part des chercheurs en droit qui s'attachent à une approche stato-centrée de la juridicité décroisse constamment, si bien qu'il serait chaque jour un peu moins « iconoclaste » de poser la question postmoderne de la privatisation du droit — comprise comme privatisation de ses origines. Au-delà de cette donnée factuelle, il faut croire que la tendance à s'ouvrir à toute la complexité et à toute la diversité du droit ne puisse que servir les progrès de la recherche

[1] Hauriou expliquait, en particulier, que le « droit institutionnel », c'est-à-dire le droit propre au groupement en cause, se dédouble en un « droit statutaire », par lequel l'institution s'organise, et en un « droit disciplinaire », formé de l' « ensemble des actes et des règles juridiques émanant de l'autorité sociale instituée qui ont pour objet, soit d'imposer aux individus des mesures, soit de créer des situations opposables, soit de réprimer des écarts de conduite » (cité par H. MOUTOUH, « Pluralisme juridique », in D. ALLAND, S. RIALS, dir., *Dictionnaire de la culture juridique*, Lamy-Puf, coll. Quadrige-dicos poche, 2003, p. 1160). Quant à Duguit, il proposait, notamment, d'utiliser les expressions « droit public » et « droit privé » non afin de distinguer les destinataires des normes mais afin de distinguer les émetteurs des normes, soit en tant que synonymes de « droit d'origine publique » et « droit d'origine privée » (L. DUGUIT, *Traité de droit constitutionnel – Tome premier : La règle de droit, le problème de l'État*, 3e éd., De Boccard, 1927, p. 681). Toutefois, le maître bordelais utilisait préférablement le vocabulaire « droit des personnes souveraines » et « droit des personnes non souveraines ». Mais reste alors à savoir qui est souverain puisque, à en croire Gurvitch, « les rapports entre les ordonnancements juridiques, essentiellement variables, sont précisément réglés par l'ordre juridique souverain de la Nation et de la Société Internationale qui seuls possèdent la souveraineté juridique absolue » (G. GURVITCH, *Éléments de sociologie juridique*, Aubier, 1940, p. 204).

[2] L. BOY, « Normes techniques et normes juridiques », *Cah. Cons. const.* 2006, n° 21, p. 119.

juridique. Et cela vaudrait tout spécialement concernant l'acceptation des normes et institutions issues de la société civile.

4. *L'opportunité d'une non-discrimination entre les normes produites par la société civile et les normes produites par l'État*

Nul doute que, hors de toute considération axiologique, le développement des puissances juridiques privées, qui plus est lorsqu'elles sont parfaitement atypiques, contribue à enrichir le droit[1]. Peut-être est-ce parmi les institutions privées que résident tout l'intérêt et toute l'originalité du droit contemporain, eu égard au peu de place qui est ordinairement réservé par la doctrine à ces institutions privées souvent cannibalisées par les institutions publiques[2]. Mireille Delmas-Marty décrit à son tour un « imaginaire juridique qui ne semble plus capable, même comme fiction, de représenter un champ juridique en pleine mutation »[3]. Il faut pourtant espérer que la postmodernité, grâce à l'ouverture qui la caractérise, permette d'intégrer dans les travaux des juristes toute la part privée du droit, *a fortiori* si c'est un droit global qui est étudié. Sans cela, l'objet normatif envisagé se présenterait sous un jour fort différent, à tel point qu'il serait méconnaissable, et ce jour risquerait fort de ne pas être son jour réel. D'aucuns

[1] En ce sens, B. CUBERTAFOND, « Du droit enrichi par ses sources », *RDP* 1992, p. 353 s.

[2] Néanmoins, Ph. JESTAZ, « Les sources du droit : le déplacement d'un pôle à un autre », *RTD civ.* 1996, p. 299 s.

[3] M. DELMAS-MARTY, « *Post-scriptum* sur les forces imaginantes du droit », in C. THIBIERGE, dir., *La force normative – Naissance d'un concept*, LGDJ-Bruylant (Paris-Bruxelles), 2009, p. 847.

considéreront qu'une recherche relative aux règles de droit d'origine privée serait un « pèlerinage »[1], c'est-à-dire, étymologiquement, un voyage dans un lieu étranger. Avec le développement de la postmodernité, cela devrait être de moins en moins le cas.

Ensuite, la pensée juridique postmoderne n'interdit pas de porter un jugement critique sur le « droit réel », au contraire. En ce sens, Georges Gurvitch pouvait écrire qu' « il est indispensable d'établir une hiérarchie des sources [...] si l'on ne veut se mettre dans l'impossibilité de résoudre les conflits entre les faits normatifs, c'est-à-dire tomber dans l'anarchie des sources »[2]. Mais, avant d'ainsi réfléchir à une quelconque « hiérarchie des sources », encore faut-il s'être déjà donné les moyens de n'oublier aucune source.

Le pluralisme juridique, qui est la marque du droit global et du droit postmoderne, entendu en tant que droit positif et en tant que pensée juridique, n'est pas quelque-chose de nouveau et les historiens du droit savent que, avant le Code Napoléon, le droit français s'abreuvait à des sources diverses et multiples, tandis que les sociologues et anthropologues du droit observent chaque jour combien, ailleurs, il est fréquent de trouver des parts importantes de « droit sans l'État »[3]. Seulement convient-il peut-être de voir dans la publicisation des sources du droit, dans le monisme juridique compris comme marginalisation ou absence factuelle des origines privées de normes — loin des considérations théoriques qui amènent à refuser aux normes

[1] Réf. à J.-C. SOYER, « Pèlerinage aux sources du droit privé », in *Mélanges Pierre Catala*, Litec, 2001, p. 33 s. Bien sûr, les sources du droit privé n'ont rien à voir avec les sources privées du droit, même si ces dernières ne peuvent guère générer que des normes appartenant au droit privé.

[2] G. GURVITCH, *L'expérience juridique et la philosophie pluraliste du droit*, Pedone, 1935, p. 147.

[3] Réf. à L. COHEN-TANUGI, *Le droit sans l'État*, 2e éd., Puf, coll. Quadrige essais débats, 2007.

extra-étatiques la qualité juridique quel que soit leur nombre —, un progrès, un acquis qu'il faudrait s'efforcer de défendre. Or une telle réflexion n'est envisageable que dans le cadre postmoderne puisque celui-ci permet de prendre en compte les dimensions privées du droit pour, ensuite, les comparer à ses dimensions publiques.

« Après des siècles d'efforts de centralisation étatique, décrit-on, avec pour conséquence l'unification du droit, voici que nous devrions renouer avec cette multiplicité, source de confusion, de complication, d'insécurité qu'avaient, en leur temps, dénoncé les législateurs des années 1790 ! »[1]. Cette recomposition du paysage normatif, qui s'incarne tout particulièrement dans le droit des objets, activités et phénomènes de la globalisation, n'apparaît guère satisfaisante et s'inscrire dans le cadre postmoderne doit permettre d'y réfléchir plus pertinemment qu'en suivant les prémisses de la pensée juridique moderne.

Par exemple, Jean-Marc Sauvé, Vice-président du Conseil d'État, écrit, à propos du droit entourant la liberté des communications : « Sous l'effet de forces déstabilisatrices, les antinomies traditionnelles du droit public se sont intensifiées, une conciliation plus exigeante devant être opérée entre liberté d'expression et sauvegarde de l'ordre public, entre liberté d'information et protection de la vie privée, entre sûreté et lutte contre la criminalité, entre liberté d'entreprendre et respect des

[1] A.-J. ARNAUD, *Critique de la raison juridique – 2. Gouvernants sans frontières – Entre mondialisation et post-mondialisation*, LGDJ, coll. Droit et société, 2003, p. 187. En ce sens, Carbonnier faisait du « foisonnement des sources du droit » un « phénomène contre-révolutionnaire, postmoderne et baroque » (J. CARBONNIER, *Droit civil – Introduction*, 26ᵉ éd., Puf, 1999, n° 106 (cité par N. MARTIAL-BRAZ, « Propos introductifs », in M. BEHAR-TOUCHAIS, N. MARTIAL-BRAZ, J.-F. RIFFARD, dir., *Les mutations de la norme*, Economica, coll. Études juridiques, 2011, p. 1)).

règles de concurrence »[1]. Ainsi le recours aux institutions étatiques et aux organisations publiques plus généralement apparaît-il nécessaire concernant la liberté des communications. Sans doute en va-t-il de même à l'égard de nombreuses branches du droit global. Toutefois, dans le même temps, le Conseil économique, social et environnemental note que, « en affirmant qu'acteurs privés, entreprises et sociétés civiles sont autant que les États et les organisations internationales légitimes à réguler l'internet, la Déclaration de Tunis [du 18 novembre 2005] n'a fait qu'acter un *état de fait* »[2]. Il s'avère, dès lors, que la situation est celle d'une opposition problématique entre ce qui est attendu du droit de l'internet (sa maîtrise par les pouvoirs publics) et ce qu'est sa réalité (une concurrence entre pouvoirs publics et privés). Dans ce contexte, il paraît ô combien préférable d'étudier tant les normes d'origine privée que les normes d'origine publique, non seulement ces dernières.

Des professeurs retiennent que le « droit souple » est un « vrai droit »[3], un « bon droit »[4], et parient qu'il « deviendra, avec le charme des années, un beau droit »[5]. De même, il faut croire que la postmodernité permet autrement mieux que la modernité de rendre compte de ce droit souple. Et un auteur de résumer la situation en ces termes : « Ces normes d'un genre nouveau éveillent des espoirs pour certains qui rêvent grâce à elles d'assurer une meilleure adaptation du droit à ses sujets.

[1] J.-M. SAUVÉ, « Avant-propos », in Conseil d'État, *Le numérique et les droits fondamentaux*, La documentation française, coll. Les rapports du Conseil d'État, 2014, p. 6.

[2] N. CHICHE, *Internet : pour une gouvernance ouverte et équitable*, Éditions des journaux officiels, coll. Les études du Conseil économique, social et environnemental, 2014, p. 18 (non souligné dans le texte original).

[3] M. MEKKI, « Propos introductifs sur le droit souple », in Association Henri CAPITANT, *Le droit souple*, Dalloz, coll. Thèmes et commentaires, 2009, p. 23.

[4] *Ibid.*

[5] *Ibid.*

Elles attisent des craintes pour d'autres qui voient dans ces règles, au mieux, une concurrence illégitime et dangereuse à l'égard des sources traditionnelles du droit, au pire une source d'insécurité juridique pour les sujets de droit exposés à une prolifération de règles illégitimes à côté des normes légitimes »[1]. Mais tous, dès lors qu'ils acceptent de se tourner en direction de ces nouveaux objets normatifs, acceptent de se tourner en direction de la postmodernité et de quitter le giron pourtant rassurant de la modernité.

Enfin, il n'est pas inutile de souligner à cet instant combien la postmodernité paraît s'opposer aux visions manichéennes des problématiques juridiques. Ainsi faut-il sans doute préférablement retenir que les règles produites par des organismes privés peuvent être aussi légitimes que les règles produites par la puissance publique, qu'il arrive même qu'elles le soient plus[2], donc que le renouvellement des sources du droit

[1] N. MARTIAL-BRAZ, « Propos introductifs », in M. BEHAR-TOUCHAIS, N. MARTIAL-BRAZ, J.-F. RIFFARD, dir., *Les mutations de la norme*, Economica, coll. Études juridiques, 2011, p. 20.

[2] Dans le domaine du droit de l'internet, il arrive que des acteurs se mettent d'accord pour aller plus loin que ce que la loi exige d'eux. Par exemple, l'UFMD et le SNCD, dans leurs codes de déontologie, font tous les deux un sort particulier à la collecte et à l'utilisation des données à caractère personnel concernant les mineurs puisqu'y est recommandé de recueillir le consentement ou l'autorisation des représentants légaux pour collecter de telles données, ce qui n'est pas prévu par la loi « Informatique et libertés ». Toutefois, restent ensuite les questions du respect de ces normes et de la sanction effective des potentiels contrevenants. Pourraient aussi être cités les codes de bonne conduite pour le e-commerce de la FEVAD, les nombreux textes produits par le GESTE, la Charte pour la publicité comportementale en ligne de l'IAB, la Charte d'engagements pour le développement de l'offre légale de musique en ligne, le respect de la propriété intellectuelle et la lutte contre la piraterie numérique de l'AFA ou encore le code de bonne conduite élaboré par RapidShare à l'attention des services de téléchargement direct, lequel va nettement plus loin que ce que prévoit la loi en matière de protection des droits de propriété intellectuelle. Or il est remarquable que, alors que le site était autrefois le plus utilisé parmi les services de téléchargement direct,

« n'est pas nécessairement préjudiciable au droit. Il lui offre peut-être au contraire une renaissance bienvenue, un bain de jouvence duquel il sortira régénéré et renforcé »[1]. Et des spécialistes de la liberté des communications de mettre en avant le fait que l'autorégulation s'appuie sur la « recherche d'un pragmatique consensus »[2] et le fait que les normes qui en découlent « sont largement suivies par les internautes qui trouvent là une réponse adaptée à leurs besoins normatifs [car l'autorégulation] repose sur l'expertise des acteurs privés dont le savoir unique du contexte virtuel de leurs activités confère aux règles une légitimité de fait »[3]. Il serait donc peu pragmatique, et le pragmatisme semble intimement lié au postmodernisme, de retenir l'exigence de publicisation des origines du droit global en tant que position absolue. En revanche, il paraît légitime d'en faire une position relative, comprenant bien des atténuations, des limites et des contre-exemples. La postmodernité est un cadre de pensée dans lequel on ne peut tenir un propos supposément valable dans tous les cas, en tout lieu et de tout temps.

Par ailleurs, le non-étatisme qui va de pair avec la théorie du droit postmoderne implique que celle-ci tende nécessairement

les internautes ne lui font plus confiance, à tel point qu'il risque de disparaître, justement parce qu'il a mis en place de nombreuses mesures pour lutter contre les contrefaçons et ne pas être utilisé par les pirates (G. CHAMPEAU, « RapidShare se meurt d'avoir dû combattre le piratage », [en ligne] <numerama.com>, 20 mai 2013). *Cf.* C. ZOLYNSKI, « Questions de légistique soulevées par la construction de la norme à l'aune du renouvellement des sources de droit », in M. BEHAR-TOUCHAIS, N. MARTIAL-BRAZ, J.-F. RIFFARD, dir., *Les mutations de la norme*, Economica, coll. Études juridiques, 2011, p. 51 s. ; A. DEBET, « Les chartes et autres usages du droit de l'internet », *CDE* 2008, n° 4, p. 40 s.

[1] N. MARTIAL-BRAZ, « Propos introductifs », in M. BEHAR-TOUCHAIS, N. MARTIAL-BRAZ, J.-F. RIFFARD, dir., *Les mutations de la norme*, Economica, coll. Études juridiques, 2011, p. 2.

[2] *Lamy Droit des médias et de la communication* 2012, n° 466-163.

[3] *Ibid.*

vers le panjuridisme, c'est-à-dire tende à accueillir toutes les normes quelles qu'elles soient dans le cercle du droit. Or il est important que ce panjuridisme postmoderne soit modéré et non radical, cela afin de ne pas diluer totalement l'autonomie du droit dans le social. Si tel n'était pas le cas, la légitimité des juristes pourrait être remise en cause, ceux-ci n'ayant alors plus d'objet *ad hoc* à étudier, à enseigner, à pratiquer.

Chapitre 3. Le panjuridisme modéré de la pensée du droit postmoderne

L'étude du droit global, par exemple de la liberté des communications, permet de mettre en lumière certaines des grandes problématiques théoriques qui accompagnent l'avènement du droit postmoderne. Au premier rang de celles-ci figurent le besoin de concilier l'exigence que le chercheur se place dans un cadre théorique panjuridiste, c'est-à-dire ne refusant à aucune norme ou institution la qualité juridique pour un quelconque motif dogmatique (*1*), et la nécessité de ne pas ruiner de la sorte toute l'autonomie du droit, c'est-à-dire toutes les spécificités du champ juridique au sein du champ social, ce qui constitue le grand danger du droit postmoderne (*2*). Si les juristes postmodernes en venaient à ne pas trouver les moyens d'opérer pareille association d'enjeux *a priori* contradictoires, le risque serait de priver les facultés de droit et les chercheurs en droit de leur objet, les sociologues, politistes et économistes pouvant dès lors les cannibaliser. C'est pourquoi il sera proposé d'adopter le cadre de la théorie syncrétique du droit et de l'échelle de juridicité[1], celui-ci permettant, en retenant divers critères de juridicité et divers degrés de juridicité, de préserver les traits distinctifs du droit tout en autorisant les scientifiques du droit à étudier toute forme de normes ou d'institutions (*3*).

[1] B. Barraud, *Théories du droit et pluralisme juridique – t. II : La théorie syncrétique du droit et la possibilité du pluralisme juridique*, PUAM (Aix-en-Provence), coll. Inter-normes, 2016 ; B. Barraud, « L'échelle de juridicité : un outil pour mesurer le droit et fonder une théorie syncrétique (première partie : présentation) », *Arch. phil. droit* 2013, p. 365 s. ; B. Barraud, « L'échelle de juridicité : un outil pour mesurer le droit et fonder une théorie syncrétique (seconde partie : application) », *Arch. phil. droit* 2014, p. 503 s.

1. *Les enjeux profondément théoriques mais aux lourdes implications pratiques du panjuridisme postmoderne*

Dans l'espace du droit moderne, il faut séparer les normes d'origine privée acceptées par l'État et les normes d'origine privée non acceptées par l'État. Cette distinction en fonction de l'attitude adoptée par l'État est inévitable sous l'angle théorique puisqu'est tolérée par beaucoup de modernes la juridicité des normes produites par des organisations privées explicitement « validées » par quelques normes de la pyramide étatique, alors que ce n'est qu'une part minoritaire de la doctrine qui retient la juridicité y compris des normes engendrées par les sources privées indépendantes de l'État. Avec la postmodernité, il n'est plus lieu de se poser pareilles questions, toutes les normes méritant d'être prises en compte par les juristes.

La pensée du droit postmoderne s'écarte ainsi des distinctions modernes. Par exemple, « si les membres individuels de l'État, enseignait Carré de Malberg, sont admis, en tant que citoyens, à participer à des actes impliquant exercice de puissance publique, *ils ne peuvent, en tant que particuliers, créer du droit par leur puissance privée* »[1], c'est-à-dire

[1] R. Carré de Malberg, *Confrontation de la théorie de la formation du droit par degrés avec les idées et les institutions consacrées par le droit positif français relativement à sa formation*, Librairie du Recueil Sirey, 1933, p. 93 (non souligné dans le texte original). Le maître strasbourgeois pouvait parfaitement remarquer que, « en fait et malgré le grand développement qu'ont pris à l'époque présente les tendances à l'étatisme, le nombre des affaires assumées directement par l'État est relativement peu considérable, et pour le surplus l'État laisse les particuliers collaborer par leur propre activité à la satisfaction des besoins et à l'augmentation de la prospérité de la collectivité nationale, assuré qu'il est de recueillir dans une large mesure les fruits de toute cette activité privée » (R. Carré de Malberg, *Contribution à la théorie générale de l'État spécialement d'après les données fournies par le droit constitutionnel français*, t. I, Librairie du Recueil Sirey, 1920, p. 262).

indépendamment de la structure *jus*-étatique. Et, aujourd'hui, y compris l'article « pluralisme juridique » du *Dictionnaire de la culture juridique* affirme que, « quelles que soient les modalités de relevance d'un ordre juridique non étatique pour l'État, [...] cet ordre sera de toute façon [...] *subordonné à l'ordre étatique*. Le droit de l'État est ainsi toujours relevant pour les ordres juridiques non étatiques »[1]. La thèse, soutenue par les postmodernes, selon laquelle des sources privées de droit pourraient être indépendantes des institutions publiques est ainsi rendue théoriquement inconséquente du point de vue moderne, notamment en raison de l'influence kelsénienne. À suivre la pensée moderne encore aujourd'hui dominante, il ne serait toujours question que de monisme juridique puisque les règles de droit d'origine privée s'insèreraient indéfectiblement au rez-de-chaussée de la pyramide[2], si bien qu'y compris le droit global ne pourrait dans tous les cas pas coïncider avec un contexte de pluralisme juridique, l'étaticité directe ou indirecte demeurant un critère de la juridicité[3].

Cela ne signifiait pas autre chose, dans l'esprit de l'illustre professeur, que le fait que « le nombre des affaires assumées directement par le droit est relativement peu considérable », l'activité normative des particuliers ne pouvant en aucune façon être d'ordre juridique.

[1] H. MOUTOUH, « Pluralisme juridique », in D. ALLAND, S. RIALS, dir., *Dictionnaire de la culture juridique*, Lamy-Puf, coll. Quadrige-dicos poche, 2003, p. 1161 (non souligné dans le texte original).

[2] G. TIMSIT, « Système », in D. ALLAND, S. RIALS, dir., *Dictionnaire de la culture juridique*, Lamy-Puf, coll. Quadrige-dicos poche, 2003, p. 1464.

[3] Par exemple, P. FILLIOL, *Le problème de l'intégration de l'autorégulation dans le système juridique – Contribution à l'étude de l'autorégulation à travers le prisme du droit de la publicité*, th., Université Paul Cézanne - Aix-Marseille III, 2003 ; G. SIMON, *Puissance sportive et ordre juridique étatique – Contribution à l'étude des relations entre la puissance publique et les institutions privées*, LGDJ, 1990 ; pour une analyse contraire, *cf.* M. VAN HOECKE, « Des ordres juridiques en conflit : sport et droit », *RIEJ* 1995, n° 35, p. 62 s.

Les enjeux du passage de la théorie du droit moderne à la théorie du droit postmoderne sont ainsi ô combien conséquents. Ce n'est que dans les cas où leurs normes sont établies loin de tout regard étatique que les puissances privées concurrencent réellement les institutions publiques et que, potentiellement, des règles d'origine publique et des règles d'origine privée peuvent avoir pour fin de régir de mêmes situations, d'établir de mêmes régimes juridiques. Aussi les tenants du « pluralisme juridique radical », postmodernes sous bien des aspects, soutiennent-ils qu'il n'y aurait de pluralisme juridique qu'*à condition qu'une part substantielle du droit positif échappe à l'État*[1]. Il paraît indispensable, au moment d'étudier un objet normatif global tel que la liberté des communications — et alors qu'on fait de l'autorégulation la technique normative la plus prometteuse pour établir un droit transnational[2] —, d'accepter la juridicité des normes issues des sources privées indépendantes des sources publiques, par exemple d'accepter la juridicité des coutumes « *contra legem* » et non seulement celle des coutumes « *secundum legem* ». Que « les coutumes ne conservent que la place et le rôle que les sources officielles leur concèdent »[3] ne vaut que dans le système juridique « officiel », c'est-à-dire dans la pyramide étatique, non de manière absolue. Il semble donc nécessaire de quitter la pensée juridique moderne au profit de la pensée juridique postmoderne.

[1] En particulier, J. GRIFFITHS, « What is Legal Pluralism? », *Journal of Legal Pluralism* 1986, n° 24, p. 1 s. ; également, A. I. OGUS, « Law and Spontaneous Order: Hayek's Contribution to Legal Theory », *Journal of Law and Society* 1989, n° 16, p. 393 s. (cités par S. LEBEL-GRENIER, *Pour un pluralisme juridique radical*, th., Université McGill de Montréal, 2002, p. 82).

[2] N. A. OVALLE DIAZ, *La production pluraliste du droit transnational contemporain*, th., Université d'Ottawa, 2015 ; J.-L. BERGEL, « Globalisation du droit et professions juridiques », *RRJ* 2010, p. 2163.

[3] J.-L. BERGEL, *Théorie générale du droit*, 5e éd., Dalloz, coll. Méthodes du droit, 2012, p. 66.

Avec cette pensée postmoderne, on peut accueillir favorablement la théorie du « droit social » et du « fait normatif » — oxymore très audacieux — de Gurvitch selon laquelle la société civile, de toute temps, pourrait se donner ses propres règles de droit et ainsi s'organiser juridiquement sans l'État ou même contre l'État[1]. En aucun cas ne saurait-il être lieu d'abandonner l'étude des normes privées autonomes à la sociologie des organisations[2] — car un juriste, par définition, ne s'intéresse qu'à des données juridiques[3] — et d'abonder dans le sens de Bodin et des courants étatistes qui suivirent sa trace, pour lesquels « la loy peut casser les coustumes, et *la coustume ne peut déroger à la loi*. [...] [La coutume] n'a force que par la souffrance et tant qu'il plaist au Prince souverain »[4]. Les théories du monisme juridique amènent jusqu'à certains sociologues du droit à conclure que, « si des réglementations privées peuvent prendre utilement le relais du droit étatique, ce

[1] Spécialement, G. GURVITCH, *Le temps présent et l'idée du droit social*, Vrin, 1932 ; G. GURVITCH, *L'expérience juridique et la philosophie pluraliste du droit*, Pedone, 1935. Ne semblant pas accepter l'idée d'un droit d'origine privée accueilli par la puissance publique, le sociologue observait que, « étant fondé sur la confiance, le droit social ne peut jamais être imposé du dehors ; il ne peut réglementer que du dedans, d'une façon immanente. Le droit social est donc toujours un droit autonome, inhérent à chaque Nous particulier, favorable à l'autonomie juridique des intéressés » (G. GURVITCH, *Éléments de sociologie juridique*, Aubier, 1940, p. 157). Puis, il distinguait « droit social de la masse (validité faible/violence forte) », « droit social de la communauté (validité moyenne/violence moyenne) » et « droit social de la communion (validité forte/violence faible) », en fonction de la « fusion », c'est-à-dire du degré d'intensité des liens entre les membres du corps social (*ibid.*, p. 158 s.).

[2] *Cf.* V. SIMOULIN, « Droit et sociologie des organisations – Frontières organisationnelles et disciplinaires », *Dr. et société* 2007, p. 569.

[3] Pour une analyse contraire, *cf.* S. PAJAUD-GUEGUEN, *Essai sur le pouvoir normatif des organismes de droit privé*, th., Université de Toulouse I - Capitole, 1995.

[4] J. BODIN, *Les six livres de la République*, 1576, L. I, chap. 10 (non souligné dans le texte original ; cité par O. BEAUD, *La puissance de l'État*, Puf, coll. Léviathan, 1994, p. 100).

n'est jamais, dans notre système juridique, en marge de lui, encore moins contre lui »[1]. Pareille prémisse s'avère incompatible avec toute intention de porter un regard réaliste sur l'état de l'État à l'ère du droit global. Et c'est bien une certaine forme de pragmatisme qui doit amener à préférer le panjuridisme de la théorie du droit postmoderne.

À titre d'illustration, ne se positionne pas dans le sillage *jus*-étatiste mais dans le courant postmoderne qui convient que la fameuse « *lex mercatoria* » serait un témoignage de la possible existence de règles juridiques spontanées, anationales et aterritoriales, donc *totalement indépendantes de tout ordre étatique*, édictées loin du regard ou de la tutelle étatique[2]. S'il est peut-être vrai que les mouvements de codification du droit commercial, à partir du XVIIIe s., ont tendu à faire disparaître la « *lex mercatoria* »[3], il faut gager que les objets, activités et phénomènes de la globalisation contribuent à lui redonner vie, notamment à travers la « *lex electronica* ». Et Karl Marx était précurseur de la postmodernité de la pensée juridique lorsqu'il voyait dans l'usage paysan autorisant à ramasser le bois mort dans les forêts privées une règle aussi juridique que la décision

[1] A.-J. ARNAUD, *Critique de la raison juridique – 2. Gouvernants sans frontières – Entre mondialisation et post-mondialisation*, LGDJ, coll. Droit et société, 2003, p. 226.

[2] Par exemple, J. GHESTIN, « La notion de contrat », *Droits* 1990, n° 12, p. 8 ; J.-F. RIFFARD, « Globalisation de l'économie et internationalisation du droit des affaires : vers une abdication de l'État de droit ? », in D. MOCKLE, dir., *Mondialisation et État de droit*, Bruylant (Bruxelles), 2001. On note ainsi que, « dans sa version la plus achevée, la communauté des opérateurs du commerce international prétend reconnaître à la *lex mercatoria* les qualités d'un ordre juridique autonome, distinct des ordres juridiques étatiques comme de l'ordre juridique international » (D. BUREAU, « *Lex mercatoria* », in D. ALLAND, S. RIALS, dir., *Dictionnaire de la culture juridique*, Lamy-Puf, coll. Quadrige-dicos poche, 2003, p. 933-934).

[3] D. BUREAU, « *Lex mercatoria* », in D. ALLAND, S. RIALS, dir., *Dictionnaire de la culture juridique*, Lamy-Puf, coll. Quadrige-dicos poche, 2003, p. 934.

du Parlement rhénan, prise en 1842, d'interdire tout ramassage de bois mort en forêt[1].

À l'inverse, Thomas Hobbes retenait que, dans le silence de la loi, la liberté resterait nécessairement entière[2], tandis que l'article 5 de la Déclaration des droits de l'homme et du citoyen du 26 août 1789 prévoit de même que « tout ce qui n'est pas défendu par la Loi ne peut être empêché, et nul ne peut être contraint à faire ce qu'elle n'ordonne pas ». Cela paraît exclure toute possibilité de droit non législatif et même de normes non législatives — si bien que la postmodernité devrait démontrer la capacité des organismes privés de créer des règles de droit mais aussi celle de créer de simples règles[3]. Et Hobbes d'ajouter : « Quand un long usage acquiert l'autorité d'une loi, ce n'est pas la longueur du temps écoulé qui fait son autorité, mais la volonté du souverain signifiée par son silence (le silence est, en effet, l'indice d'un consentement) : et cet usage reste loi aussi longtemps que le Souverain garde le silence à son sujet »[4]. Le philosophe britannique pouvait donc concevoir l'existence de règles de droit d'origine privée soumises à la puissance publique, mais non celle de *règles de droit d'origine privée indépendantes de la puissance publique*.

Des commentateurs, à l'ère contemporaine, en arrivent à la même conclusion : « Notre loi fondamentale [*i.e.* la Constitution] n'est pas neutre à l'égard du droit coutumier : en

[1] Cité par J. COMMAILLE, « Droit et politique », in D. ALLAND, S. RIALS, dir., *Dictionnaire de la culture juridique*, Lamy-Puf, coll. Quadrige-dicos poche, 2003, p. 478.

[2] Th. HOBBES, « La loi, source unique du droit », in Ch. GRZEGORCZYK, F. MICHAUT, M. TROPER, *Le positivisme juridique*, LGDJ, coll. La pensée juridique, 1993, p. 301.

[3] En ce sens, S. PAJAUD-GUEGUEN, *Essai sur le pouvoir normatif des organismes de droit privé*, th., Université de Toulouse I - Capitole, 1995.

[4] Th. HOBBES, *Léviathan*, 1651, chap. 26 (cité par O. BEAUD, *La puissance de l'État*, Puf, coll. Léviathan, 1994, p. 100).

habilitant le Parlement et le pouvoir exécutif (et eux seuls) à établir des normes *à titre initial*, elle interdit [...] que des règles coutumières "autonomes" se forment au sein de l'ordre national »[1]. Où les différences entre modernité et postmodernité juridiques se révèlent patentes sous l'angle de l'étatisme juridique de l'un et du panjuridisme de l'autre.

Pour les postmodernes, il n'est pas lieu de réfléchir à la frontière entre domaine du juridique et domaine du non juridique ; toutes les sources privées de normes devraient être considérées comme des sources de normes juridiques et, par exemple, il serait inconséquent de distinguer le droit, nécessairement d'origine publique, et la déontologie, d'origine privée[2]. S'appuyer sur les prémisses spécifiques à la théorie du droit postmoderne apparaît indispensable au juriste qui aspire à rendre un ouvrage *réaliste et pragmatique*, car sans doute est-il permis de transposer l'analyse depuis longtemps effectuée relativement aux conventions collectives de travail et selon laquelle « cette réglementation [privée] ne se contente plus de compléter la législation : elle la concurrence, elle la devance, elle l'ignore »[3]. *A fortiori* concernant le droit global ou, plus spécifiquement, la liberté des communications, il serait peu pertinent de ne pas accepter, en vertu d'une conception étatiste du droit, que,

> *De nos jours, les sociétés* multiplient et diversifient les sources de droit, *faisant exploser les modèles étatiques et les ensembles normatifs classiques pour*

[1] G. TEBOUL, « Remarques sur la validité des règles coutumières internes dans l'ordre juridique français », *RDP* 1998, p. 696 (non souligné dans le texte original ; cité par A. POMADE, *La Société Civile et le droit de l'environnement – Contribution à la réflexion sur les sources et la validité des normes juridiques*, th., Université d'Orléans, 2009, p. 535).

[2] E. DERIEUX, A. GRANCHET, *Réseaux sociaux en ligne – Aspects juridiques et déontologiques*, Lamy, coll. Axe droit, 2013.

[3] G. LYON-CAEN, *Le droit conventionnel du travail*, Dalloz, 1963, p. 15.

> *se diffuser librement, au-delà des frontières, dans le monde entier. Il faut donc songer, au-delà ou en deçà des ensembles étatiques, interétatiques ou supra-étatiques, à l'importance de nombreux ordres juridiques "délégalisés" à caractère privatif, propres à des groupements privés, à des branches particulières d'activité ou à des groupes sociaux déterminés qui ignorent les frontières et diffusent dans le monde entier leurs usages, leurs pratiques et leurs modes spécifiques de règlement des litiges. [...] Ainsi voit-on émerger une multitude de* systèmes juridiques particuliers, *distincts des ordres juridiques étatiques ou internationaux publics, qui bénéficient d'une certaine forme d'autonomie et qui coexistent ou même rivalisent avec eux.*[1]

Plus encore, dans le cadre de la postmodernité, on peut en venir à poser, avec Georges Gurvitch, non plus la question de l'acceptation étatique des normes d'origine privée mais celle de l'acceptation privée des normes d'origine étatique[2]. Et cela ne doit pas interdire, bien au contraire, d'accepter que l'ensemble du « *soft law* para-législatif »[3], des normes para- ou même contra-étatiques, soit juridique.

En somme, l'entrée dans la postmodernité permettrait de concevoir que le pluralisme juridique puisse être « de façade », parce que les organisations privées sources de normes sont contrôlées par l'État — de telle sorte que le droit n'est toujours, en définitive, qu'une pyramide unitaire —, mais aussi

[1] J.-L. BERGEL, *Théorie générale du droit*, 5e éd., Dalloz, coll. Méthodes du droit, 2012, p. 177 (non souligné dans le texte original).

[2] « Tout pouvoir juridique, écrivait le sociologue, est fonction du droit social, car il n'est d'abord que la manifestation extérieure de l'irréductibilité du Nous » (G. GURVITCH, *Éléments de sociologie juridique*, Aubier, 1940, p. 158).

[3] C. THIBIERGE, « Le droit souple – Réflexion sur les textures du droit », *RTD civ.* 2003, p. 612.

« authentique », si lesdites organisations privées échappent à l'État et font œuvre solitaire[1]. Le retrait de l'État du processus de production du droit peut donc être volontaire (phénomène moderne) ou involontaire (phénomène postmoderne). Et, en termes de sources du droit, l'« extrême perméabilité de la frontière entre droit public et droit privé qui conduit à l'unité du système juridique »[2] est plus ou moins vérifiée selon que les sources privées sont incorporées dans l'espace *jus*-étatique ou non. Mais, aux yeux de la postmodernité juridique, il faut nécessairement accueillir l'« hypothèse fondamentale [...] d'une pluralité de droits concurrents, étatiques, infra-étatiques, supra-étatiques »[3]. Selon les prémisses *jus*-théoriques postmodernes, toutes les normes extra-étatiques sont juridiques, la « puissance privée »[4] est, autant que la puissance publique, une puissance juridique, une force s'exprimant par le droit[5].

[1] N. ROULAND, *Anthropologie juridique*, Puf, coll. Droit fondamental, 1988, p. 9 ; également, M.-A. COHENDET, « Synthèse et conclusion », in L. FONTAINE, dir., *Droit et pluralisme*, Nemesis-Bruylant (Bruxelles), coll. Droit et justice, 2007, p. 395 ; J. GRIFFITHS, « What is Legal Pluralism? », *Journal of Legal Pluralism* 1986, n° 24, p. 1 s.

[2] É. DESMONS, « Droit privé, droit public », in D. ALLAND, S. RIALS, dir., *Dictionnaire de la culture juridique*, Lamy-Puf, coll. Quadrige-dicos poche, 2003, p. 523.

[3] J. CARBONNIER, *Flexible droit – Pour une sociologie du droit sans rigueur*, 8e éd., LGDJ, 1995, p. 17.

[4] Réf. à J.-C. VENEZIA, « Puissance publique, puissance privée », in *Mélanges Charles Eisenmann*, Cujas, 1975, p. 363 s.

[5] En ce sens, F. CAFAGGI, « Le rôle des acteurs privés dans les processus de régulation – Participation, autorégulation et régulation privée », *RF adm. publ.* 2004, p. 23 ; E. MACKAAY, « Quelques réflexions sur les normes privées », *RRJ* 2011, p. 2203 s. ; É. RALSER, « Pluralisme et droit international privé », *RRJ* 2003, p. 2547 s. ; Ph. JESTAZ, « Les rapports privés, sources de droit privé », in *Autour du droit civil – Écrits dispersés – Idées convergentes*, Dalloz, 2005, p. 191 s.

Certes, la « faculté exceptionnelle de captation du système juridique étatique »[1] est un fait avéré et a déjà été souligné combien l'État peut valider pratiquement toutes les règles d'origine privée s'il le souhaite, faisant ainsi disparaître le « pur » droit d'essence privée. Reste que la part des normes privées non étatiquement « captée » doit toujours être considérée comme juridique. La postmodernité repousse ainsi les « frontières du droit »[2] aussi loin que possible.

Or l'échelle de juridicité se présente tel un instrument très efficace à ces fins — à ses yeux, jusqu'à une habitude personnelle comme se lever chaque matin à la même heure est une règle juridique, quoiqu'elle ne le soit que faiblement[3]. Sans cela, en considérant que les normes en cause auraient une existence de fait mais non une existence juridique[4], il serait bien sûr impossible d'étudier de façon pertinente le phénomène, décrit notamment par Jacques Chevallier, de croissance constante de la part de la « régulation juridique d'origine privée » dans l'ensemble-droit[5]. Tel semble bel et bien être le grand défi de la transition de la modernité à la postmodernité de la pensée juridique, loin de chercher à étudier un étrange « rôle des normes non juridiques dans le droit »[6].

[1] L. FONTAINE, « Le pluralisme comme théorie des normes », in L. FONTAINE, dir., *Droit et pluralisme*, Nemesis-Bruylant (Bruxelles), coll. Droit et justice, 2007, p. 158.

[2] Réf. à B. GOLDMAN, « Frontières du droit et "*lex mercatoria*" », *Arch. phil. droit* 1964, p. 177 s.

[3] B. BARRAUD, « L'échelle de juridicité : un outil pour mesurer le droit et fonder une théorie syncrétique (seconde partie : application) », *Arch. phil. droit* 2014, p. 545.

[4] Par exemple, X. MAGNON, *Théorie(s) du droit*, Ellipses, coll. Universités-Droit, 2008, p. 95.

[5] J. CHEVALLIER, « La régulation juridique en question », *Dr. et société* 2001, p. 838.

[6] H. COUSY, « Le rôle des normes non juridiques dans le droit », rapport au XIe Congrès international de droit comparé, Caracas, 1982 (cité par

Néanmoins, la théorie postmoderne du droit ne paraît pas pouvoir se contenter de consacrer sans autre forme de procès la juridicité de toutes les formes de normes, ou alors elle ne serait qu'une théorie au sens faible du mot. Elle doit également, cette fois à la suite des théories modernes du droit, songer à quelques spécificités des règles de droit parmi l'ensemble des règles sociales, donc aboutir à consacrer un panjuridisme modéré et non absolu. Ainsi la théorie postmoderne du droit se caractérise-t-elle par la recherche d'un difficile équilibre entre panjuridisme et autonomie du droit.

2. *Le délicat équilibre de la pensée juridique postmoderne entre panjuridisme et autonomie du droit*

« L'imaginaire collectif des juristes, explique-t-on, nous a habitués à concevoir un État férocement jaloux de ses prérogatives sinon de son monopole en matière de régulation juridique »[1]. Par exemple, Olivier Beaud intitule la conclusion de la première partie de son ouvrage *La puissance de l'État* « La souveraineté comme monopolisation du droit positif par l'État »[2]. Historiquement, « tout juriste est le successeur d'un pontife »[3]. À l'ère moderne, dominée par le normativisme, il

F. OSMAN, « Avis, directives, codes de bonne conduite, recommandations, déontologie, éthique etc. – Réflexion sur la dégradation des sources privées du droit », *RTD civ.* 1995, p. 509).

[1] J.-G. BELLEY, « L'État et la régulation juridique des sociétés globales – Pour une problématique du pluralisme juridique », *Sociologie et sociétés* 1986, n° 18, p. 30.

[2] O. BEAUD, *La puissance de l'État*, Puf, coll. Léviathan, 1994, p. 197.

[3] G. RIPERT, *Le régime démocratique et le droit civil moderne*, LGDJ, 1936, p. 3 (cité par F. OST, M. VAN DE KERCHOVE, *De la pyramide au réseau ? Pour*

paraît obligatoire de soutenir l'État, la loi et le roi Kelsen. On devrait s'adonner insatiablement à leur culte, défendre l'ordre théorique établi contre tous les assaillants et perpétuer la « tradition des légistes chargés de fortifier les ordres de l'autorité royale par une argumentation doctrinale »[1]. Catéchisés par des œillères conceptuelles, beaucoup de juristes ne produiraient ainsi que des études inobjectives et partisanes, sortes de plébiscites.

Toutefois, d'une part, ces constats, effectués durant le XXe s., sont de moins en moins vérifiés à l'heure actuelle et, d'autre part — et surtout —, les études telles que celle du droit global ou celle de la liberté des communications ne seraient pas envisageables sans accepter au préalable de poser la question de la coexistence de foyers publics et de foyers privés de normes juridiques, sans admettre, avec Carbonnier, l' « hypothèse fondamentale [...] d'une pluralité de droits concurrents, étatiques, infra-étatiques, supra-étatiques »[2], mais aussi « para-étatiques », adjectif qui semble le plus congruent afin de désigner les sources privées en faisant référence à leur position par rapport à l'État.

Une enquête relative à la production ou à la constitution d'une branche du droit global qui refuserait d'envisager le « droit extra-étatique »[3] de la même manière que le droit étatique ne saurait donner des résultats satisfaisants, conduirait à isoler le droit par rapport au reste de la sphère sociale de façon

une théorie dialectique du droit, Publications des Facultés universitaires Saint-Louis (Bruxelles), 2002, p. 21).

[1] *Ibid.* (cité par F. OST, M. VAN DE KERCHOVE, *De la pyramide au réseau ? Pour une théorie dialectique du droit*, Publications des Facultés universitaires Saint-Louis (Bruxelles), 2002, p. 21).

[2] J. CARBONNIER, *Flexible droit – Pour une sociologie du droit sans rigueur*, 8e éd., LGDJ, 1995, p. 17.

[3] Notamment, J. CHEVALLIER, *L'État post-moderne*, 3e éd., LGDJ, coll. Droit et société, 2008, p. 124.

peut-être inconséquente. Il faudrait *rapprocher la réalité du pluralisme juridique de la réalité du pluralisme normatif*, ou alors les facultés de droit pourraient bientôt se retrouver dangereusement détachées des autres sciences sociales et ne plus être des écoles à vocation pratique. Il serait donc nécessaire, sans apriori aucun, d'envisager possible que quelque puissance privée» concurrence la puissance publique[1]. Les normes privées revêtent, certes, en premier lieu une « force de fait à l'état pur »[2], mais elles s'habillent également d'une certaine force juridique. Reste, ensuite, à confirmer ou infirmer objectivement et empiriquement cette possibilité d'une concurrence entre droit d'essence publique et droit d'essence privée.

Jacques Chevallier n'hésite pas à faire observer — allant jusqu'à souligner — que « la *régulation juridique d'origine privée* a pris une importance croissante »[3]. Il est indispensable, à l'heure du droit global, de s'autoriser à opérer pareille conclusion. Et, s'il est vrai qu' « il existe deux types de pluralisme [normatif] dont seul le second est authentique : celui autorisé par l'État et celui qui échappe à son contrôle »[4], il faut

[1] Réf. à J.-C. VENEZIA, « Puissance publique, puissance privée », in *Mélanges Charles Eisenmann*, Cujas, 1975, p. 363 s.

[2] P. DEUMIER, *Le droit spontané*, Economica, coll. Recherches juridiques, 2002, p. 13. En ce sens, on va jusqu'à écrire que le « droit » administratif, dans sa version jurisprudentielle, parce qu'il ne serait pas valide dans l'ordre juridique, « a une existence de fait ; il n'a pas d'existence juridique. [...] Il existe ainsi un corpus de règles applicables aux personnes publiques [...] sans que cet ensemble ne constitue pour autant un ensemble de normes juridiques. [...] Les règles de l'administration ne relèvent pas du droit, d'un devoir-être, mais d'un fait » (X. MAGNON, *Théorie(s) du droit*, Ellipses, coll. Universités-Droit, 2008, p. 95).

[3] J. CHEVALLIER, « La régulation juridique en question », *Dr. et société* 2001, p. 838 (souligné dans le texte original).

[4] N. ROULAND, *Anthropologie juridique*, Puf, coll. Droit fondamental, 1988, p. 9. Le professeur ajoute que, dans le cas du pluralisme autorisé par l'État, « le pluralisme n'est que de façade. [...] L'État reste le maître du jeu » (*ibid.*).

affirmer que tous deux sont des pluralismes juridiques, non seulement le premier[1]. La plupart des auteurs attachés à penser le pluralisme juridique s'accordent sur le fait que celui-ci doit se comprendre comme incorporation du droit d'origine privée dans l'ensemble-droit. On parle alors de « vrai pluralisme »[2], de « pluralisme au sens fort »[3] ou encore de « pluralisme dur »[4]. Autant de phénomènes que seule la postmodernité semble autoriser. Dès lors, ce seraient *l'autonomie et l'indépendance des sources* qui signeraient l'affirmation du pluralisme juridique. Il faudrait que des normes juridiques issues de diverses sources « s'appliquent concurremment à des situations identiques »[5].

Pour autant, si la postmodernité permet de juger que toute norme quelle qu'elle soit est juridique, peut-être n'est-ce qu'à condition de garder à l'esprit la *variabilité de la force juridique*

Également, É. RALSER, « Pluralisme et droit international privé », *RRJ* 2003, p. 2547 s.

[1] Ou bien faut-il affirmer que seule la situation dans laquelle du droit échappe à tout contrôle de l'État est une situation de pluralisme juridique (en particulier, J. GRIFFITHS, « What is Legal Pluralism? », *Journal of Legal Pluralism* 1986, n° 24, p. 1 s.).

[2] S. LEBEL-GRENIER, *Pour un pluralisme juridique radical*, th., Université McGill de Montréal, 2002, p. 56.

[3] F. OST, M. VAN DE KERCHOVE, *De la pyramide au réseau ? Pour une théorie dialectique du droit*, Publications des Facultés universitaires Saint-Louis (Bruxelles), 2002, p. 316.

[4] S. GRAMMOND, « La réception des systèmes juridiques autochtones du Canada », in A. BRETON, A. DES ORMEAUX, K. PISTOR, P. SALMON, dir., *Le multijuridisme – Manifestations, causes et conséquences*, Eska, 2010, p. 55.

[5] J.-L. BERGEL, *Théorie générale du droit*, 5e éd., Dalloz, coll. Méthodes du droit, 2012, p. 183. Quand n'est en cause qu'une pluralité de sources au sein d'un seul et même ordre juridique, sans doute est-il plus pertinent de parler de « monisme » que de « pluralisme » juridique. Ainsi le pluralisme des sources qui n'est pas, en même temps, un pluralisme des ordres juridiques ne permet-il pas de conclure à la réalité du pluralisme juridique. S'il est, dans cette hypothèse, permis d'envisager un « pluralisme des sources », il n'est pas juste d'y voir un « pluralisme juridique ».

étudiée grâce à l'échelle de juridicité[1]. Dans ce cas, des critères de juridicité permettent toujours de spécifier la juridicité des normes : leur valeur juridique, leur validité juridique, leurs qualités juridiques, leur sanction juridique, leur application juridique et leur effectivité[2]. Ce n'est qu'à cette condition que le panjuridisme peut se marier avec l'autonomie du droit. Mais il ne faut pas ignorer que nombre de postmodernes préfèrent étudier le droit sans jamais le définir, donc s'inscrire dans le cadre d'un panjuridisme radical. Aussi cette conciliation du panjuridisme et de l'autonomie du droit constitue-t-elle l'un des grands enjeux de la postmodernité. Peut-être le succès de cette dernière dépendra-t-il de sa capacité à le relever.

Par ailleurs, au-delà de la juridicité, qui reste une question purement théorique — la plupart des juristes (qui sont des praticiens) parlent de « norme » ou de « règle » sans jamais préciser s'il s'agit de « norme *juridique* » ou de « règle *juridique* »[3] —, il importerait, en tant que postmoderne, d'être capable de soutenir qu' « une bonne convention collective vaut mieux qu'une mauvaise loi »[4]. Où se laisse concevoir combien le problème du rapport public/privé en droit peut très rapidement prendre une tournure politique, *a fortiori* à l'époque postmoderne dès lors qu'elle permet aux juristes de s'ouvrir à toute la privacité du droit[5]. Mais ces lignes ne sont pas le lieu où

[1] B. BARRAUD, *Théories du droit et pluralisme juridique – t. II : La théorie syncrétique du droit et la possibilité du pluralisme juridique*, PUAM (Aix-en-Provence), coll. Inter-normes, 2016, n° 87 s. et 129 s.

[2] *Ibid.*

[3] Parmi d'innombrables exemples, E. MACKAAY, « Quelques réflexions sur les normes privées », *RRJ* 2011, p. 2203 s.

[4] Ph. JESTAZ, *Les sources du droit*, Dalloz, coll. Connaissance du droit, 2005, p. 36.

[5] Maurice Hauriou, par exemple, expliquait : « Il ne faut pas trop d'État : la liberté du régime d'État suppose que l'État ne monopolise pas toute la nation, elle suppose une séparation de la vie publique, où s'exerce l'initiative de l'État, et de la vie privée, où s'exerce l'initiative des individus ou des corps

juger si cela constitue une chance ou bien un risque pour la pensée juridique.

On a pu dire des interrogations sur la place de l'État par rapport au droit que, « loin de vous transporter, intellectuellement parlant, [elles sont] à porter, véritablement, à bouts de bras. On y ressent moins que de la densité, une pesanteur qui vous attire vers le bas, vers les régions les moins éclairées de l'être humain »[1]. Il est vrai que ce sont des questions qui, telles qu'elles sont habituellement appréhendées, ne connaissent pas de réponses ou, du moins, pas de réponses fermes et définitives. « La notion de droit n'est inscrite nulle part à la façon d'un donné qu'il suffirait d'exploiter », souligne-t-on[2]. Comme s'il s'agissait d'un débat « politicien », les tenants de l'étatisme moderne et du pluralisme postmoderne s'affrontent, promettant de camper sur leurs positions assez idéologiques et de ne jamais en changer. Or, aujourd'hui, ce sont les modernes qui détiennent le pouvoir doctrinal, les postmodernes composant l' « opposition ».

Armée de la théorie syncrétique du droit et de l'échelle de juridicité, peut-être la postmodernité juridique pourrait-elle renverser le rapport de force. Ladite théorie syncrétique paraît revêtir une force doctrinale intrinsèque, donc une force doctrinale potentielle naturellement supérieure à celle de toute autre théorie, cela parce qu'elle seule parvient à considérer la notion de droit tel *un donné* qu'il suffit d'exploiter, loin de toute stipulation et de tout arbitraire, ce qui amène à dire qu'elle est

spontanés ; l'éducation de cette liberté ne saurait donc être confiée à l'État seul car ce serait introduire le loup dans la bergerie » (M. HAURIOU, *Principes de droit public à l'usage des étudiants en licence et en doctorat ès sciences politiques*, 2e éd., Librairie du Recueil Sirey, 1916, p. 786).

[1] R. DRAÏ, *L'État purgatoire – La tentation postdémocratique*, Michalon, 2005, p. 8.

[2] R. LIBCHABER, *L'ordre juridique et le discours du droit – Essai sur les limites de la connaissance du droit*, LGDJ, 2013, p. 7.

aussi une « théorie scientifique du droit » et une « méta-théorie du droit »[1]. Mais son apport principal reste bien qu'elle permet de concilier ces deux éléments *a priori* antinomiques : le panjuridisme et l'autonomie du droit.

3. *L'étude du droit postmoderne dans le cadre d'une théorie conférant la juridicité à chaque norme tout en préservant les spécificités ontologiques du droit*

La problématique des « frontières du droit »[2] doit normalement être résolue avant tout travail *jus*-scientifique, cela afin de circonscrire son territoire, afin de *borner le terrain des investigations*. Actuellement, le constat, dans les pays de droit occidental, demeure celui de la domination, parmi la psyché juridique collective, de l'idée moderne d'un droit monopole de l'État[3]. Lui sont néanmoins parfois opposées des conceptions divergentes telles que celle du « pluralisme juridique radical » selon laquelle « doit être abandonné le rapport à l'État comme critère de juridicité »[4]. Il faut croire que les positions extrêmes sont mauvaises conseillères et que, si repenser la pensée moderne du droit oblige à l'anéantir sans pouvoir seulement la modérer à l'aune d'une approche pragmatique, alors le

[1] *Cf.* B. BARRAUD, *Théories du droit et pluralisme juridique – t. II : La théorie syncrétique du droit et la possibilité du pluralisme juridique*, PUAM (Aix-en-Provence), coll. Inter-normes, 2016, n° 7, 10 et 18 à 21.

[2] Réf. à B. GOLDMAN, « Frontières du droit et "*lex mercatoria*" », *Arch. phil. droit* 1964, p. 177 s.

[3] J.-Y. CHÉROT, « Droit de la globalisation, globalisation du droit et professions juridiques », *RRJ* 2010, p. 2282.

[4] S. LEBEL-GRENIER, *Pour un pluralisme juridique radical*, th., Université McGill, Montréal, 2002, p. 5.

problème de l'ontologie du droit ne mérite peut-être pas une seconde d'attention.

Il faut gager qu'une position postmoderne opportune consiste à considérer que l'ordre juridique étatique est particulier, spécialement car marqué par la souveraineté et par la hiérarchie des normes, mais sans être unique ni exclusif. Si l'État est le droit, ainsi que le postulait Kelsen, il ne saurait exister d'ordres juridiques qu'étatiques. Seulement les propositions kelséniennes sont-elles de plus en plus souvent jugées par trop dogmatiques et métaphysiques, c'est-à-dire détachées de la réalité du monde dans laquelle, pourtant, le droit s'inscrit. Une recherche postmoderne, consacrée au droit global, ne peut reprendre ni les prémisses offertes par le normativisme ni les prémisses offertes par le « pluralisme juridique radical » ; mieux vaut peut-être qu'elle s'insère dans le cadre spécial de la *théorie syncrétique du droit* et de la *juridicité graduelle*.

Les travaux exposés au sein de l'ouvrage *Théories du droit et pluralisme juridique*[1] ont pour conséquence, notamment, d'amener à accepter le fait que les règles d'origine privée sont autant (mais pas identiquement) que les normes d'origine étatique des règles de droit[2]. Dans le cadre de la théorie

[1] B. BARRAUD, *Théories du droit et pluralisme juridique – t. II : La théorie syncrétique du droit et la possibilité du pluralisme juridique*, PUAM (Aix-en-Provence), coll. Inter-normes, 2016, *passim*.

[2] Doit être précisé que le problème du droit d'origine publique et du droit d'origine privée est totalement différent de celui des rapports entre droit public et droit privé. Ce dernier a trait aux destinataires des normes quand, ici, ce sont les émetteurs de celles-ci (les sources) qui importent. On peut souligner l' « extrême perméabilité de la frontière entre droit public et droit privé qui conduit à l'unité du système juridique » (É. DESMONS, « Droit privé, droit public », in D. ALLAND, S. RIALS, dir., *Dictionnaire de la culture juridique*, Lamy-Puf, coll. Quadrige-dicos poche, 2003, p. 523), cela est sans rapport avec la distinction des sources publiques et des sources privées qui, elle, doit être stricte. Sur la relativité de la *summa divisio* droit public/droit privé, *cf.* B. BARRAUD, « Droit public-droit privé : de la *summa divisio* à la *ratio divisio* ? », *RRJ* 2014, p. 1101 s. Il existe toutefois un rapport entre

syncrétique du droit et de la *définition lexicale du droit* sur laquelle elle repose, la perception moderne selon laquelle l'ordre juridique étatique renfermerait tous les phénomènes de droit est une fiction qui, parce qu'elle est combattue par suffisamment d'auteurs — quoique pour des raisons divergentes —, ne peut pas, ou en tout cas ne peut plus, être retenue. L'État ne fait pas seul la juridicité, ce qui implique qu'il est indispensable à la production des normes absolument juridiques mais qu'il peut aussi forger des normes à la juridicité plus faible et que des ordres normatifs non étatiques peuvent contenir des règles de droit. L'équilibre entre les normativistes qui confondent droit et État et les radicaux qui confondent juridicité et normativité conduit à affirmer *l'autonomie du droit liée à l'État en même temps que la non exclusivité du rapport droit-État.*

Or voir dans toutes les normes des normes juridiques est évidemment décisif à l'heure d'interroger une branche du droit marquée par un fort taux de normes d'origine privée. Pour pouvoir décrire et analyser, en tant que scientifique du droit, ces normes d'origine privée, il est indispensable de rejeter les approches qui cantonnent le domaine du juridique au domaine de l'étatique et qui renvoient les règles privées dans le cercle des normativités sociales non juridiques. Contre qui estime que, dans une recherche juridique touchant aux sources du droit, « l'enjeu n'est pas d'admettre ou non les nouvelles formes de normativité au rang de sources du droit »[1], est ici insisté sur le fait que, selon qu'un objet est juridique ou non, il est susceptible ou non d'être étudié par un chercheur *en droit*, par

sources et destinataires du droit : les sources privées ne peuvent pas produire du droit public ; seules les sources publiques le peuvent (en ce sens, Ph. JESTAZ, « Les rapports privés, sources de droit privé », in *Autour du droit civil – Écrits dispersés – Idées convergentes*, Dalloz, 2005, p. 191 s.).

[1] V. LASSERRE, *Le nouvel ordre juridique – Le droit de la gouvernance*, LexisNexis, 2015, p. 358.

un scientifique *du droit* ; selon qu'une source de normes produit des normes juridiques ou des normes non juridiques, elle intègre ou n'intègre pas le champ des sources *du droit*. Ainsi l'accueil de la théorie postmoderne du droit et, plus spécifiquement, de la théorie syncrétique du droit n'est-il normalement pas sans conséquences sur l'ouvrage des chercheurs en droit.

Sans doute les sources privées sont-elles de « petites sources du droit »[1], *la juridicité des normes d'origine privée étant en moyenne très inférieure à celle des normes d'origine étatique à l'aune de l'échelle de juridicité*, mais le scientifique du droit n'a pas besoin d'interroger systématiquement la hiérarchie juridique des sources du droit[2] ; simplement peut-il retenir que les règles et sources privées sont juridiques et, donc, étudiables

[1] Réf. à S. GERRY-VERNIÈRES, *Les « petites » sources du droit*, Economica, 2012 (mais l'auteur ne s'intéresse qu'aux sources étatiques, qualifiant de « petites » celles qui donnent lieu à des règles non contraignantes). Carbonnier distinguait le « grand Droit » et le « petit droit » ; mais il s'agissait alors, pour l'illustre civiliste, non de séparer la juridicité forte et la juridicité faible, mais de désigner le droit objectif et les droits subjectifs (J. CARBONNIER, *Flexible droit – Pour une sociologie du droit sans rigueur*, 8e éd., LGDJ, 1995, p. 93).

[2] Pourrait, en ce sens, être cité Aristote qui professait que « le droit issu de la loi est supérieur à celui qui naît des jugements particuliers » (ARISTOTE, *Rhétorique*, 323 av. J.-C., L. I, chap. 1 (cité par Ph. RAYNAUD, « Anciens et modernes », in D. ALLAND, S. RIALS, dir., *Dictionnaire de la culture juridique*, Lamy-Puf, coll. Quadrige-dicos poche, 2003, p. 50)). Et pourrait être rappelé que, selon Gurvitch, « il est indispensable d'établir une hiérarchie des sources […] si l'on ne veut détruire l'unité du droit et se mettre dans l'impossibilité de résoudre les conflits entre les faits normatifs, c'est-à-dire tomber dans l'anarchie des sources » (G. GURVITCH, *L'expérience juridique et la philosophie pluraliste du droit*, Pedone, 1935, p. 147). Ainsi, selon l'article 1er du Code civil suisse, « à défaut d'une disposition légale applicable, le juge prononce selon le droit coutumier et, à défaut d'une coutume, selon les règles qu'il établirait s'il avait à faire acte de législateur ». Sur cette hiérarchie des sources, *cf.* M.-A. FRISON-ROCHE, « Logique, hiérarchie et dépendance des sources de droit », in D. BOURCIER, P. MACKAY, dir., *Lire le droit – Langue, texte, cognition*, LGDJ, coll. Droit et société, 1992, p. 121 s.

au sein d'un travail de recherche promu par un chercheur *en droit*, alors qu'elles ne le seraient pas si était jugé, par exemple, que « les codes de conduite sont des faits extérieurs au droit »[1] et qu' « ils font partie de l'environnement du système juridique »[2]. Il est, en effet, difficile de s'accorder avec l'idée selon laquelle « le code [privé] obéit à une logique dont on dira soit qu'elle est étrangère au droit, soit qu'elle impose de le repenser fondamentalement, ce qui pragmatiquement revient au même »[3]. Le fait d'être juridique ou de ne pas l'être emporte pour première conséquence que l'élément normatif ou institutionnel en cause pourra ou non être observé et analysé par des juristes, ce qui est loin d'être anecdotique.

À l'ère du droit positif postmoderne, il paraît donc indispensable de s'insérer dans un cadre théorique postmoderne autorisant le chercheur *en droit* à étudier les normes d'origine privée. Et ce cadre théorique postmoderne pourrait être préférablement celui offert par la théorie syncrétique du droit et par son *approche graduelle de la juridicité*.

Par ailleurs, et enfin, il est important de souligner que la pensée juridique postmoderne, parce qu'elle place l'équilibre au cœur de ses pratiques, semble s'éloigner du scientisme qui, au XXe s., sous l'influence d'Hans Kelsen et de sa « théorie pure du droit », a fortement imprégné les travaux des chercheurs en droit. Désormais, s'il ne s'agit certainement pas d'écarter l'objectivité et l'empirisme des recherches, il convient de s'autoriser à les dépasser aussi souvent que nécessaire afin de pouvoir faire œuvre davantage stipulative, spéculative ou même polémique, sans quoi les progrès de la recherche juridique seraient par trop entravés.

[1] B. FRYDMAN, G. LEWKOWICZ, « Les codes de conduite : source du droit global ? », [en ligne] <philodroit.be>, 2012, p. 23.

[2] *Ibid.*

[3] *Ibid.*, p. 25.

Chapitre 4. La liberté et l'ouverture méthodologiques de la pensée du droit postmoderne

Si la modernité de la pensée juridique se caractérise par un attachement indéfectible à la « pure » science du droit, il n'en est longtemps pas allé ainsi et il en va à nouveau différemment dans le cadre du droit postmoderne. C'est pourquoi l'on peut se demander si l'exigence d'une stricte scientificité des recherches juridiques, dans un espace radicalement positiviste, ne constituerait pas une parenthèse moderne (*1*). Avec l'entrée dans la postmodernité, les chercheurs en droit n'abandonnent certainement pas la science au profit d'un mode subjectif et stipulatif de pensée, mais ils s'autorisent à passer du cadre scientifique au cadre non scientifique, sans arrière-pensée dogmatique, à chaque fois qu'ils en éprouvent le besoin afin de faire œuvre de proposition ou autrement personnelle (*2*). Et cela vaut y compris, quoique de manière nécessairement tempérée, à l'égard de la politique juridique — pour reprendre la distinction kelsénienne de la science juridique et de la politique juridique (*3*).

1. *La science du droit et le positivisme « purs », des parenthèses modernes ?*

On a longtemps opposé aux tenants de la conception du droit comme science que le droit pourrait davantage être l'objet d'un art. Un auteur fait observer que ce n'est que depuis la fin du

XIXe s. que l'idée romaine selon laquelle le droit serait un art[1] a été supplantée par une approche nouvelle entendant en faire une science[2] ; cela dans le cadre du mouvement de scientifisation des discours sur les objets socio-culturels initié par Auguste Comte. Ainsi Jhering pouvait-il, en 1875, déplorer que « la science du droit tourne en mathématique »[3]. Ce n'est pas autre chose que le mouvement de modernisation du droit qui se trouve décrit en ces termes.

Sans doute, durant l'Antiquité, les jurisconsultes romains se servaient-ils déjà des connaissances scientifiques, voire mathématiques, afin d'édifier un droit « juste et bon »[4] ; cela ne changeait en rien le statut de l'art juridique. On retenait majoritairement, avec Sully Prudhomme, que « l'homme a d'abord gravé ses droits sous le laurier des arts »[5]. Claude de Ferrière, dans son *Dictionnaire de droit et de pratique* publié en 1717, définissait la « jurisprudence » en tant que « science du droit » et se proposait d'être « professeur de jurisprudence »[6], mais la domination des thèses jusnaturalistes s'accompagnait alors soit du rejet pur et simple de l'idée de science du droit,

[1] C'est spécialement Cicéron qui a imposé l'idée d'un art du droit dans son livre intitulé « *De iure civili in artem redigendo* » (cité par A. LECA, *La lyre de Thémis ou la poésie du droit*, PUAM (Aix-en-Provence), 2011, p. 19).

[2] A. LECA, *La genèse du droit – Essai d'introduction historique au droit*, 3e éd., Librairie de l'Université d'Aix-en-Provence, 2002, p. 11.

[3] R. VON JHERING, *La lutte pour le droit*, 1875 (cité par G. GURVITCH, *Éléments de sociologie juridique*, Aubier, 1940, p. 67).

[4] A. LECA, *La genèse du droit – Essai d'introduction historique au droit*, 3e éd., Librairie de l'Université d'Aix-en-Provence, 2002, p. 11 (qui cite l'exemple, en droit romain, de la planimétrie euclidienne dans la division des alluvions entre propriétaires voisins, laquelle suppose un calcul complexe car les terrains sont des surfaces incurvées).

[5] Cité par A. LECA, *La lyre de Thémis ou la poésie du droit*, PUAM (Aix-en-Provence), 2011, p. 33.

[6] V° « Droit », in C. DE FERRIÈRE, *Dictionnaire de droit et de pratique*, t. I, 1717 (cité par J.-P. CHAZAL, « Philosophie du droit et théorie du droit, ou l'illusion scientifique », *Arch. phil. droit* 2001, p. 307).

soit de l'évocation, comme chez de Ferrière, d'une « science du droit » ne répondant que très imparfaitement aux canons de la scientificité — à l'instar également de Domat qui, dans son livre *Les loix civiles dans leur ordre naturel*, évoquait la « science du droit naturel »[1], sans voir une quelconque logomachie dans cette expression. On a donc très tôt envisagé une science du droit[2], mais cette idée a été ensuite quasiment abandonnée, le droit souffrant du rationalisme et de la comparaison avec les sciences « dures » en développement.

C'est au XXe s. que Kelsen, forgeant et consolidant la modernité juridique tout en même temps, a souhaité « élever la science du droit [...], qui se perdait complètement dans le raisonnement de politique juridique, au niveau et rang d'une véritable science »[3]. La première édition de *Théorie pure du droit* était d'ailleurs sous-titrée « introduction à la science du droit ». Un nombre croissant d'auteurs ont voulu bannir la politique juridique de la pratique des juristes afin de scientificiser celle-ci[4]. On a ainsi reconnu que les objets physiques et matériels ne sont pas les seuls à pouvoir être étudiés scientifiquement et que des propositions linguistiques peuvent également constituer des objets de science.

[1] J. DOMAT, *Les loix civiles dans leur ordre naturel, le droit public et le* legum delectus, 1689 (cité par J.-P. CHAZAL, « Philosophie du droit et théorie du droit, ou l'illusion scientifique », *Arch. phil. droit* 2001, p. 307).

[2] En effet, la célèbre formule attribuée à Ulpien, selon laquelle « le droit est l'art du juste et du bon », est aussi traduite, par certains auteurs — mais en l'accompagnant du texte original en latin — en ces termes : « Le droit est la science du juste et de l'injuste » (ULPIEN, in *Digeste*, 529, I, 10 (cité par A. SÉRIAUX, *Le Droit – Une introduction*, Ellipses, 1997, p. 222)).

[3] H. KELSEN, *Théorie pure du droit*, 2e éd., trad. Ch. Eisenmann, Dalloz, 1962, p. VII.

[4] Par exemple, F. RIGAUX, *Introduction à la science du droit*, Vie ouvrière (Bruxelles), 1974 ; B. FRYDMAN, « L'évolution des normes de scientificité en droit », in T. ANDREANI, H. DESBROUSSES, dir., *Objet des sciences sociales et normes de scientificité*, L'Harmattan, coll. Ouvertures philosophiques, 1998.

Néanmoins, de plus en plus de juristes tendent à relativiser la scientificité de leur discipline. Cela semble être une marque de la postmodernité tant les modernes ont eu tendance à idéaliser cette scientificité de la recherche juridique.

2. *La remise en cause postmoderne de la parfaite scientificité de la recherche juridique*

Actuellement, tandis que d'aucuns persistent à concevoir la science juridique comme la plus scientifique de toutes les sciences sociales[1], il se trouve chaque jour davantage d'auteurs qui n'hésitent plus à soutenir que l'idée de « science juridique » serait fort contestable, que la nature du droit, fondamentalement composé d'images et d'un imaginaire évanescents[2], ferait qu'il ne serait pas justiciable d'une connaissance « purement » objective[3] et qu'il ne pourrait donner lieu qu'à un savoir-faire pratique[4]. Ce mouvement postmoderne accompagne le développement des courants tels que celui du *legal realism*[5],

[1] Par exemple, H. P. GLENN, « Penser le plurijuridisme », in J.-L. BERGEL, dir., *Le plurijuridisme*, PUAM (Aix-en-Provence), 2005, p. 35.

[2] G. KOUBI, « La création du droit – Image et Imaginaire », in D. BOURCIER, P. MACKAY, dir., *Lire le droit – Langue, texte, cognition*, LGDJ, coll. Droit et société, 1992, p. 85 s.

[3] Ch. SCHAEGIS, *Progrès scientifique et responsabilité administrative*, CNRS Éditions, 1998 (cité par J. HERVOIS, *La production de la norme juridique en matière scientifique et technologique*, th., Université de La Rochelle, 2011, p. 277).

[4] Par exemple, E. P. HABA, « Science du droit : quelle "science" ? Le droit en tant que science : une question de méthodes », *Arch. phil. droit* 1991, p. 165 s. ; P. AMSELEK, « La part de la science dans les activités des juristes », *D.* 1997, p. 337 s.

[5] Notamment, O. W. HOLMES, *The Common Law*, Little Brown (Boston), 1963.

celui des *critical legal studies*[1] ou celui du *law and literature*[2] — qui entendent réintroduire les valeurs économiques, politiques et culturelles de la société dans l'analyse, l'enseignement et la pratique du droit[3]. Ainsi la postmodernité de la pensée juridique se traduirait-elle notamment par une déscientifisation partielle de la recherche juridique.

Plus généralement, les épistémologues d'aujourd'hui en viennent à conclure que les sciences sociales modernes auraient toutes échoué dans leurs entreprises scientifiques, en premier lieu du fait de leur incapacité à expliquer les comportements sociaux et humains par des règles générales semblables aux règles générales des sciences de la nature.

Par suite, plutôt qu'à une science, quelques postmodernes préfèrent l'assimilation du droit à une technique[4], à un art[5] ou encore à un jeu[6]. En ce sens, Jean-Marie Carbasse n'hésite pas à faire des professeurs de droit les « défenseurs de la dimension proprement culturelle du droit », ajoutant, que, « à l'instar des jurisconsultes romains, c'est à eux qu'il revient de faire du droit

[1] Notamment, D. KENNEDY, « Form and Substance in Private Law Adjudication », *Harvard Law Review* 1976, n° 89.

[2] Par exemple, A. GARAPON, D. SALAS, *Le droit dans la littérature*, Michalon, coll. Le bien commun, 2008.

[3] L. COHEN-TANUGI, *Le droit sans l'État*, 2e éd., Puf, coll. Quadrige essais débats, 2007, p. 71.

[4] Spécialement, F. GÉNY, *Science et technique en droit privé positif*, Librairie du Recueil Sirey, 1913.

[5] Par exemple, Ph. JESTAZ, « Le beau droit », *Arch. phil. droit* 1995, p. 15 s.

[6] Notamment, F. OST, « Entre ordre et désordre : le jeu du droit – Discussion du paradigme autopoïétique appliqué au droit », *Arch. phil. droit* 1986, p. 133 s. ; F. OST, M. VAN DE KERCHOVE, « Le jeu : un paradigme fécond pour la théorie du droit ? », *Dr. et société* 1991, p. 173 s. ; E. MACKAAY, « Le droit saisi par le jeu », *Dr. et société* 1991, p. 65 s. ; É. LE ROY, *Le jeu des lois – Une anthropologie dynamique du Droit*, LGDJ, coll. Droit et société, 1999.

un art »[1]. Et on rappelle souvent la citation de Jean Giraudoux selon laquelle « le droit est la plus puissante des écoles de l'imagination ; jamais poète n'a interprété la nature aussi librement qu'un juriste la réalité »[2]. Le droit serait donc au moins autant un art qu'une science. En tant qu'art, il serait « l'art de structurer la vie sociale, l'art d'assurer l'ordre et la paix, d'énoncer ce qui est à chacun, d'assurer l'équilibre social »[3]. Quant à Jean Carbonnier, il soutenait que le droit serait « plus de la littérature que de la science »[4].

Néanmoins, il semble que le propre de la pensée juridique postmoderne réside bien dans la relativisation de la scientificité des travaux des juristes et non dans un abandon de toute idée de science du droit. Sans cela, les postmodernes remplaceraient une forme de dogmatisme méthodologique par une autre. Aussi semble-t-il qu'il n'y ait pas grand-chose à dire de la méthode postmoderne d'étude du droit : celle-ci, à l'identique de l'objet d'étude, est essentiellement *plurielle et variable.* Chacun paraît *libre d'adopter les instruments qui sont à ses yeux les plus pertinents*, sans devoir suivre de quelconques préceptes préétablis. C'est pour cela qu'il faut parler *de liberté et d'ouverture méthodologiques de la pensée du droit postmoderne*.

Et ces liberté et ouverture méthodologiques ne sauraient impliquer de quelconques improvisation et chaos méthodologiques. En aucune façon la postmodernité ne s'accompagne d'un abandon de l'exigence de précision quant

[1] J.-M. CARBASSE, « Professeurs à la faculté de droit », in D. ALLAND, S. RIALS, dir., *Dictionnaire de la culture juridique*, Lamy-Puf, coll. Quadrige-dicos poche, 2003, p. 1242.

[2] J. GIRAUDOUX, *La guerre de Troie n'aura pas lieu*, 1935, acte II, scène 5.

[3] M. VILLEY, *Critique de la pensée juridique moderne*, Dalloz, 1976, p. 64.

[4] J. CARBONNIER, « Gurvitch et les juristes », *Dr. et société* 1986, p. 433 ; J. CARBONNIER, *Flexible droit – Pour une sociologie du droit sans rigueur*, 8e éd., LGDJ, 1995, p. 5.

au cadre méthodologique adopté en toute étude, au contraire dès lors que ce cadre peut prendre des formes beaucoup plus diverses et personnelles qu'à l'ère moderne — où le positivisme « pur » s'imposait sans autre forme de procès. Ensuite, il faut gager que l'objectivité et l'empirisme ne sauraient disparaître des méthodes des juristes ; la scientificité n'est simplement plus considérée tel un absolu ni tel un idéal.

Si le droit postmoderne peut relever à la fois de la non-science et de la science, cela signifie qu'il est toujours, bien que pour une part seulement, une science[1]. Aussi peut-on juger postmodernes les propositions selon lesquelles « l'activité du juriste ne peut être exclusivement ni même principalement scientifique »[2] et selon lesquelles « le droit est autant un art qu'une science »[3]. Reste que la postmodernité paraît aller de pair avec une forme de maturité permettant d'accepter le fait que, ontologiquement, le droit ne saurait constituer une science véritable. Il ne saurait exister de science exacte du droit, ce qui ne signifie pas qu'il ne saurait exister aucun genre de science du droit.

Par ailleurs, il faut réserver un sort particulier à la distinction kelsénienne de la science juridique et de la politique juridique : si, dans le cadre du droit moderne, le chercheur en droit ne peut s'adonner qu'à la science juridique, dans le cadre du droit postmoderne, il lui est loisible de s'aventurer sur le terrain de la politique juridique. Néanmoins, il faut gager que cette ouverture à la politique juridique ne saurait être que limitée et que,

[1] En ce sens, P. AMSELEK, « La part de la science dans les activités des juristes », *D.* 1997, p. 337 s.

[2] Ch. ATIAS, *Épistémologie juridique*, Dalloz, coll. Précis, 2002, p. 19.

[3] Par exemple, G. RENARD, *Le droit, la logique et le bon sens – Conférences d'introduction philosophique à l'étude du droit*, Librairie du Recueil Sirey, 1925 ; Ch. CHÊNE, « Enseignement du droit », in D. ALLAND, S. RIALS, dir., *Dictionnaire de la culture juridique*, Lamy-Puf, coll. Quadrige-dicos poche, 2003, p. 617.

quantitativement parlant, les travaux *jus*-scientifiques continueront longtemps à dominer les travaux *jus*-politiques.

3. *L'enjeu d'une ouverture limitée à la politique juridique*

Les modernes considèrent que le positivisme devrait dominer les activités des professeurs des facultés de droit, amenant à occulter la dimension politique du droit « au nom de la neutralité du droit savant »[1]. Il y a ainsi une « indifférence pleinement revendiquée à tout ce qui touche aux conditions comme aux finalités sociales de la production normative »[2] et il n'est pas admis de « se compromettre et se perdre dans les territoires impurs de la politique et/ou de l'idéologie »[3]. « Le chercheur, avance-t-on encore, n'a pas à tenter de devenir le conseiller du prince. En d'autres termes, il n'a ni compétence ni légitimité pour s'immiscer subrepticement dans l'œuvre propre du législateur ou de l'administrateur, [...] à peine de sombrer dans le pire des technocratismes »[4]. On soutient même qu'il y aurait « antinomie entre regard externe et regard directement utile »[5], le regard du scientifique étant forcément un regard extérieur à l'objet observé.

[1] J. CAILLOSSE, « Droit et politique : vieilles lunes, nouveaux champs », *Dr. et société* 1994, p. 131.

[2] *Ibid.*

[3] *Ibid.*

[4] Ph. ROBERT, « L'utilité de la recherche en sociologie juridique – Jalons pour une épistémologie de la recherche interdisciplinaire en droit », *RIEJ* 1982, n° 8, p. 79.

[5] J.-F. PERRIN, « Quelles "vérités" pour une théorie de la pratique judiciaire ? », *RIEJ* 1982, n° 8, p. 51.

La postmodernité semble amener le chercheur en droit à adopter une position moins radicale : certainement doit-il faire œuvre scientifique la plupart du temps et certainement est-il heureux qu'il le fasse ; mais il doit aussi s'autoriser, dès que cela lui apparaît nécessaire, à tenir quelque propos *jus*-politique ou d'une autre manière *jus*-subjectif. Cette ouverture épistémologique de la postmodernité tranche avec le scientisme juridique moderne. Ainsi observe-t-on de plus en plus de juristes qui ne font pas grand cas de la « pure » scientificité de leurs recherches et qui se laissent simplement guider par la quête d'un propos pertinent et porteur, peu important qu'il faille en passer par quelques réflexions plus personnelles et moins objectives et empiriques. Ceux-là sont les postmodernes. Peut-être pareille ouverture est-elle bénéfique aux progrès de la recherche juridique. En tout cas, elle paraît significative du passage de la modernité à la postmodernité en droit.

Le scientisme juridique moderne trouve en particulier son explication dans la grande influence exercée par la pensée kelsénienne. La « théorie pure du droit », avant d'être une théorie de l'objet d'étude des juristes, et à cette occasion une théorie étatiste, est une théorie de la méthode d'étude des juristes. Il est dès lors loisible de justifier l'attachement à la science du droit par l'attachement aux canons scientifiques imposés par Kelsen. Cela implique que l'entrée dans la postmodernité implique une double émancipation à l'égard des prémisses imposées par Kelsen : l'abandon des prémisses touchant à l'objet d'étude des juristes et l'abandon des prémisses relatives à la méthode d'étude des juristes.

« La différence majeure entre les "Anciens" et les "Modernes", souligne-t-on, tient à la façon de penser la relation entre le droit et la politique »[1]. À l'ère moderne de la pensée du

[1] Ph. RAYNAUD, « Anciens et modernes », in D. ALLAND, S. RIALS, dir., *Dictionnaire de la culture juridique*, Lamy-Puf, coll. Quadrige-dicos poche, 2003, p. 47.

droit, ce dernier est beaucoup plus rigoureusement séparé de la politique, cloisonné en quelque sorte, cela au motif qu'il doit être, dans les facultés de droit, l'objet d'une science. Et Hans Kelsen est celui qui a le plus fortement, notamment grâce à l'influence de sa doctrine, œuvré dans le sens de ce scientisme de la discipline juridique et contrecarré la prétention des juristes savants à se placer en position de législateur matériel en arguant indûment de l'autorité que confère le prestige scientifique[1]. Le constitutionnaliste autrichien, dans sa défense d'une théorie « pure » du droit, dessinait les qualités que devrait revêtir le discours sur le droit. Il professait que le juriste aurait en charge « uniquement et exclusivement de connaître son objet, c'est-à-dire d'*établir ce qu'est le droit* et comment il est, [...] de *connaître le droit du dehors* et, sur la base de cette connaissance, de le décrire et de l'analyser »[2]. Il « n'essaie en aucune façon de dire comment le droit devrait ou doit être ou être fait »[3] puisque cela ne serait pas l'affaire de la science du droit mais celle de la « politique juridique »[4]. Il s'agirait donc

[1] *Cf.* M. XIFARAS, « La *Veritas Iuris* selon Raymond Saleilles – Remarques sur un projet de restauration du juridisme », *Droits* 2008, n° 47, p. 77 s.

[2] H. KELSEN, *Théorie pure du droit*, 2e éd., trad. Ch. Eisenmann, Dalloz, 1962, p. 9 (non souligné dans le texte original).

[3] *Ibid.*

[4] *Ibid.* Et Kelsen d'ajouter que, « si la science du droit ne se limite pas à connaître son objet dans sa réalité — c'est-à-dire à le concevoir conceptuellement, à analyser sa structure, à en éclaircir les connexions — mais qu'elle se permet aussi, comme science, de configurer son objet selon différents points de vue relatifs aux valeurs, elle reçoit de l'autorité de la science, c'est-à-dire de la connaissance objective, ce qui n'est en réalité que l'expression d'un intérêt subjectif. La science devient alors une pure idéologie et, par là, un instrument du politique » (H. KELSEN, « Qu'est-ce que la théorie pure du droit ? » (1953), *Dr. et société* 1992, p. 562).

de constater l'existence du droit sans chercher à le modifier ou à le produire[1].

Mais, à l'ère du droit postmoderne, ces considérations se révèlent dépassées — ce qui ne veut pas dire qu'il serait dépassé, en toute recherche juridique, d'accorder le plus grand soin aux développements méthodologiques, au contraire dès lors que ceux-ci peuvent prendre diverses formes. La scientificité des travaux des universitaires-juristes se présente de plus en plus tel un idéal allant de pair avec une réalité dans laquelle les frontières sont bien moins nettement tranchées ou, en tout cas, régulièrement violées[2]. Aussi faut-il croire qu'un juriste prenant ses distances avec la modernité de la recherche juridique peut, de temps à autre, abandonner le cadre *jus*-scientifique pour s'inscrire dans un cadre *jus*-politique sans craindre de franchir ainsi le Rubicon. L'exigence fondamentale garante de la qualité du discours consisterait ainsi à *toujours préciser le point de vue adopté, a fortiori* lorsqu'il en est changé. Il appartient peut-être moins au juriste de tenir exclusivement un discours *jus*-scientifique que de tenir un discours à la fois *jus*-scientifique et *jus*-politique, mais à condition de rigoureusement expliquer, lorsque tel est le cas, pourquoi et dans quelles dimensions l'angle d'approche varie.

Dans le cadre positiviste moderne, il faut *se borner à décrire et à analyser le droit*, donc à établir ce qu'il est et non ce qu'il devrait être. Il importe de contribuer à la science du droit, ce qui oblige à s'enquérir exclusivement « du droit réel, du droit tel qu'il est effectivement »[3]. Tel est également le cas dans le cadre

[1] *Cf.*, également, É. MAULIN, « Positivisme », in D. ALLAND, S. RIALS, dir., *Dictionnaire de la culture juridique*, Lamy-Puf, coll. Quadrige-dicos poche, 2003, p. 1175.

[2] En ce sens, G. DECOCQ, « Réflexions sur l'influence doctrinale », in *Mélanges Philippe Jestaz*, Dalloz, 2006, p. 111 s.

[3] H. KELSEN, « Qu'est-ce que la théorie pure du droit ? » (1953), *Dr. et société* 1992, p. 561.

postmoderne, mais non exclusivement. Partant, il est permis de s'enquérir librement des innombrables questionnements relevant de la politique juridique[1]. Il est possible de suivre l'exemple du Conseil d'État qui, dans ses rapports publics annuels, opère de manière prescriptive — ainsi la problématique à laquelle le Conseil s'est proposé de répondre en 2014 était-elle : « Face aux bouleversements suscités par le numérique, dans quelle mesure la protection des droits fondamentaux *doit-elle* être repensée ? »[2] ; pareille problématique ne pourrait pas donner lieu à une véritable

[1] Par exemple, J.-F. CASILE, S. MIANNAY, « Nouvelles technologies de l'information et de la communication et anciens instruments de régulation : l'exemple d'Internet en France », *Politique et société* 1999, n° 18, p. 61 s. Il n'est bien entendu pas lieu de suivre Maurice Hauriou lorsqu'il assurait que « les nouveautés juridiques sont des erreurs certaines » tant « les progrès de la civilisation, avec les nouveautés qui nous émerveillent, se limitent aux inventions matérielles et à la science des phénomènes physiques, mais il existe un système juridique classique qui s'impose à nos préférences qualitatives avec la même force que le classique de la littérature ou de la sculpture » (M. HAURIOU, *Précis élémentaire de droit constitutionnel*, 2e éd., Librairie du Recueil Sirey, 1930, p. V-VI). Également, M. HAURIOU, « Police juridique et fond du droit », *RTD civ.* 1926.

[2] Conseil d'État, *Le numérique et les droits fondamentaux*, La documentation française, coll. Les rapports du Conseil d'État, 2014, p. 37 (non souligné dans le texte original). Le Conseil d'État peut émettre des propositions telles que, par exemple, celle selon laquelle il faudrait « faire du droit sur les données personnelles un droit à l'autodétermination plutôt qu'un droit de propriété » (*ibid.*, p. 264) ou bien celle selon laquelle il faudrait « créer une nouvelle catégorie juridique, celle des plateformes, dont la définition ne reposerait plus sur le caractère technique et passif de leur rôle, mais sur le fait qu'elles proposent des services de classement ou de référencement de contenus, biens ou services mis en ligne par des tiers » (*ibid.*, p. 21). Et le Conseil peut prescrire, par exemple, que « le champ d'application territorial des règles de droit les plus fondamentales dans la protection des internautes et de l'ordre public *doit* englober les acteurs extérieurs au territoire national ou européen. Pour ces règles, […] le principe d'application de la loi du pays de destination, et non du pays d'origine, *doit* prévaloir » (*ibid.*, p. 38 (non souligné dans le texte original)).

recherche en droit si est considéré qu'un tel ouvrage porte une vocation « purement » scientifique[1].

La neutralité et l'objectivité sont présentées, par les modernes, telles des qualités indispensables du discours de celui qui étudie le droit. En d'autres termes, il importerait, en tant que chercheur en science juridique, de *tenir un discours dépourvu de toute appréciation de valeurs sur un objet qui, lui, en véhicule nécessairement*. Kelsen expliquait, en ce sens, que « la dépolitisation qu'exige la théorie pure du droit a trait à la science du droit et non à son objet, le droit. Le droit ne peut être isolé de la politique dès lors qu'il en est un instrument. Sa création aussi bien que son application sont politiques et cela implique des fonctions déterminées par des jugements de valeur »[2]. Seulement la création et l'application du droit peuvent-elles autant que les normes positives être décrites objectivement et empiriquement, loin de toute volonté politique, de toute subjectivité et de toute émotion personnelle.

[1] De fait, il n'en demeure pas moins que beaucoup de travaux de recherche en droit s'avèrent prescriptifs et, d'ailleurs, la problématique citée à laquelle s'est attaché le Conseil d'État a déjà été traitée au sein d'une thèse dont l'auteur, par exemple, invite les pouvoirs publics à « définir une charte du développement numérique, qui pourrait faire l'objet d'une constitutionnalisation et qui permettrait de mieux définir les enjeux fondamentaux de la sécurité publique et des libertés individuelles » (M.-Ch. ROQUES-BONNET, *Le droit peut-il ignorer la révolution numérique ?*, Michalon, 2010, p. 392).

[2] H. KELSEN, « Qu'est-ce que la théorie pure du droit ? » (1953), *Dr. et société* 1992, p. 560. Et de préciser : « Mais la science du droit peut et doit être séparée de la politique s'il lui est permis, en définitive, de prétendre au statut de science. Cela signifie que la connaissance du droit positif, sa description, l'analyse de sa structure, la définition des concepts qui le conçoivent et son interprétation scientifique — éléments inhérents à l'essence de chaque science — doivent être strictement objectives et, partant, ne peuvent être influencées par les jugements de valeur [...] qui revêtent toujours un caractère subjectif et émotionnel » (*ibid.*, p. 560-561).

Et Kelsen de préciser encore que « la théorie pure assigne à l'interprétation scientifique l'unique tâche de révéler les significations possibles d'une norme concrète et de laisser à l'organe chargé d'appliquer le droit le choix, déterminable uniquement en termes de considérations politiques, entre les différentes interprétations théoriquement possibles »[1]. Ainsi le théoricien viennois n'imaginait-il pas possible d'entreprendre des recherches macro-juridiques dans l'antre des facultés de droit. Les professeurs de droit pourraient seulement rédiger des manuels et autres articles dans lesquels ils décriraient les sens de certaines normes et de certains régimes juridiques, objectivement et sans parti pris. Sur ce point également, les travaux postmodernes s'éloignent de la science juridique telle que promue par Kelsen puisqu'ils tendent à être de plus en plus macro-juridiques et de moins en moins micro-juridiques. Le droit postmoderne autorise naturellement à décrire les normes primaires applicables aux activités de la globalisation mais, aussi et surtout, invite à proposer *des réflexions transversales dépassant la contingence des normes positives*.

À l'heure de la postmodernité juridique, l'adoption d'un cadre d'étude scientifique devient donc un choix plus qu'une obligation. En effet, il se trouve un nombre croissant d'universitaires-juristes qui suivent des fins et recourent à des moyens non scientifiques. Paradoxalement, malgré la défense

[1] *Ibid.*, p. 560. Et Kelsen de compléter son propos en ces termes : « Qu'une seule de celles-ci soit "juste" ne peut être soutenu du point de vue de la science du droit. Une telle affirmation contribue uniquement à maintenir l'illusion d'une sécurité juridique qui, en vérité, n'existe pas. Cela ne signifie naturellement pas qu'il faille refuser à l'interprète le soin de recommander à l'autorité une signification précise qui, par référence à une quelconque valeur, apparaît comme la meilleure. Mais il ne peut le faire — comme cela se passe trop souvent — au nom de la science, arguant de l'autorité de la science, c'est-à-dire de celle de la vérité. Car, par sa recommandation, le juriste-interprète tente d'influer sur la création du droit. Par là, il remplit une fonction de politique juridique et non de science juridique » (*ibid.*).

toujours exacerbée du positivisme parmi les facultés de droit, c'est un fait incontestable que, régulièrement, des professeurs de droit s'adonnent à la politique juridique plutôt qu'à la science juridique[1], tant et si bien que beaucoup font de la doctrine *une source du droit autant qu'une source de connaissances sur le droit*[2].

Dans les faits, la « République des universitaires » a pu être une réalité historique[3] et il est incontestable que l'activité de la doctrine comporte une dimension descriptive (*de lege lata*) mais aussi une dimension normative, prescriptive (*de lege feranda*), sans aller toutefois, sauf exceptions, jusqu'à prendre la forme des *critical legal studies* américaines[4] — ainsi, en 2013, à l'occasion des discussions parlementaires et sociétales relatives à la « loi ouvrant le mariage aux couples de personnes de même sexe », des professeurs de droit parmi les plus écoutés

[1] *Cf.* B. BARRAUD, *La recherche juridique – Sciences et pensées du droit*, L'Harmattan, coll. Logiques juridiques, 2016, p. 231 s.

[2] Il importe de distinguer les professeurs qui proposent des réformes législatives au sein de « publications scientifiques » et les professeurs qui sont invités à siéger parmi des commissions de préparation de lois ou qui sont auditionnés car, dans ces derniers cas, ils interviennent en tant qu'experts. *Cf.*, tout particulièrement, J. CARBONNIER, *Essai sur les lois*, 2e éd., Defrénois, 1995. Il faut, en quelque sorte, considérer différemment les « offres de lois » spontanées et les « offres de lois » demandées (réf. à J. CARBONNIER, P. CATALA, J. DE SAINT AFRIQUE, G. MORIN, *Des libéralités, une offre de loi*, Defrénois, 2003).

[3] Ch. CHARLE, *La République des universitaires – 1870-1940*, Le Seuil, 1994. Les spécialistes notent également que, « au Moyen-Âge, à une époque où l'autorité politique n'était pas encore bien constituée, c'est un droit de juristes, de professeurs qui s'est instauré » (Ch. CHÊNE, « Enseignement du droit », in D. ALLAND, S. RIALS, dir., *Dictionnaire de la culture juridique*, Lamy-Puf, coll. Quadrige-dicos poche, 2003, p. 621).

[4] Les auteurs rattachés au courant *critical legal studies*, fondé notamment par Duncan Kennedy (« Form and Substance in Private Law Adjudication », *Harvard Law Review* 1976, n° 89), se donnent pour mission première de mener des combats politiques, par exemple en faveur du féminisme (F. E. OLSEN, *Feminist Legal Theory*, New York University Press, 1995).

ont publié une tribune intitulée « Juristes taisons-nous ! »[1]. L'historien du droit Jean-Marie Carbasse souligne que « la chaire professorale n'est pas une tribune politique »[2] et remarque que, « lorsque la politique pénètre dans l'amphithéâtre, c'est toute une "affaire" (Bavoux en 1819, Scelle en 1925, Jèze en 1935-1936) »[3]. Les professeurs de droit n'en sont pas moins, semble-t-il, un peu comme les magistrats dont la fonction officielle est d'appliquer quasi-scientifiquement le droit positif mais qui, *de facto*, ne manquent pas une occasion de contribuer à le créer — toujours implicitement — et, donc, de passer de la science à la politique[4]. Comme souvent, la pensée postmoderne se caractérise sur ce point par l'équilibre qu'elle tente de trouver : elle ne veut être ni « purement » scientifique ni exagérément politique ou polémique.

Aussi le chercheur postmoderne s'autorise-t-il à se détacher de l'ambition scientifique, à ne pas la suivre tel un dogme et à changer de mode de discours chaque fois que cela lui apparaît pertinent — évidemment en le signalant expressément à ses lecteurs. Dès lors, les travaux postmodernes entendent le plus

[1] P. Brunet, V. Champeil-Desplats, S. Hennette-Vauchez, É. Millard, « Mariage pour tous : juristes taisons-nous ! », *D.* 2013, p. 784 s.

[2] J.-M. Carbasse, « Professeurs à la faculté de droit », in D. Alland, S. Rials, dir., *Dictionnaire de la culture juridique*, Lamy-Puf, coll. Quadrige-dicos poche, 2003, p. 1245.

[3] *Ibid.*

[4] Par exemple, derrière la solution dégagée par le Tribunal des conflits dans son célèbre jugement « Bac d'Eloka » de 1921 (T. confl., 22 janv. 1921, *Société commerciale de l'ouest africain*), il se cache une volonté nette de freiner l'interventionnisme croissant des collectivités en les soumettant à un régime juridique présumé moins avantageux pour les personnes publiques que le droit public. Ainsi peut-on voir dans cette décision de justice « l'amorce d'un processus de dilution politique de la notion juridique de service public » (E. Cadeau, « La satisfaction des besoins collectifs : le service public », in Th. de Beranger, M. de Villiers, dir., *Droit public général*, 5e éd., LexisNexis, coll. Manuel, 2011, p. 526).

souvent faire œuvre scientifique mais non œuvre exclusivement scientifique. Notamment, ils comportent régulièrement une partie à vocation prescriptive.

Certes, comme le disait Sartre, « écrire, c'est déjà agir »[1] et on peut estimer que *décrire, c'est déjà agir*. Néanmoins, les chercheurs en droit, aujourd'hui, ne se limitent souvent pas à une activité de pure connaissance de leur objet et, fréquemment, dépassent celle-ci afin d'entreprendre également une activité pratique de transformation de cet objet, convaincus que les savoirs académiques sont aussi des « savoirs pour l'action »[2]. Ils comprennent, peut-être au prix de quelques abus de langage, la science juridique comme une « science législative »[3] ou comme une « science normative »[4] qui formule « non pas des explications mais des solutions »[5]. Cette « science » là peut difficilement ne recouvrir que des recherches objectives et empiriques, dénuées de toute subjectivité et de toute stipulation, si bien que parler de « science normative » constitue forcément une contradiction dans les termes.

[1] J.-P. SARTRE, *Qu'est-ce que la littérature ?* (1948), Gallimard, coll. Idées, 1964 (cité par A. VAN REETH, « Jean-Paul Sartre (3/4) : L'intellectuel, ses œuvres littéraires et son engagement », Les nouveaux chemins de la connaissance, France culture, 17 juill. 2013).

[2] Réf. à *Dr. et société* 2005, n° 60, « Savoirs académiques, savoirs pour l'action ? ».

[3] D. BARANGER, « Utilitarisme (utilitarisme classique et droit) », in D. ALLAND, S. RIALS, dir., *Dictionnaire de la culture juridique*, Lamy-Puf, coll. Quadrige-dicos poche, 2003, p. 1500.

[4] P. PESCATORE, *Introduction à la science du droit*, Office des imprimés de l'État (Luxembourg), 1960, p. 50 (cité par F. OST, M. VAN DE KERCHOVE, *De la pyramide au réseau ? Pour une théorie dialectique du droit*, Publications des Facultés universitaires Saint-Louis (Bruxelles), 2002, p. 480).

[5] *Ibid.* (cité par F. OST, M. VAN DE KERCHOVE, *De la pyramide au réseau ? Pour une théorie dialectique du droit*, Publications des Facultés universitaires Saint-Louis (Bruxelles), 2002, p. 480).

Et cela n'empêche pas d'être convaincu, avec Kelsen, Bobbio et beaucoup d'autres, que, si le droit et la politique sont étroitement liés tant l'un est l'outil de l'autre — mais la politique est aussi liée à la sociologie, à l'économie ou à la philosophie[1] —, les propos appartenant au monde de la science juridique ne sauraient appartenir en même temps au monde de la science politique. Tant dans la sphère des normes primaires que dans la sphère des normes secondaires, le juriste est habilité à dire qu' « il existe une norme *x* » mais il l'est bien moins sûrement à dire qu' « il devrait exister une norme *x* »[2]. Seulement cela ne doit-il pas amener à s'interdire totalement d'effectuer quelques propositions, au-delà de la simple analyse, lorsque l'occasion se présente.

Certainement Thucydide, il y a 2 500 ans, estimait-il qu' « un homme qui ne se mêle pas de politique mérite de passer, non pour un citoyen paisible, mais pour un citoyen

[1] En ce sens, G. GURVITCH, *Éléments de sociologie juridique*, Aubier, 1940, p. 267 (« les résultats produits par la sociologie juridique et la philosophie du droit pourraient être employés pour établir, dans une société donnée, une technique d'amélioration du droit, une "politique juridique". Celle-ci aurait pour objet de faciliter, en tenant compte des "régularités tendancielles" du système de la réalité juridique en question, la réalisation des valeurs objectives concrètes qui s'y incarnent, dans la vie sociale du droit et dans la trame complexe d'équilibres divers qui la constituent »). Concernant l'économie, il faut penser au courant *Law and Economics*, dont les tenants cherchent à prescrire la production de normes visant l'efficacité économique maximale, les meilleures décisions étant donc celles qu'indique la science économique.

[2] Par exemple, quand un commentateur juge qu' « il faudrait élaborer des principes de droit propres aux délits informatiques dotés de dimensions extraterritoriales » (G. SANSOM, « Stratégies de déplacement et autres violations de la territorialité : cybercriminalité, World Wide Web et portée du droit criminel », in A. BRETON, A. DES ORMEAUX, K. PISTOR, P. SALMON, dir., *Le multijuridisme – Manifestations, causes et conséquences*, Eska, 2010, p. 239), il fait — semble-t-il — de la politique plus que du droit. En droit, il importerait surtout de constater qu' « il existe essentiellement des principes de droit propres aux délits informatiques dotés de dimensions territoriales ».

inutile »[1], reste que les progrès que la science a connus depuis que l'homme politique athénien a écrit autorisent à considérer qu'il est tout aussi utile de faire œuvre scientifique que de faire œuvre politique ou même qu'il est plus souvent utile de faire œuvre scientifique que de faire œuvre politique. Et cela vaut y compris dans l'espace de la pensée juridique postmoderne. Il faut croire que les facultés de droit goûtent davantage à la science juridique qu'à la politique juridique et, dans ces conditions, l'auteur d'une recherche en droit devrait s'efforcer de rendre une copie relevant majoritairement de ladite science plutôt que de ladite politique. La différence entre modernité et postmodernité semble bien résider dans la distinction entre caractère exclusivement scientifique des recherches et caractère principalement scientifique des recherches.

[1] Cité par J. DE ROMILLY, « Jacqueline de Romilly », 2000 ans d'histoire, France inter, 7 nov. 2003.

Conclusion

S'il semble de plus en plus nécessaire de s'ouvrir à l'idée d'un droit postmoderne, compris comme ensemble original de normes positives mais aussi comme pensée juridique en rupture par rapport à la modernité du XXe s., cela s'explique déjà par le fait que le droit n'est certainement pas un monolithe universel mais, en tant que création humaine et sociale, une donnée contingente qui change dans le temps. Par suite, ces changements induisent des périodes de crise de la doctrine et de la théorie juridiques, qui succèdent à des périodes de relative stabilité. Il faut gager que l'heure est — et sera chaque jour un peu plus — davantage à une période de crise qu'à une période de stabilité de la pensée juridique (*premier point*), ce qui se traduit déjà par l'acceptation progressive, de la part des juristes, de ce « nouveau droit » dont témoigne le droit global ou, plus spécifiquement, la liberté des communications (*deuxième point*). En somme, l'étude du droit positif postmoderne indique que le droit évolue inexorablement, présentant sous bien des aspects un visage très original, ce qui oblige la théorie du droit à s'adapter (*troisième point*). De ce point de vue, le droit du cyberespace s'avère ô combien révélateur et il faut gager que, de plus en plus avec le passage du droit moderne au droit postmoderne, ce sera le droit en général qui présentera les caractères de cette branche du droit qui, il y a peu, pouvait apparaître très atypique dans le paysage juridique (*quatrième point*).

De la pensée juridique classique à la pensée juridique moderne puis à la pensée juridique postmoderne : une succession de périodes de stabilité et de crise du concept de droit

La vérité est que le visage du droit a évolué — et qu'il évolue et évoluera encore — ; il ne se présente pas de tout temps ni en tout lieu[1] revêtu des mêmes habits et Max Weber pouvait observer le passage « du droit charismatique des prophètes au droit des notables de la robe »[2]. Partant, il existe des *périodes de stabilité conceptuelle de la notion de droit* — quand on conçoit à peu près ce qu'il est — et des *périodes de transition conceptuelle* au cours desquelles différentes positions, conservatrices ou évolutionnistes, soutenues par des nombres proches d'auteurs, sont en lutte et tentent de gagner suffisamment de suffrages pour imposer leurs conceptions de la juridicité.

Au XIXe s. et, plus encore, au XXe s. — du fait de l'effacement du jusnaturalisme —, la vision d'un droit-État a subrogé celle d'un droit pluriel associée au « pluralisme des pouvoirs du Moyen-Âge »[3] et qui autorisait aux puissances privées l'ouverture des portes du droit. Par suite, se pose la question de savoir si la décennie 2010 correspond à une période de stabilité conceptuelle ou à une période de transition conceptuelle. Or, si la définition normativiste du droit, associée à la définition réaliste — qui, tout autant, soutient le lien droit-État à travers la figure de l'autorité officielle interprétatrice —, paraît toujours dominer, il se trouve suffisamment de travaux

[1] *Cf.* L. ASSIER-ANDRIEU, *Le droit dans les sociétés humaines*, Nathan, 1996.

[2] M. WEBER, *Sociologie du droit*, trad. J. Grosclaude, Puf, coll. Quadrige grands textes, 2007, p. 221.

[3] G. PECES-BARBA MARTINEZ, « Une définition normative du droit », *Droits* 1990, n° 11, p. 51.

récents la contestant pour pouvoir légitimement affirmer que les temps actuels sont, si ce n'est des temps de transition conceptuelle, au moins des temps prétransitionnels, annonciateurs de l'affirmation plus ou moins prochaine d'une pensée postmoderne du droit rompant la relation systématique entre étaticité et juridicité.

La principale difficulté sur laquelle achoppent actuellement les promoteurs de pareille conception novatrice est que, de la « gouvernance » au « droit mou », ils s'appuient sur des thèses par trop variées et évanescentes. Pour prospérer, il leur faudrait trouver une figure de proue capable de les guider. Peut-être, à l'heure de l'environnement normatif transnational, le droit global ou « globalisme juridique » sera-t-il celui-là ; à moins qu'il ne doive s'agir d'une perception des règles liant leur juridicité à leur efficacité ou effectivité[1], ce qu'indiquerait le développement croissant de la sociologie juridique.

Mais la sociologie juridique est marquée par quelques difficultés au premier rang desquelles figure sa tendance au panjuridisme et à l'abandon de toute l'autonomie du droit. Face à qui avance que le « droit souple » ne serait guère une forme de « sous-droit » mais du droit au sens plein à l'identique de la loi[2], il faut peut-être préférer la vision d'un « droit souple » comportant des normes certes juridiques mais moins que ne le sont la plupart des normes contraignantes et étatiques. Il faut rappeler que, selon Aristote, « le droit issu de la loi est supérieur à celui qui naît des jugements particuliers »[3] — ils sont *de même nature* (tout ce qui est normatif est juridique)

[1] Par exemple, V. RICHARD, *Le droit et l'effectivité – Contribution à l'étude d'une notion*, th., Université Paris II - Panthéon-Assas, 2003.

[2] F. CAFAGGI, « Le rôle des acteurs privés dans les processus de régulation – Participation, autorégulation et régulation privée », *RF adm. publ.* 2004, p. 23.

[3] ARISTOTE, *Rhétorique*, 323 av. J.-C., L. I, chap. 1 (cité par Ph. RAYNAUD, « Anciens et modernes », in D. ALLAND, S. RIALS, dir., *Dictionnaire de la culture juridique*, Lamy-Puf, coll. Quadrige-dicos poche, 2003, p. 50).

mais *non de même degré* (tout ce qui est normatif n'est pas identiquement juridique). Même Gurvitch convenait qu' « il est indispensable d'établir une *hiérarchie des sources* […] si l'on ne veut pas détruire l'unité du droit et se mettre dans l'impossibilité de résoudre les conflits entre les faits normatifs, c'est-à-dire tomber dans l'anarchie des sources »[1]. Peut-être devient-il très opportun de se placer dans les traces de qui considère que « les formes de production du droit non étatiques […] n'arrivent pas à une *forme juridique pleine* sans l'acceptation des organes étatiques compétents »[2], ce qui sous-entend qu'elles sont néanmoins en mesure de s'attacher à des formes juridiques partielles, donc, en définitive, qu'elles sont en mesure d'être du droit sans être pour autant du droit pur.

Surtout, il importe de souligner combien de plus en plus d'auteurs, quelles que soient les justifications théoriques qu'ils donnent, intègrent dans le monde du droit de nouveaux objets normatifs tels que les codes privés, les chartes, les usages, les conditions générales d'utilisation, les contrats-types, les normes comptables, les normes managériales, les normes techniques, mais aussi les modes alternatifs de résolution des conflits, les labels, les standards, les protocoles, les meilleures pratiques, les statistiques, les indicateurs de performance, les classements, les algorithmes, les lois des marchés, les nudges etc.

[1] G. GURVITCH, *Éléments de sociologie juridique*, Aubier, 1940, p. 167 (non souligné dans le texte original).

[2] G. PECES-BARBA MARTINEZ, « Une définition normative du droit », *Droits* 1990, n° 11, p. 52 (non souligné dans le texte original).

L'ouverture croissante des juristes au « nouveau droit »

C'est essentiellement avec le XXIe s. que se développe le mouvement de reconnaissance par la doctrine de différents foyers privés de droit indépendants — tantôt complémentaires, tantôt concurrents — des institutions étatiques. Il n'est désormais plus rare de voir des chercheurs en droit adhérer à une « théorie sociologique du droit »[1] pour, ensuite, retenir que les normes issues de l'*autorégulation* appartiennent au droit[2], remarquer l' « abandon de la coïncidence antérieure entre loi et règle de droit »[3], soutenir que « l'État partage avec les pouvoirs privés la charge de produire le droit et de construire les espaces juridiques »[4], observer une « production mixte de la norme juridique en contradiction avec le modèle kelsénien, public et vertical »[5], ou bien encore expliquer que « l'ordre factuel et l'ordre quasi-normatif, par leur développement continuel, semblent avoir concouru à l'effacement de la frontière qui existait entre le droit et le non-droit »[6].

[1] V. LASSERRE, *Le nouvel ordre juridique – Le droit de la gouvernance*, LexisNexis, 2015, p. 8. L'auteur explique ainsi que « les nouvelles sources du droit émanant souvent de la pratique et de l'acceptation sociales, leur analyse systématique ne peut que se rattacher à une forme de théorie sociologique du droit ».

[2] Par exemple, J. CHEVALLIER, *L'État post-moderne*, 3e éd., LGDJ, coll. Droit et société, 2008, p. 146 ; Ph. KAHN, « L'autorégulation », in H. GHERARI, S. SZUREK, dir., *L'émergence de la société civile internationale – Vers la privatisation du droit international*, Pedone, coll. Cahiers internationaux, 2003, p. 197.

[3] F. TERRÉ, « La "crise" de la loi », *Arch. phil. droit* 1980, p. 19.

[4] L. BOY, « Normes techniques et normes juridiques », *Cah. Cons. const.* 2006, n° 21, p. 119.

[5] *Ibid.*, p. 120.

[6] V. LASSERRE, *Le nouvel ordre juridique – Le droit de la gouvernance*, LexisNexis, 2015, p. 22.

Auparavant, c'était essentiellement le propre des sociologues et des anthropologues du droit (et de quelques économistes tels que Hayek[1]) que d'admettre que la production sociale non étatique de normes puisse être juridique, que tout groupement humain puisse produire des règles juridiques[2], y compris les sociétés indigènes[3], cela *en réduisant la juridicité à la normativité* et donc *en niant toute autonomie au droit*. Gurvitch, qui n'accordait pratiquement aucun intérêt aux règles engendrées dans le cadre étatique, reste assurément, avec sa thèse du « droit social », l'un des plus symptomatiques représentants de cette « pensée du droit » non seulement non étatiste mais aussi *non juridique*[4]. Si le sociologue se référait

[1] F. A. HAYEK, *Droit, législation et liberté – Une nouvelle formulation des principes libéraux de justice et d'économie politique*, t. I, trad. R. Audouin, Puf, 1980. *Cf.* Ph. NEMO, *La société de droit selon F. A. Hayek*, Puf, 1988.

[2] Par exemple, L. ASSIER-ANDRIEU, *Le droit dans les sociétés humaines*, Nathan, 1996 ; L. ASSIER-ANDRIEU, « Réflexions sur le droit du "social" », *Cités* 2000 ; É. LE ROY, *Le jeu des lois – Une anthropologie dynamique du Droit*, LGDJ, coll. Droit et société, 1999 ; É. LE ROY, « L'hypothèse du multijuridisme dans un contexte de sortie de modernité », in R. JANDA, A. LAJOIE, R. A. MACDONALD, G. ROCHER, dir., *Théories et émergence du droit : pluralisme, surdétermination et effectivité*, Bruylant-Thémis (Bruxelles-Montréal), 1998, p. 29 s.

[3] M. GALANTER, « Justice in Many Rooms: Courts, Private Ordering and Indigenous Law », *Journal of Legal Pluralism* 1981, n° 19, p. 1 s.

[4] Georges Gurvitch expliquait le phénomène juridique en ces termes : « L'acte de reconnaissance intuitive de toute règle de droit implique nécessairement [...] la reconnaissance, ne fût-elle que virtuelle, d'un "fait normatif" spontané et inorganisé qui lui sert de fondement et qui est la couche la *plus profonde*, la *plus voilée* et en même temps la *plus immédiate* et réelle du vécu juridique » (G. GURVITCH, *L'expérience juridique et la philosophie pluraliste du droit*, Pedone, 1935, p. 70 (souligné dans le texte original)). Et le sociologue d'analyser : « Le développement du capitalisme organisé, du syndicalisme professionnel, des conventions collectives de travail, désagrège à la fois les principes de la souveraineté nationale et de l'autonomie de la volonté, ainsi que la liberté contractuelle. Ces institutions s'expriment dans un droit social organisé faisant concurrence au cadre du droit étatique. [...] Les ensembles de propriétaires industriels réunis et les ordonnancements juridiques qui les

aux « innombrables protagonistes modernes du Droit vivant, du Droit spontané et du Droit libre »[1], s'il décrivait un « domaine du droit social [*i.e.* le droit d'origine privée] dispos[ant] d'un nombre incomparablement plus riche de sources formelles [...] que ce que la science traditionnelle du droit reconnaît »[2], et s'il soutenait que, « contrairement au préjugé enraciné sur la primauté de l'ordonnancement juridique de l'État, [...] les cadres du droit économique, du droit canonique, sans parler du droit international, possèdent tous les caractères pour faire concurrence au cadre du droit étatique en s'affirmant comme équivalents ou supérieurs à lui »[3], la doctrine juridique des

régissent rongent l'autorité de l'État et le dépossèdent de son prétendu monopole législatif » (G. GURVITCH, *Éléments de sociologie juridique*, Aubier, 1940, p. 239). Jean Carbonnier pouvait ainsi commenter la pensée de Gurvitch en notant que, selon celle-ci, « il y a, entre l'État et l'individu, des corps intermédiaires capables de produire des règles pour leur propre usage, des statuts et des disciplines de nature juridique » (J. CARBONNIER, « Gurvitch et les juristes », *Dr. et société* 1986, p. 431).

[1] G. GURVITCH, *L'expérience juridique et la philosophie pluraliste du droit*, Pedone, 1935, p. 52.

[2] *Ibid.*, p. 144.

[3] G. GURVITCH, *Éléments de sociologie juridique*, Aubier, 1940, p. 201. Gurvitch proposait d'établir la liste suivante de sources formelles du droit : « 1. Coutume. — 2. Statut autonome. — 3. Loi étatique et décret administratif. — 4. Pratique des tribunaux. — 5. Pratique d'organes autres que les organes judiciaires. — 6. Doctrine. — 7. Conventions, actes-règles. — 8. Déclarations sociales (promesses, programmes, sentences au nom d'une totalité par un seul ou par un groupe de ses membres). — 9. Précédents. — 10. Reconnaissance d'un nouvel état de choses par ceux-là mêmes qu'il lèse » (G. GURVITCH, *L'expérience juridique et la philosophie pluraliste du droit*, Pedone, 1935, p. 143). Par ailleurs, il distinguait : « I. — *Ordonnancements du droit social pur et indépendant*, supérieurs ou équivalents en cas de conflit à l'ordre du droit étatique, tel le droit international, le droit d'Église sous régime de séparation d'avec l'État, enfin le droit économique [...]. II. — *Ordonnancements du droit social pur, mais soumis à la tutelle étatique*, c'est-à-dire ne disposant pas de contrainte inconditionnée et autonome, mais, en cas de conflit, s'inclinant devant l'ordre juridique de l'État [...]. Ceci s'exprime par le classement de ces ordonnancements dans le domaine du "droit

juristes était à son époque largement réfractaire à de tels « droit vivant », « droit spontané », « droit libre » ou encore « droit inofficiel » ou « droit intuitif »[1].

Et le pluralisme juridique a été accepté dans les pays de *common law* bien avant de l'être dans les pays de *civil law*[2]. Mais, à présent, il est remarquable que de nombreux auteurs n'hésitent plus à affirmer que « le droit s'exprime dans la société plus que dans l'État »[3] — il faudrait, avec Proudhon, relativiser cette distinction puisque l'État n'est sans doute rien d'autre qu'un mode très élaboré d'autorégulation sociale[4] ; on peut voir *entre l'État et les organisations privées une différence de degré et non de nature*[5].

privé" […]. III. — *Ordonnancements du droit social, autonome, mais annexé par l'État*, c'est-à-dire mis à son service, soit par leur incorporation à ce dernier, en tant que "services publics décentralisés", soit par leur simple élévation dans le domaine privilégié du droit public. […] IV. — *Ordonnancements du droit social condensé en droit de l'État* » (G. GURVITCH, *Éléments de sociologie juridique*, Aubier, 1940, p. 207-209 (souligné dans le texte original)).

[1] L. PETRAZICKI, *Law and Morality*, Harvard University Press (Cambridge), 1954 (cité par J.-G. BELLEY, « L'État et la régulation juridique des sociétés globales – Pour une problématique du pluralisme juridique », *Sociologie et sociétés* 1986, n° 18, p. 13).

[2] Par exemple, W. M. EVAN, « Public and Private Legal Systems », in W. M. EVAN, dir., *Law and Sociology*, The Free Press of Glencoe (New York), 1962, p. 165 s. (cité par J.-G. BELLEY, « L'État et la régulation juridique des sociétés globales – Pour une problématique du pluralisme juridique », *Sociologie et sociétés* 1986, n° 18, p. 26).

[3] R. LIBCHABER, *L'ordre juridique et le discours du droit – Essai sur les limites de la connaissance du droit*, LGDJ, 2013, p. 3.

[4] P.-J. PROUDHON, *Du principe fédératif et de la nécessité de reconstituer le parti de la révolution*, Paris, 1863 (cité par P. ROSANVALLON, « La démocratie : esquisse d'une théorie générale – Cours au Collège de France (2/10) », L'Éloge du savoir, France culture, 10 avr. 2013).

[5] R. SÈVE, *Philosophie et théorie du droit*, Dalloz, coll. Cours, 2007, p. 44.

S'il est désormais très classiquement admis que « la coutume fait le droit »[1], divers éléments de vocabulaire juridique postmoderne, du « droit souple »[2] à la « gouvernance » en passant par le « droit spontané »[3], sont utilisés afin d'accréditer l'idée selon laquelle des structures privées édicteraient des règles de droit en parallèle des sources publiques et selon laquelle la vision d'un État qui serait la seule source du droit est une « pétition de principe à l'état pur »[4]. De nouveaux modes de validation juridique des normes, reposant sur des « processus décisionnels privés hautement organisés », seraient en passe de subroger les modes étatiques de validation juridique des normes[5]. Du moins, « coexiste[raient] la validité formelle, exclusivement centrée sur la légalité, et une approche plus "sociale" de la validité de la norme juridique »[6]. Avec un nombre croissant de juristes, Jean-Louis Bergel note l'existence

[1] G. CORNU, « Le visible et l'invisible », *Droits* 1989, n° 10, p. 28.

[2] Ainsi que le note le Conseil d'État, le « droit souple » peut être produit tant par les pouvoirs publics que par des acteurs privés (EDCE 2013, *Le droit souple*).

[3] Le « droit spontané » est notamment défini comme un ensemble de « règles dégagées par la répétition constante et générale d'un comportement juridique adopté par les intéressés pour répondre à leurs besoins » (P. DEUMIER, *Le droit spontané*, Economica, coll. Recherches juridiques, 2002, p. 179). Également, A. I. OGUS, « Law and Spontaneous Order: Hayek's Contribution to Legal Theory », *Journal of Law and Society* 1989, n° 16, p. 393 s. ; P. DEUMIER, « Nouvelles normes : règles spontanées et droit délibéré », in G. PIGNARRE, dir., *Forces subversives et forces créatrices en droit des obligations*, Dalloz, coll. Thèmes et commentaires, 2005, p. 101 s. ; G. TEUBNER, « Un droit spontané dans la société mondiale ? », in Ch.-A. MORAND, dir., *Le droit saisi par la mondialisation*, Bruylant (Bruxelles), 2001, p. 199 s.

[4] Ph. JESTAZ, *Les sources du droit*, Dalloz, coll. Connaissance du droit, 2005, p. 87.

[5] G. TEUBNER, « Un droit spontané dans la société mondiale ? », in Ch.-A. MORAND, dir., *Le droit saisi par la mondialisation*, Bruylant (Bruxelles), 2001, p. 204.

[6] *Ibid.*

d' « ordres juridiques délégalisés propres à des groupements privés »[1], retient que « les corps intermédiaires, de nature et d'importance très diverses, correspondant à des corporations, des associations, des entreprises, des classes d'âge, des groupements d'intérêts…, instituent des organes et des règles de conduite dont ils assurent l'application, établissant ainsi des ordres juridiques particuliers »[2]. Quant au « droit souple », Catherine Thibierge conclut, ironiquement, que « les normes de droit souple ont au moins un effet obligatoire : elles nous obligent à une remise en cause de nos évidences juridiques »[3]. Et d'aucuns de se référer à des « pratiques populaires de droit »[4], à du « droit hors la loi »[5], à une « production du droit par en bas »[6] ou à un « droit venu de la base »[7].

La théorie postmoderne du droit, par conséquent, gagne en notoriété[8], alors que les théories modernes du droit perdent nombre de leurs supporters. Doit cependant être noté que cette reconnaissance du droit d'origine privée est très souvent

[1] J.-L. BERGEL, « Le plurijuridisme – Rapport introductif », in J.-L. BERGEL, dir., *Le plurijuridisme*, PUAM (Aix-en-Provence), 2005, p. 17.

[2] *Ibid.*

[3] C. THIBIERGE, « Rapport de synthèse », in Association Henri Capitant, *Le droit souple*, Dalloz, coll. Thèmes et commentaires, 2009, p. 160.

[4] P. HUYGHEBAERT, B. MARTIN, *Quand le droit fait l'école buissonnière – Pratiques populaires de droit*, Charles Leopold Mayer, 2002.

[5] A.-J. ARNAUD, *Critique de la raison juridique – 2. Gouvernants sans frontières – Entre mondialisation et post-mondialisation*, LGDJ, coll. Droit et société, 2003, p. 310.

[6] S. PAJAUD-GUEGUEN, *Essai sur le pouvoir normatif des organismes de droit privé*, th., Université de Toulouse I - Capitole, 1995 (cité par A.-J. ARNAUD, *Critique de la raison juridique – 2. Gouvernants sans frontières – Entre mondialisation et post-mondialisation*, LGDJ, coll. Droit et société, 2003, p. 226).

[7] Ph. JESTAZ, *Les sources du droit*, Dalloz, coll. Connaissance du droit, 2005, p. 79.

[8] Par exemple, J. MORET-BAILLY, « La théorie pluraliste de Romano à l'épreuve des déontologies », *Droits* 2000, n° 32, p. 171 s.

implicite et non explicite, les auteurs en cause ne précisant pas si les « normes » ou « règles » auxquelles ils se réfèrent sont « juridiques » ou bien « sociales non juridiques ». Mais, puisque ces auteurs sont des juristes, il est loisible de considérer qu'ils étudient ces normes ou règles parce qu'ils les estiment juridiques. La vision postmoderne du droit, selon laquelle les normes juridiques peuvent être indépendantes des États, possède donc désormais une *réelle force doctrinale.*

Mais encore faut-il ajouter que, si s'opère ainsi un basculement progressif au sein de la pensée juridique, ce n'est que parce que, concrètement, le visage du droit positif évolue. Ensuite, le droit n'étant que ce que ceux qui le pensent disent qu'il est, le mouvement est circulaire : le droit positif amène la théorie du droit à s'adapter ; et la théorie du droit influe sur le périmètre et la teneur du droit positif.

Une inexorable mutation du droit positif, une indispensable adaptation de la théorie du droit

Actuellement, des auteurs en viennent à adopter la position ambigüe consistant à étudier la société civile tout en considérant que celle-ci ne pourrait pas être une source du droit ni quelque autre donnée d'ordre juridique[1] ; ou en viennent à étudier les normes techniques par opposition aux normes juridiques[2]. *En*

[1] A. POMADE, *La Société Civile et le droit de l'environnement – Contribution à la réflexion sur les sources et la validité des normes juridiques*, th., Université d'Orléans, 2009, p. 429. S'il est vrai que « la Société Civile ne peut pas être rapprochée des sources formelles du droit ; elle ne présente aucune de leurs caractéristiques, et se distingue strictement de chacune d'elles » (*ibid.*), rien n'interdit qu'elle constitue une source formelle du droit supplémentaire.

[2] F. VIOLET, *Articulation entre la norme technique et la règle de droit*, PUAM (Aix-en-Provence), coll. Institut de droit des affaires, 2003.

tant que juriste, il n'est normalement permis d'entreprendre une recherche autour d'un objet a-étatique qu'à condition de postuler (et démontrer) que celui-ci est juridique. La domination de l'approche étatiste de la juridicité demeure constatée par la plupart des observateurs[1]. Il en résulte que nombre d'auteurs-juristes préfèrent étudier des objets non juridiques plutôt que d'en venir à affirmer que ceux-ci appartiendraient au monde du droit. Et il n'est peut-être pas possible d'avancer que « la Société Civile est présente en droit positif mais absente de la théorie générale du droit »[2] puisqu'*il appartient à ladite théorie générale du droit de définir ledit droit positif*, de préciser l'étendue de son périmètre. Toute enquête menée à l'intérieur du droit positif requiert des explications minimales préalables de théorie du droit afin d'établir la frontière entre droit et non-droit.

Ces hésitations relatives aux limites du droit témoignent du fait que la pensée juridique, si elle est empreinte d'une certaine inertie, n'est toutefois guère statique. Elle évolue ou, du moins, est appelée à évoluer. En ce sens, l'apport d'une théorie postmoderne du droit (par exemple, la théorie syncrétique du droit) peut être important à l'heure où de plus en plus de chercheurs *en droit* souhaitent étudier des objets normatifs originaux mais peinent à les qualifier de « juridiques »[3].

[1] Par exemple, A. BERTHOUD, É. SERVERIN, « La prestation des normes entres États et sociétés civiles – Les acteurs, les actions et les règles », in A. BERTHOUD, É. SERVERIN, dir., *La production des normes entre État et société civile – Les figures de l'institution et de la norme entre État et sociétés civiles*, L'Harmattan, 2000, p. 14.

[2] A. POMADE, *La Société Civile et le droit de l'environnement – Contribution à la réflexion sur les sources et la validité des normes juridiques*, th., Université d'Orléans, 2009, p. 263.

[3] Si bien qu'ils en viennent à considérer, de façon soit alambiquée soit maladroite, que « "droit souple" désigne l'ensemble des institutions non juridiques » (V. LASSERRE, *Le nouvel ordre juridique – Le droit de la gouvernance*, LexisNexis, 2015, p. 13) ou encore que « les nouvelles sources

D'aucuns peuvent regretter que « le positivisme juridique constitue, depuis l'âge moderne, un obstacle à la connaissance vraie du droit »[1]. Cependant, à en croire Gurvitch, le « Droit » aurait accordé à l'État le monopole de l'édiction et de la reconnaissance des règles juridiques ; mais il serait aussi capable de lui retirer ce « droit au droit »[2]. Par conséquent, le droit global serait un témoignage remarquable du retrait du « droit au droit » de l'État par le « Droit » ou, mieux, par les faits. Quoi qu'il en soit, dans le cadre postmoderne que dessine le XXIe s., il n'est que possible d'accepter sans autre forme de procès que *la production privée de normes est une production de règles de droit*, de ne pas réserver la qualité juridique à ce qui est étatique ou public car, comme l'affirmait Duguit, « les faits sont plus forts que les textes, et le droit se trouve dans la réalité sociale et non dans les formules des lois, quelque solennelles qu'elles soient »[3]. Évidemment, une conception

du droit sont représentatives du rôle des règles sociales non juridiques dans le système juridique » (*ibid.*, p. 8).

[1] H. ABDELHAMID, « Les paradigmes postmodernes et la démarche pluraliste dans la recherche juridique », in Gh. OTIS, dir., *Méthodologie du pluralisme juridique*, Karthala, coll. 4 vents, 2012, p. 135.

[2] Georges Gurvitch notait : « Lorsque le droit spontané et inorganisé, auquel appartient la souveraineté juridique, attribue à l'État des compétences particulièrement larges (spécialement d'être le seul organe de constatation formelle du droit), l'État joue un rôle considérable dans la vie du droit ; au contraire, lorsque les variations du droit spontané et inorganisé donnent à d'autres groupes que l'État la compétence de constater le droit, le rôle de l'État diminue dans la vie juridique et alors on parle de "décadence de sa souveraineté" » (G. GURVITCH, *Éléments de sociologie juridique*, Aubier, 1940, p. 107).

[3] L. DUGUIT, *Traité de droit constitutionnel – Tome deuxième : La théorie générale de l'État – Première partie : Éléments, fonctions et organes de l'État*, 3e éd., De Boccard, 1928, p. 2.

étatiste du droit[1] — selon laquelle « ne sont juridiques que les règles que l'État investit de ce caractère »[2] — interdirait de poser la question du pluralisme juridique et mènerait *ipso facto* à conclure que l'État maîtrise entièrement et maitrisera toujours entièrement le droit. Mais il semble désormais indispensable de revoir la théorie du droit, spécialement en faisant de l'effectivité ou de l'efficacité un critère de la juridicité[3], à la suite des sociologues et anthropologues du droit. Tout le pan non étatique du droit peut alors être étudié, tandis qu'il ne pourrait pas l'être, par un chercheur *en droit*, si était considéré, par exemple, que « les normes de bonne conduite sont non juridiques »[4] ou que « les codes de conduite sont des faits extérieurs au droit »[5] faisant seulement partie de l' « environnement du système juridique »[6].

Par suite, ne serait-ce pas la fin du droit en même temps que la fin de l'État, puisque « le droit est par excellence une production étatique »[7] ? Les expressions « droit d'origine privée », « droit commun », « droit global » et « droit mondial »

[1] Le principal exemple est Kelsen, qui voyait dans « droit » et « État » deux signifiants désignant un seul et même signifié (H. KELSEN, *Théorie pure du droit*, 2e éd., trad. Ch. Eisenmann, Dalloz, 1962).

[2] R. VON IHERING, *Der Zweck im Recht*, t. I, 1878, p. 311 (cité par L. INGBER, « Le pluralisme juridique dans l'œuvre des philosophes du droit », in J. GILISSEN, dir., *Le pluralisme juridique*, Université de Bruxelles, 1972, p. 59).

[3] Par exemple, M. FATIN-ROUGE STÉFANINI, L. GAY, A. VIDAL-NAQUET, dir., *L'efficacité de la norme juridique : nouveau vecteur de légitimité ?*, Bruylant (Bruxelles), 2012.

[4] P. LIVET, *Les normes*, Armand Colin, coll. Vocation philosophe, 2006, p. 1.

[5] B. FRYDMAN, G. LEWKOWICZ, « Les codes de conduite : source du droit global ? », [en ligne] <philodroit.be>, 2012, p. 23.

[6] *Ibid.*

[7] O. PFERSMANN, « Monisme revisité contre *juriglobisme* incohérent », in J.-Y. CHÉROT, B. FRYDMAN, dir., *La science du droit dans la globalisation*, Bruylant (Bruxelles), coll. Penser le droit, 2012, p. 82.

seraient de parfaites contradictions dans les termes ; à moins de s'accorder sur le fait qu'il s'agisse de « droit en un certain sens »[1], à savoir en un sens postmoderne.

Reste qu'il fait peu de doutes que les profondes mutations de l'environnement du droit et les bouleversements dans le droit qu'elles engendrent ne sauraient être pertinemment étudiés dans le cadre épistémologique proposé par la modernité. Comment imaginer que le droit du début du XXe s. était strictement le même droit que le droit du début du XXIe s. et que les modes d'étude du droit de 1900 pourraient être pertinemment réutilisés aujourd'hui ? Pourtant, « la plus belle des ruses du diable est de vous persuader qu'il n'existe pas »[2] et nombreux sont ceux qui n'aperçoivent guère de changements, ou plutôt qui en voient beaucoup autour du droit mais peu à l'intérieur du droit. Tandis que le droit officiel de l'État demeure en pleine lumière, toute la création sombre du droit reste tapie dans l'ombre.

Il semble néanmoins temps — et la thèse de l'entrée dans l'ère de la postmodernité est alors d'une aide précieuse — de reconsidérer les structures les plus élémentaires telles que celles qui distinguent les branches du droit, le droit public et le droit privé[3] ou le droit national et le droit international[4]. Et il faudrait désormais raisonner préférablement en termes de réseaux, de rhizomes, d'échanges et de relations[5], loin de toute compréhension verticale et unilatérale des phénomènes

[1] M. XIFARAS, « Après les Théories Générales de l'État : le droit global ? », *Jus Politicum* 2012, n° 8, p. 44.

[2] Ch. BAUDELAIRE, *Le spleen de Paris* (1862), Librairie générale française, 2003, p. 150.

[3] *Cf.* B. BARRAUD, « Droit public-droit privé : de la *summa divisio* à la *ratio divisio* ? », *RRJ* 2014, p. 1101 s.

[4] J.-B. AUBY, *La globalisation, le droit et l'État*, 2e éd., LGDJ, coll. Systèmes, 2010, p. 12.

[5] P. MUSSO, *Télécommunications et philosophie des réseaux – La postérité paradoxale de Saint-Simon*, Puf, 1997.

juridiques[1]. La « pyramide » des normes, symbole de la modernité juridique, ne serait plus un paradigme correct[2]. L'heure de la régulation, « nouveau cadre de la production du droit » dans lequel « le commandement unilatéral, autoritaire, centralisé, souverain en un mot, fait place à un ordonnancement assoupli, décentralisé, adaptatif et souvent négocié »[3], sonnerait, permettant de « maintenir ou restaurer, par ajustements successifs, l'équilibre d'un système menacé par des perturbations »[4].

En guise de conclusion de la conclusion, il convient d'illustrer à nouveau ces développements par l'exemple de la liberté des communications ou, plus largement, par l'exemple du droit du cyberespace, branche du droit ô combien révélatrice de la globalisation du droit et, par suite, de sa postmodernité.

Dernier témoignage : le droit du cyberespace comme révélateur

Toutes les activités humaines tendent à migrer ou, du moins, à se dupliquer dans le cyberespace[5]. Le droit applicable à ce

[1] Il est remarquable qu'une étude consacrée à la postmodernité juridique a été publiée dans une revue intitulée *Réseaux* : B. FRYDMAN, « Le droit, de la modernité à la postmodernité », *Réseaux* 2000, n° 88-90, p. 67 s.

[2] *Cf.* F. OST, M. VAN DE KERCHOVE, *De la pyramide au réseau ? Pour une théorie dialectique du droit*, Publications des Facultés universitaires Saint-Louis (Bruxelles), 2002, *passim.*

[3] *Ibid.*, p. 26.

[4] J. CHEVALLIER, « De quelques usages du concept de régulation », in M. MIAILLE, dir., *La régulation, entre droit et politique*, L'Harmattan, 1995, p. 71.

[5] Ce qui est d'autant plus remarquable qu'est aujourd'hui plus que jamais valable le constat qu'opérait Hannah Arendt en 1968 dans *La crise de la culture* et selon lequel « cette société est essentiellement une société de

dernier est désormais une discipline cardinale parmi les disciplines juridiques, presque une méta-branche du droit tant ses racines sont nombreuses et diversifiées. L'intérêt de l'étude du droit du cyberespace en même temps que les enjeux en découlant ne peuvent qu'être de taille dès lors que sont en cause un objet et un milieu auxquels chaque citoyen et chaque institution sont confrontés quotidiennement. De plus, on fait de l'internet l'autre facteur, avec la chute du mur de Berlin, du déclenchement de la mondialisation-globalisation[1]. En tout cas lui permet-il de prospérer d'une façon inouïe — depuis toujours, les marchés et les relations se développent au rythme du développement des moyens de transport ; or l'internet est un moyen de transport qui assure une liberté de circulation proche d'être absolue et une vitesse de déplacement avoisinant celle de la lumière[2]. Le réseau mondial emporte une profonde reconfiguration de l'économie[3]. Ce sont tous les secteurs qui sont aujourd'hui dépendants de l'internet et Google ou Apple sont devenus « des géants horizontaux en plus d'être des géants

consommateurs, où le temps du loisir ne sert plus à se perfectionner ou à acquérir une meilleure position sociale, mais à consommer de plus en plus, à se divertir de plus en plus » (H. ARENDT, *La crise de la culture* (1968), trad. P. Lévy et *alii*, Gallimard, coll. Folio essais, 2011, p. 270).

[1] J.-P. CORNIOU, *Le web 15 ans déjà... et après ?*, Dunod, 2009, p. 49.

[2] On retient également que la globalisation gagne du terrain dès lors que le coût des communications diminue grâce aux progrès des technologies de l'information (*ibid.*). L'importance du rôle joué par l'invention de l'internet apparaît alors de manière patente.

[3] Par exemple, le communiqué final de l'e-G8 s'étant tenu à Deauville en mai 2011 soulignait combien « l'Internet est un formidable créateur de richesses et d'emplois », ajoutant qu' « il est à l'origine d'une reconfiguration profonde de la façon dont fonctionnent les économies modernes et que « la transformation par le numérique de tous les secteurs économiques s'accompagne de création nette d'emplois : pour un emploi supprimé, 2,6 emplois nouveaux sont créés » (« Communiqué final de l'e-G8 », [en ligne] <eg8forum.com>, 2011).

verticaux »[1]. Il faut gager que le réseau mondial emporte également une profonde reconfiguration du droit, à savoir la transition du droit moderne vers le droit postmoderne.

Illustrer le propos par l'exemple de la liberté des communications ou par l'exemple du droit du cyberespace, ce n'est donc guère illustrer le propos par un quelconque exemple marginal. « L'émergence d'Internet, écrit-on, constitue probablement la clé de l'histoire contemporaine »[2]. S'enquérir de l'état du droit applicable à l'élément-clé de l'histoire contemporaine, principal vecteur de la mondialisation-globalisation qui est une révolution pour l'humanité, est évidemment très stimulant, d'autant plus que ce droit demeure, pour l'heure, un droit relativement jeune et incertain, dont une bonne partie des contours restent à dessiner, sur le fond comme sur la forme. Cette jeunesse et cette incertitudes sont logiques tant le droit postmoderne dans son ensemble présente les mêmes caractères.

Le grand intérêt actuellement porté à l'internet et aux communications qu'il permet se retrouve dans pratiquement toutes les sphères de la connaissance et dans pratiquement tous les lieux de la connaissance, y compris au Collège de France[3]. Nul doute que cet intérêt existe aussi parmi les facultés de droit ; et cela en premier lieu en ce que le droit de l'internet pourrait servir de révélateur du droit postmoderne. Ce droit permettrait mieux que tout autre d'interroger l' « avenir du droit »[4] et d'apporter du sel à la table de ceux qui invitent à

[1] B. BENHAMOU, « Quels sont les enjeux technologiques de la révolution numérique ? », Science publique, France culture, 9 déc. 2011.

[2] J.-P. CORNIOU, *Le web 15 ans déjà... et après ?*, Dunod, 2009, p. 49.

[3] Notamment, S. ABITEBOUL, « Sciences des données : de la Logique du premier ordre à la Toile (leçon inaugurale au Collège de France) », L'Éloge du savoir, France culture, 13 oct. 2012.

[4] Réf. à *L'avenir du droit – Mélanges François Terré*, Puf-Dalloz-Juris-classeur, 1999.

« rem[ettre] en cause nos évidences juridiques »[1]. S'il est vrai que l'heure est au « self-service normatif »[2], au « chaos dans la production du droit »[3] et au « désordre de l'ordre juridique »[4], le droit du cyberespace ne peut qu'être concerné au premier chef. Et les problématiques en présence, qui seraient en même temps celles du droit postmoderne, sont à la fois profondes, décisives, complexes et irrésolues[5].

[1] C. THIBIERGE, « Rapport de synthèse », in Association Henri Capitant, *Le droit souple*, Dalloz, coll. Thèmes et commentaires, 2009, p. 160 (« les normes de droit souple ont au moins un effet obligatoire : elles nous obligent à une remise en cause de nos évidences juridiques »).

[2] Réf. à A. SUPIOT, « Du nouveau au self-service normatif : la responsabilité sociale des entreprises », in *Mélanges Jean Pélissier*, Dalloz, 2004, p. 541 s.

[3] V. LASSERRE-KIESOW, « L'ordre des sources ou le renouvellement des sources du droit », *D.* 2006, p. 2279.

[4] A. DECOCQ, « Le désordre juridique français », in *Mélanges Jean Foyer*, Puf, 1997, p. 147 ; également, R. LIBCHABER, « Réflexions sur le désordre juridique français », in *Mélanges André Decocq*, Litec, 2004, p. 405 s. ; F. OST, M. VAN DE KERCHOVE, *Le système juridique entre ordre et désordre*, Puf, coll. Les voies du droit, 1988.

[5] En témoigne l'analyse du Conseil d'État aux termes de laquelle, « si les revendications des États d'appliquer leurs règles de droit à leurs internautes étaient poussées trop loin, ceci conduirait sans doute nombre de sites à renoncer à être visibles dans certains États, en rejetant les demandes de connexion des internautes dont l'adresse IP indique qu'ils résident dans les pays concernés. Il y a là un risque de "fragmentation d'internet", c'est-à-dire de différenciation des contenus accessibles selon les pays » (Conseil d'État, *Le numérique et les droits fondamentaux*, La documentation française, coll. Les rapports du Conseil d'État, 2014, p. 241). Pourtant, que chaque État dispose de son réseau propre avec ses contenus propres serait le meilleur moyen de limiter et contenir les dangers qui prospèrent dans le cyberespace et de reconquérir la puissance qui fait cruellement défaut, ce qui est la cause d'une incommode ineffectivité des règles étatiques. On affirme que le droit pourrait et même devrait désormais se passer du territoire (*cf.* B. BARRAUD, « Le droit sans le territoire – Globalisation et postmodernité juridiques », *Jurisdoctoria* 2013, n° 10, p. 47 s.). Il n'est pas certain que cela soit justifié et raisonnable. Toutefois, comme le relève le Conseil d'État, la « fragmentation de l'internet » signifierait sa dénaturation et, surtout, entraînerait des atteintes graves aux libertés, quand bien même certaines de ces libertés sont trop

Beaucoup de non-juristes peuvent estimer que « nul n'a le pouvoir de faire la loi sur internet »[1] ; et certains juristes d'observer un droit de l'internet « aux mains d'organisations privées »[2]. Dans ces conditions, il serait difficile d'aboutir à quelque conclusion congruente à partir d'une étude focalisée sur les seules lois étatiques. Les auteurs qui s'attachent à une représentation moniste du système juridique « partent du constat que l'État exerce une emprise centralisatrice sur les diverses activités traditionnellement associées à la fonction juridique, à savoir les activités législatives et judiciaires »[3]. Celui qui observe le droit du cyberespace ne peut qu'adhérer à une représentation pluraliste du système juridique et, s'il juge que « seul l'État peut dire d'un point de vue officiel ce qui est ou n'est pas une règle juridique »[4] ou que « l'entrée des normes non étatiques dans le droit positif ne peut se faire que par la législation ou la jurisprudence »[5], alors il fait peut-être œuvre inconséquente *en détachant par trop ce qui est juridique de ce qui est normatif.* Ainsi la postmodernité tend-elle à confondre juridicité et normativité — c'est pourquoi elle vire au panjuridisme.

souvent mises à profit afin de commettre des infractions et porter atteinte aux droits d'autrui. Ainsi l'internet et le web posent-ils de nouvelles questions aux pouvoirs publics auxquelles il leur est périlleux d'apporter des réponses fermes et convaincantes.

[1] F. BALLE, *Médias et société*, 15e éd., Montchrestien, coll. Précis Domat, 2011, p. 206.

[2] V. TROVATELLO, *L'infrastructure d'internet – Entre régulation et gouvernance*, th., Université Aix-Marseille III - Paul Cézanne, 2009, p. 315.

[3] H. MOUTOUH, « Pluralisme juridique », in D. ALLAND, S. RIALS, dir., *Dictionnaire de la culture juridique*, Lamy-Puf, coll. Quadrige-dicos poche, 2003, p. 1159.

[4] D. DE BÉCHILLON, *Qu'est-ce qu'une règle de droit ?*, Odile Jacob, 1997, p. 163.

[5] K. BENYEKHLEF, *Une possible histoire de la norme : les normativités émergentes de la mondialisation*, Thémis (Montréal), 2008, p. 811.

Le droit postmoderne et le droit du cyberespace peuvent être représentés sous les traits d'un réseau informatique autonome :

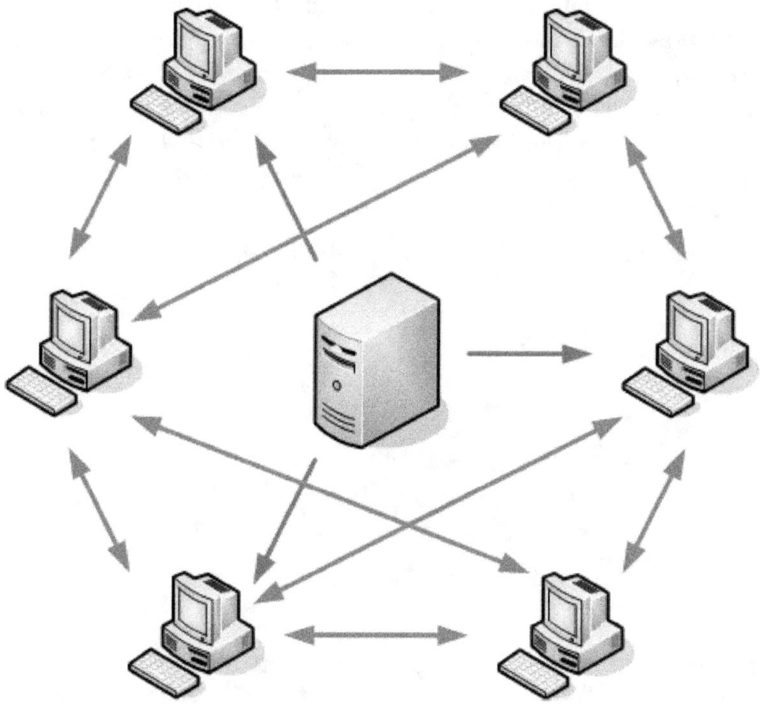

Tel paraît être le visage du droit à l'heure de la postmodernité. L'unité centrale figure l'État, vieillissante pyramide composée d'une Constitution, de lois et de règlements. Bien qu'il conserve une bribe d'influence sur certains des acteurs privés qui l'entourent (figurés au moyen des ordinateurs individuels), nombre de ces derniers préfèrent s'en départir et tisser une toile de relations juridiques indépendantes (les flèches bleues), entourant le droit étatique positif d'une ribambelle de normes privées autonomes. Le droit de l'internet est à l'image de l'internet : un *droit « en réseau »*.

Dans les sociétés occidentales modernes, l'État était la base et la clef de voûte du droit ; il en avait la maîtrise, si ce n'est le monopole. Le droit postmoderne rompt avec ce portrait : *l'État est toujours un acteur du droit, mais il n'en est plus le cœur*. Certainement l'ambition de l'État est-elle de faire en sorte que les institutions publiques occupent effectivement une place centrale dans le monde juridique, que *la médiation étatique demeure incontournable*.

Mais le droit semble suivre un autre chemin.

Orientations et illustrations bibliographiques

AART SCHOLTE J., *Globalization – A Critical Introduction*, MacMillan-St Martin Press (Londres-New York), 2000

ABÉLÈS M., *Penser au-delà de l'État*, Belin, 2014

ALBERSTEIN M., *Pragmatism and Law – From Philosophy to Dispute Resolution*, Routledge, 2016

ALBROW M., KING E., dir., *Globalization, Knowledge and Society: Readings front International Sociology*, Sage (Londres), 1990

ALLARD J., GARAPON A., *Les juges dans la mondialisation – La nouvelle révolution du droit*, Le Seuil, coll. La République des idées, 2005

ALLOTT A., WOODMAN G. R., dir., *People's Law and State Law*, Foris Publications (Dordrecht), 1985

AMBLARD Ph., *Régulation de l'internet – L'élaboration des règles de conduite par le dialogue internormatif*, Bruylant (Bruxelles), coll. Cahiers du CRID, 2004

ANDREW C., CARDINAL L., dir., *La démocratie à l'épreuve de la gouvernance*, Presses de l'Université d'Ottawa, 2001

ARATO A., COHEN J. L., *Civil Society and Political Theory*, The MIT Press (Cambridge), 1992

ARCHIBUGI D., *La démocratie cosmopolitique : sur la voie d'une démocratie mondiale*, Les Éditions du Cerf, 2009

Arch. phil. droit 2001, « L'américanisation du droit »

Arch. phil. droit 2003, « La mondialisation entre illusion et utopie »

Arch. phil. droit 2013, « L'entreprise multinationale dans tous ses États »

ARNAUD A.-J., *Pour une pensée juridique européenne*, Puf, coll. Les voies du droit, 1992

ARNAUD A.-J., *Entre modernité et mondialisation – Cinq leçons d'histoire de la philosophie du droit et de l'État*, LGDJ, 1998

ARNAUD A.-J., *Critique de la raison juridique – 2. Gouvernants sans frontières – Entre mondialisation et post-mondialisation*, LGDJ, coll. Droit et société, 2003

Association Henri Capitant, *Le droit souple*, Dalloz, coll. Thèmes et commentaires, 2009

ATTAR F., *Le droit international entre ordre et chaos*, Hachette, 1994

AUBY J.-B., *La globalisation, le droit et l'État*, 2e éd., LGDJ, coll. Systèmes, 2010

AUTIN J.-L., RIBOT C. et *alii*, *Environnements – Les mots du droit et les incertitudes de la modernité – Mélanges en l'honneur du professeur Jean-Philippe Colson*, Presses universitaires de Grenoble, 2004

BADIE B., *La fin des territoires*, Fayard, 1995

BADIE B., *Un monde sans souveraineté – Les États entre ruse et responsabilité*, Fayard, coll. L'espace du politique, 1999

BADIE B., *L'impuissance de la puissance – Essai sur les nouvelles relations internationales*, Fayard, 2004.

BADIE B., *Le diplomate et l'intrus – L'entrée des sociétés dans l'arène internationale*, Fayard, coll. L'espace du politique, 2008

BAKIS H., *Les réseaux et leurs enjeux sociaux*, Puf, 1993

BALDWIN J. M., *Le darwinisme dans les sciences morales*, Alcan, 1911

BALIBAR É., *Nous citoyens d'Europe ? Les frontières, l'État et le peuple*, La découverte, 2001

BARRAUD B., *Repenser la pyramide des normes à l'ère des réseaux – Pour une conception pragmatique du droit*, L'Harmattan, coll. Logiques juridiques, 2012

BARRAUD B., *Théories du droit et pluralisme juridique – t. I : Les théories dogmatiques du droit et la fragilité du pluralisme juridique*, PUAM (Aix-en-Provence), coll. Inter-normes, 2016

BARRAUD B., *Théories du droit et pluralisme juridique – t. II : La théorie syncrétique du droit et la possibilité du pluralisme juridique*, PUAM (Aix-en-Provence), coll. Inter-normes, 2017

BARRAUD B., *Mesurer le pluralisme juridique – Une expérience*, L'Harmattan, coll. Le droit aujourd'hui, 2017

BAUCHET P., *Régulation et mondialisation, le modèle américain revu par l'Europe*, L'Harmattan, 2007

BAYART J.-F., *Le gouvernement du monde – Une critique politique de la globalisation*, Grasset, 2004

BEAUD M., *Le système national/mondial hiérarchisé – Une nouvelle lecture du capitalisme mondial*, La découverte, 1987

BEAUD M., DOLLFUS M., GRATALOUP C., HUGON Ph., KÉBADJIAN G., LÉVY J., *Mondialisation, les mots et les choses*, Karthala, 1999

BEAUDE B., *Internet – Changer l'espace, changer la société*, FYP, coll. Société de la connaissance, 2011

BEAULANDE-BARRAUD V., CLAUSTRE J., MARMURSZTEJN E., *La fabrique de la norme – Lieux et modes de production des normes au moyen-âge et à l'époque moderne*, Presses universitaires de Rennes, 2012

BECK U., *What is Globalization?*, Polity Press (Cambridge), 2000

BECK U., *Pouvoirs et contre-pouvoir à l'ère de la mondialisation*, Flammarion, 2003.

BEHAR-TOUCHAIS M., MARTIAL-BRAZ N., RIFFARD J.-F., dir., *Les mutations de la norme*, Economica, coll. Études juridiques, 2011

BELLEY J.-G., ISSALYS P., dir., *Aux frontières du juridique – Études interdisciplinaires sur les transformations du droit*, Faculté de droit de l'Université Laval (Montréal), 1993

BELLEY J.-G., dir., *Le droit soluble : contributions québécoises à l'étude de l'internormativité*, LGDJ, 1996

BELLI L., *De la gouvernance à la régulation de l'internet*, Berger-Levrault, coll. Au fil des études, 2016

BEN ACHOUR R., LAGHMANI S., dir., *Le droit international face aux nouvelles technologies*, Pedone, 2002

BENHAMOU B., *Souveraineté et réseaux numériques*, Armand Colin, 2006

BÉNICHOT J.-C., MORAND-DEVILLER J., dir., *Mondialisation et globalisation des concepts juridiques – L'exemple du droit de l'environnement*, IRJS éditions, coll. Bibliothèque de l'Institut de recherche juridique de la Sorbonne, 2010

BENYEKHLEF K. et *alii*, *Une possible histoire de la norme : les normativités émergentes de la mondialisation*, Thémis (Montréal), 2008

BENYEKHLEF K., dir., *Vers un droit global ?*, Thémis (Montréal), 2016

BERGEL J.-L., dir., *Le plurijuridisme*, PUAM (Aix-en-Provence), 2005

BERGER S., *Notre première mondialisation – Leçons d'un échec oublié*, Le Seuil, coll. La République des idées, 2003

BERLEUR J., LAZARO Ch., QUECK R., dir., *Gouvernance de la société de l'information*, Bruylant-Presses universitaires de Namur (Bruxelles-Namur), 2002

BERTHOUD A., SERVERIN É., dir., *La production des normes entre État et société civile – Les figures de l'institution et de la norme entre État et sociétés civiles*, L'Harmattan, 2000

BLANDIN A., *Droits et souveraineté numérique en Europe*, Bruylant (Bruxelles), 2016

BLANDIN-OBERNESSER A., dir., *L'Union européenne et Internet : entre logique de marché et préoccupations citoyennes*, Publications du Pôle européen Jean-Monnet (Rennes), 2001

BOHMAN J., *Pragmatic Turn and Critical Theory*, The MIT Press, 2001

BOISSON DE CHAZOURNES L., MEHDI R., dir., *Une société internationale en mutation : quels acteurs pour une gouvernance ?*, Bruylant (Bruxelles), 2005

BOISVERT Y., *Le postmodernisme*, Boréal, coll. Boréal express, 1995

BONELLI L., PELLETIER W., *L'État démantelé – Enquête sur une révolution silencieuse*, La découverte, 2012

BONNET B., *Repenser les rapports entre ordres juridiques*, Lextenso, 2013

BOUAL J.-C., dir., *Vers une société civile européenne*, L'aube éditions, 1999

BOULAD-AYOUD J., MELKEVIK B., ROBERT P., dir., *L'amour des lois – La crise de la loi moderne dans les sociétés démocratiques*, Presses de l'Université Laval-L'Harmattan (Montréal-Paris), 1996

BOY L., RACINE J.-B., SUEUR J.-J., dir., *Pluralisme juridique et effectivité du droit économique*, Larcier (Bruxelles), 2011

BOYER R., DRACHE D., dir., *States against Markets – The Limits of Globalization*, Routledge (Londres), 1996

BOYER R., SAILLARD Y., dir., *Théorie de la régulation : l'état des savoirs*, La découverte, coll. Recherches, 2002

BRETON A., TREBILCOCK E., dir, *Le bijuralisme – Une approche économique*, Eska, 2007

BRETON A., DES ORMEAUX A., PISTOR K., SALMON P., dir., *Le multijuridisme – Manifestations, causes et conséquences*, Eska, 2010

BRINT M., WEAVER W., dir., *Pragmatism in Law and Society*, Westview Press, 1991

BROUSSEAU E., MARZOUKI M., MEADEL C., dir., *Governance, Regulations and Powers on the Internet*, Cambridge University Press, 2012

BRUNSWICK Y., DANZIN A., *Naissance d'une civilisation – Le choc de la mondialisation*, UNESCO, coll. Défis, 1998

BUHLER P., *La puissance au XXIème siècle – Les nouvelles définitions du monde*, CNRS Éditions, 2011

BUHLER P., COOPER R., HEISBOURG F. et *alii*, *L'Europe et la puissance*, Cultures France, 2008

BURGI N., dir., *Fractures de l'État-nation*, Kimé, 1994

CACHARD O., *La régulation internationale du marché électronique*, LGDJ, coll. Bibliothèque de droit privé, 2002

Cahiers du Conseil constitutionnel 2006, « La normativité », n° 21

CAILLÉ A., DUFOIX S., dir., *Le tournant global des sciences sociales*, La découverte, 2013

CAMILLERI J. A., FALK J., *The End of Sovereignty? The Politics of a Shrinking and Fragmenting World*, E. Elgar, 1992

CANET R., DUCHASTEL J., dir., *La régulation néolibérale – Crise ou ajustement ?*, Athéna, 2004

CAPONE A., POGGI F., dir., *Pragmatics and Law – Practical and Theoretical Perspectives*, Springer, 2016

CAPRIOLI E. A., *Droit international de l'économie numérique : les problèmes juridiques liés à l'internationalisation de l'économie numérique*, Litec, 2007

CARDON D., *La démocratie Internet, promesses et limites*, Le Seuil, coll. La République des idées, 2010

CARTUYVELS Y., DUMONT H., GÉRARD Ph., HACHEZ I., OST F., VAN DE KERCHOVE M., dir., *Les sources du droit revisitées – Volume 3 : Normativités concurrentes*, Publications de l'Université Saint-Louis-Anthémis (Bruxelles), 2013

CARTY A., dir., *Post-Modern Law*, Edinburg University Press, 1990

CASILI A., *Les liaisons numériques*, Le Seuil, 2010

CASSESE A., *Droit international dans un monde divisé*, Berger-Levrault, 1986

CASSESE A., WEILER J. H., *Change and Stability in International Law-making*, De Gruyter, 1988

CASSESE S., *Au-delà de l'État*, Bruylant (Bruxelles), 2011

CASSIA P., OLSON T., *Le droit international, le droit européen, et la hiérarchie des normes*, Puf, coll. Droit et justice, 2006

CASTELLS M., *La société de l'information, t. I : L'ère de l'information*, Fayard, 1998

CASTELLS M., *La galaxie Internet*, Fayard, 2001

CASTELLS M., *La société en réseau, l'ère de l'information*, Fayard, 2001

CHALTIEL F., *La souveraineté de l'État et l'Union européenne – L'exemple français – Recherches sur la souveraineté de l'État membre*, LGDJ, 2002

CHAUVIER S., *Justice et droits à l'échelle globale*, Vrin-EHESS, 2006

CHEMILLIER-GENDREAU M., MOULIER-BOUTANG Y., dir., *Le droit dans la mondialisation*, Puf, coll. Actuel Marx-confrontations, 2001

CHEVALLIER J., dir., *La société civile*, Puf, 1986

CHEVALLIER J., dir., *La gouvernabilité*, Puf, 1996

CHEVALLIER J., dir., *Désordre(s)*, Puf, 1997

CHEVALLIER J., *L'État post-moderne*, 4e éd., LGDJ, coll. Droit et société, 2014

CHÉROT J.-Y., FRYDMAN B., dir., *La science du droit dans la globalisation*, Bruylant (Bruxelles), coll. Penser le droit, 2012

CHICHE N., *Internet : pour une gouvernance ouverte et équitable*, Éditions des journaux officiels, coll. Les études du Conseil économique, social et environnemental, 2014

CLAM J., MARTIN G., dir., *Les transformations de la régulation juridique*, LGDJ, 1998

COHEN J. L., ARATO A., *Civil Society and Political Theory*, MIT Press, 1992

COHEN-TANUGI L., *Le droit sans l'État*, 2e éd., Puf, coll. Quadrige - Essais débats, 2007

COLEMAN J., *The Practice of Principle – In Defense of a Pragmatist Approach to Legal Theory*, Oxford University Press, 2003

COLIN N., VERDIER H., *L'âge de la multitude – Entreprendre et gouverner après la révolution numérique*, Armand Colin, 2012

COLONOMOS A., dir., *Sociologie des réseaux transnationaux*, L'Harmattan, 1995

COMMAILLE J., JOBERT B., dir., *Les métamorphoses de la régulation politique*, LGDJ, 1998

Commission européenne pour la démocratie par le droit, *Les mutations de l'État-nation en Europe à l'aube du XXIe siècle*,

Éditions du Conseil de l'Europe (Strasbourg), coll. Science et technique de la démocratie, 1999

Commission on Global governance, *Our global Neighborhood – Report of the Commission on Global governance*, Oxford University Press, 1996

Conseil d'État, *Le contrat, mode d'action publique et de production de normes*, La documentation française, coll. Études et documents du Conseil d'État, 2008

Conseil d'État, *Le droit souple*, La documentation française, coll. Études et documents du Conseil d'État, 2013

Conseil d'État, *Le numérique et les droits fondamentaux*, La documentation française, coll. Les rapports du Conseil d'État, 2014

COOPER R., *The breaking of Nations – Order and chaos in the twenty-first century*, Atlantic Monthly Press (New York), 2003

CORNFORTH M., *L'idéologie anglaise – Le positivisme, le pragmatisme*, Delga, 2012

CRÉPEAU F., dir., *Mondialisation des échanges et fonctions de l'État*, Bruylant (Bruxelles), 1997

CROZIER M., *État modeste, État moderne : stratégies pour un autre changement*, 3e éd., Fayard, 1997

CZEMPIEL E.-O., ROSENAU J. N., dir., *Governance without Government: Order and Change in World Politics*, Cambridge University Press, 1992

DANCY J., dir., *Normativity*, Blackwell (Oxford), 2000

DANILENKO G. M., *Law-making in the International Community*, Nijhoff, 1993

DEACON B., HULSE M., STUBBS P., *Global Social Policy – International Organizations and the Future of Welfare,* Sage (Londres), 1997

DE BECHILLON D., dir., *Les défis de la complexité – Vers un nouveau paradigme de la connaissance ?*, L'Harmattan, 1994

DEBLOCK Ch., DELAS O., dir., *Le bien commun comme réponse politique à la mondialisation,* Bruylant (Bruxelles), 2003

DEFRAIGNE J.-F., FRANCK Ch., MORIAMÉ V., dir., *L'Union européenne et la montée du régionalisme : exemplarité et partenariats*, Academia-Bruylant (Bruxelles), 2009

DE LANGE R., RAES K., dir., *Plural Legalities – Critical Studies in Europe*, Ars Aequi Libri (La Haye), 1991

DELMAS-MARTY M., *Pour un droit commun*, Le Seuil, 1994

DELMAS-MARTY M., *Trois défis pour un droit mondial*, Le Seuil, 1998

DELMAS-MARTY M., dir., *Critique de l'intégration normative : l'apport du droit comparé à l'harmonisation des droits*, Puf, 2004

DELMAS-MARTY M., *Les forces imaginantes du droit – Le relatif et l'universel*, Le Seuil, coll. La couleur des idées, 2004

DELMAS-MARTY M., *Les forces imaginantes du droit – Le pluralisme ordonné*, Le Seuil, coll. La Couleur des idées, 2006

DELMAS-MARTY M., *Les forces imaginantes du droit – La refondation des pouvoirs*, Le Seuil, coll. La couleur des idées, 2007

DELPLANQUE M., *Gouvernance globale, gouvernement du monde*, Bénévent, coll. Libelli, 2004

DEMUIJNCK G., VERCAUTEREN P., dir, *L'État face à la globalisation économique – Quelles formes de gouvernance ?*, Sandre, 2009

DE MUNCK J., VERHOEVEN M., dir., *Les mutations du rapport à la norme – Un changement dans la modernité ?*, De Boeck (Bruxelles), 1997

DE SENARCLENS P., *La mondialisation – Théorie, enjeux et débats*, 4e éd., Armand Colin, 2005

DE SOUSA SANTOS B., *Vers un nouveau sens commun juridique – Droit, science et politique dans la transition paradigmatique*, trad. N. Gonzales Lajoie, LGDJ, 2004

DE SOUSA SANTOS B., *Law and Globalization from Below*, Cambridge University Press, 2005

DEVIN G., *Sociologie des relations internationales*, La découverte, 2002

DE VISSCHER Ch., *Théories et réalités en droit international public*, 4e éd., Pedone, 1970

DEZALAY Y., *Marchands de droit – La restructuration de l'ordre juridique international par les multinationales du droit*, Fayard, 1992

DICKSTEIN M., *The Revival of Pragmatism – New Essays on Social Thought, Law, and Culture*, Duke University Press, 1998

DIEUX X. et *alii*, *L'autorégulation*, Bruylant (Bruxelles), 1995

DISTEFANO G., *L'ordre international entre légalité et effectivité – Le titre juridique dans le contentieux territorial*, Pedone, 2002

DOAT M., LE GOFF J., PÉDROT P., dir., *Droit et complexité – Pour une nouvelle intelligence du droit vivant*, Presses universitaires de Rennes, 2007

DOLLFUS O., *L'espace-monde*, Economica, 1994

DONDERO B., *Droit 2.0 – Apprendre et pratiquer le droit au XXIe s.*, LGDJ, coll. Forum, 2016

Droit et société 2011/1, « Se donner le droit : la force des organisations face à la loi »

Droit et société 2003/2, « La gouvernance : une approche transdisciplinaire »

Droit et société 1997/35, « Globalisation des échanges et espaces juridiques »

Droit et société 1989/13, « Lumières – Révolution – Post-modernisme »

DUPUY R.-J., *La communauté internationale entre le mythe et l'histoire*, Economica, 1986

DUPUY R.-J., *Dialectiques du droit international*, Pedone, 1999

DURES F. E., *Resolving Public Conflict, Transforming Community and Governance*, Manchester University Press, 1996

EBERHARD Ch., *Le droit au miroir des cultures – Pour une autre mondialisation*, LGDJ, coll. Droit et Société, 2006

EBERWEIN W. D., SCHEMEIL Y., dir., *Normer le monde*, L'Harmattan, 2009

ECKERT G., KOVAR J.-Ph., dir., *L'interrégulation*, L'Harmattan, coll. Logiques juridiques, 2015

ENGHELARD Ph., *L'homme mondial – Les sociétés peuvent-elles survivre ?*, Le Seuil, 1996

ESPOSITO F., LEVRAT N., dir., *Europe : de l'intégration à la fédération*, Bruylant (Bruxelles), 2010

FALCON Y TELLA M.-J., *A Three-Dimensional Theory of Law*, trad. H. Shneider, Martinus Nijhoff Publishers (Leiden), 2010

FATIN-ROUGE STÉFANINI M., GAY L., VIDAL-NAQUET A., dir., *L'efficacité de la norme juridique*, Bruylant (Bruxelles), 2012

FEATHERSTONE M., dir., *Undoing Culture – Globalization, Postmodernism and Identity*, Sage, 1995

FERRY J., QUEMENER M., *Cybercriminalité : défi mondial et réponses*, Economica, 2007

FERRY J.-M., *Europe la voie kantienne – Essai sur l'identité postnationale*, Éditions du Cerf, 2006

FESLER D., SIMONART V., STEENBERGEN J., *L'autorégulation*, Bruylant (Bruxelles), 1995

FESTENSTEIN F., *Pragmatism and Political Theory*, Cambridge University Press, 1997

FITZPATRICK P., *The Mythology of Modern Law*, Routledge (Londres), 1992

FOGEL J.-F., PATINO B., *La condition numérique*, Grasset, 2013

FONTAINE L., dir., *Droit et pluralisme*, Nemesis-Bruylant (Bruxelles), coll. Droit et justice, Bruxelles, 2007

FRANGES J., LEVACIC R., MITCHELL J., THOMPSON G., dir., *Markets, Hierarchies and Networks – The Coordination of Social Life*, Sage (Londres), 1991

FREGA R., *Les sources sociales de la normativité*, Vrin, 2013

FREGA R., *Practice, Judgment, and the Challenged of Moral and Political Disagreement – A pragmatist Account*, Lexington, 2012

FRIEDMAN J., *Cultural Identity and Global Process*, Sage (Londres), 1994

FRISON-ROCHE M.-A. et *alii*, *L'avenir du droit – Mélanges en hommage à François Terré*, Puf-Dalloz-Juris-classeur, 1999

FRISON-ROCHE M.-A., dir., *Les régulations économiques – Légitimité et efficacité*, Presses de Science-Po, coll. Droit et économie de la régulation, 2004

FRISON-ROCHE M.-A., *Les 100 mots de la régulation*, Puf, coll. Que sais-je ?, 2011

FRISON-ROCHE M.-A., dir., *Internet, espace d'interrégulation*, Dalloz, coll. Thèmes et commentaires, série Régulations, 2016

FRYDMAN B., *Les transformations du droit moderne*, Story-Scientia-Fondation Roi Baudoin (Bruxelles), coll. À la rencontre du droit, 1999

FRYDMAN B., dir., *La société civile et ses droits*, Bruylant (Bruxelles), 2004

FRYDMAN B., *Petit manuel pratique de droit global*, Académie Royale de Belgique (Bruxelles), 2014

FRYDMAN B., LEWKOWICZ G., dir., *Le droit selon l'École de Bruxelles*, Académie Royale de Belgique (Bruxelles), 2015

FRYDMAN B., VAN WAEYENBERGE A., dir., *Gouverner par les standards et les indicateurs – De Hume aux rankings*, Bruylant, coll. Penser le droit, 2014

GAROT M.-J., *La citoyenneté de l'Union européenne*, L'Harmattan, 1999

GEERTZ C., *Savoir local, savoir global – Les lieux du savoir*, 2e éd., Puf, 1999

GENET J.-P., *L'État moderne – Genèse (bilans et perspectives)*, Éditions du CNRS, 1990

GERARD Ph., OST F., VAN DE KERCHOVE M., dir., *L'accélération du temps juridique*, Publications des Facultés universitaires Saint-Louis (Bruxelles), 2000

GHERARI H., SZUREK S., dir., *L'émergence de la société civile internationale : vers la privatisation du droit international ?*, Pedone, 2003

GHORRA-GOBIN C., *Dictionnaire des mondialisations*, Armand Colin, 2006

GIDDENS A., *Les conséquences de la modernité*, L'Harmattan, 1994

GIESEN K.-G., *L'éthique de l'espace politique mondial*, Bruylant (Bruxelles), 1997

GNESOTTO N., *La puissance et l'Europe*, Presses de Sciences Po, 1998

GODELUCK S., *La géopolitique d'Internet*, La découverte, coll. Cahiers libres, 2002

GOLDSMITH J., WU T., *Who controls the Internet? Illusions of a Borderless World*, Oxford University Press, 2006

GOYARD-FABRE S., *L'État, figure moderne de la politique*, Armand Colin, coll. Cursus philosophie, 1999

GOYARD-FABRE S., *Philosophie critique et raison juridique*, Puf, 2004

GOYARD-FABRE S., *Re-penser la pensée du droit*, Vrin, 2007

GRAZ J.-Ch., *La gouvernance de la mondialisation*, 4e éd., La découverte, coll. Repères, 2013

GUÉNAIRE M., *Le retour des États*, Grasset, 2013

GUILLAUME M., *L'empire des réseaux*, Descartes & Cie, 1999

HABERMAS J., *La paix perpétuelle – Le bicentenaire d'une idée kantienne*, trad. R. Rochlitz, Éditions du Cerf, 1996

HABERMAS J., *Après l'État-nation, une nouvelle constellation politique*, Fayard, 2000

HALPÉRIN J.-L., *Profils des mondialisations du droit*, Dalloz, coll. Méthodes du droit, 2009

HARVEY D., *The Condition of Postmodernity*, Blackwells (Oxford), 1989

HECQUARD M., KRYNEN J., dir., *Regards critiques sur quelques (r)évolutions récentes du droit, t. I : Bilans*, Presses universitaires des sciences sociales de Toulouse, coll. Les travaux de l'IFR, 2005

HELD D., *Democracy and the Global Order: from Modern State to Cosmopolitan Governance*, Polity Press (Cambridge), 1995

HIBOU B., dir., *La privatisation des États*, Karthala, 1999

HIRVONEN A., dir., *Polycentricity – The Multiple Scenes of Law*, Pluto Press (Londres), 1998

HUBBS G., LIND D., *Pragmatism, Law and Language*, Routledge, 2014

JACOBSEN T. et *alii*, *Re-envisioning Sovereignty,* Ashgate (Farnham), 2008

JACQUET P., PISANI-FERRY J., TUBIANA L., *Gouvernance mondiale*, La documentation française, 2002

JAMES A., *Sovereign Statehood: The Basis of International Society*, Allen&Unwin (Londres), 1986

JANDA R., LAJOIE A., MACDONALD R. dir., *Théories et émergence du droit : pluralisme, surdétermination et effectivité*, Thémis/Bruylant (Montréal/Bruxelles), 1998

JARVIS A. P., PAOLINI A. J., REUS-SMIT C., dir., *Between Sovereignty and Global Governance – The United Nations, the State and Civil Society*, 1998

JESSUP Ph., *Transnational Law*, Yale University Press (New Haven), 1956

JOAS H., *Pragmatism and Social Theory*, The University of Chicago Press, 1993

JOFFE J., *Hyperpuissance*, Odile Jacob, 2007

JULLIEN F., *Traité de l'efficacité*, Librairie générale française, coll. Le Livre de poche-Biblio essais, 2002

KATSH E., *Law in a Digital World*, Oxford University Press, 1995

KESSEDJIAN C., LOQUIN É., dir., *La mondialisation du droit*, Litec, coll. Les travaux du CREDIMI, 2000

KEVELSON R., *Peirce and Law – Issues in Pragmatism, Legal Realism and Semiotics*, Peter Lang Publishing, 1991

KIEFFER B., *L'Organisation mondiale du commerce et l'évolution du droit international public*, Larcier (Bruxelles), 2008

KOUASSI K. B., *La communauté internationale de la toute-puissance à l'inexistence*, L'Harmattan, 2007

KOURILSKY-AUGEVEN Ch., *Socialisation juridique et conscience du droit – Attitudes individuelles, modèles culturels et changement social*, LGDJ, 1997

KRUGMANN P., *La mondialisation n'est pas coupable*, La découverte, 1998

KULESZA J., *International Internet Law*, Routledge (Londres), 2012

LAFAY G., *Comprendre la mondialisation*, Economica, 1996

LAGHMANI S., *Histoire du droit des gens, du jus gentium impérial au jus publicum europaeum*, Pedone, 2003

LAGRANGE E., *Les compétences de l'État en droit international*, Pedone, 2006

LAÏDI Z., *Temps mondial : enchaînements, disjonctions et médiations*, Éditions Complexe, 1997

LAÏDI Z., *La norme sans la force – L'énigme de la puissance européenne,* Presses de Sciences Po, 2008

LAPIERRE J.-W., *Vivre sans État ? Essais sur le pouvoir politique et l'innovation sociale*, Le Seuil, 1977

LASSERRE V., *Le nouvel ordre juridique – Le droit de la gouvernance*, LexisNexis, 2015

LEBEN Ch., *Souveraineté étatique et marchés internationaux à la fin du 20ème siècle – Mélanges en l'honneur de Philippe Kahn*, Litec, 2000

LEBESSIS N., PETERSON J., SCHUTTER O., dir., *La Gouvernance dans l'Union européenne*, Office des publications officielles des Communautés européennes (Bruxelles), 2001

LECA A., *Les métamorphoses du droit français – Histoire d'un système juridique des origines au XXIe siècle*, LexisNexis, 2011

LECLERC G., *La mondialisation culturelle – Les civilisations à l'épreuve*, Puf, coll. Sociologie d'aujourd'hui, 2000

LEFEBVRE M., *Le jeu du droit et de la puissance : précis de relations internationales*, Puf, 2000

LENGLET F., *La fin de la mondialisation*, Fayard, 2013

LEROUX N., *La condition juridique des organisations non gouvernementales internationales*, Bruylant-Yvon Blais (Bruxelles-Paris), 2009

LÉVY J. et *alii*, *L'invention du monde – Une géographie de la mondialisation*, Presses de Sciences Po, 2008

LHUILIER G., *Le droit transnational*, Dalloz, coll. Méthodes du droit, 2016

Libellio d'AEGIS 2007, vol. 3, n° 4, « Pragmatisme et recherche sur les organisations »

LIST R., SALAMON L. M., SOKOLOWSKI S. W., *Global Civil Society – An Overview*, The Johns Hopkins University Institute for Policy Studies, Center for Civil Society Studies, 2003

LOQUIN É., KESSEDJIAN C., dir., *La mondialisation du droit*, Litec, 2000

LYOTARD J. F., *La condition postmoderne*, Minuit, 1979

MAC CORMICK N., *Questioning Sovereignty*, Oxford, 1999

MAFFESOLI M., PERRIER B., *L'homme postmoderne*, François Bourin, coll. Société, 2012

MAGNETTE P., REMACLE E., dir., *Le nouveau modèle européen, vol. 1 : Institutions et gouvernance*, Éditions de l'Université de Bruxelles, 2000

MAILLARD DESGRÉES DU LOÛ D., dir., *Les évolutions de la souveraineté*, Montchrestien, coll. Grands colloques, 2006

MAIRET G., *Le principe de souveraineté – Histoire et fondements du pouvoir moderne*, Gallimard, 1997

MAJONE G., *La Communauté européenne, un État régulateur*, Montchrestien, 1996

MALENGU B., *L'État-nation à l'épreuve de la mondialisation – Edgar Morin et Jürgen Habermas, deux penseurs de l'option post-nationale*, Academia (Louvain), 2012

MARTENS P., *Théories du droit et pensée juridique contemporaine*, Larcier (Bruxelles), coll. Faculté de droit de l'Université de Liège, 2003

MERCURO N., MEDEMA S. G., *Economics and the Law – From Posner to Post-Modernism*, Princeton University Press, 1997

MIAILLE M., dir., *La régulation, entre droit et politique*, L'Harmattan, 1995

MICHALET M., *Qu'est-ce que la mondialisation ? Petit traité à l'usage de ceux qui ne savent pas encore s'il faut être pour ou contre*, La découverte, coll. Poche, 2004

MOCKLE D., dir., *Mondialisation et État de droit*, Bruylant (Bruxelles), 2002

MOCKLE D., *La gouvernance, le droit et l'État*, Bruylant (Bruxelles), 2008

MORALES A., dir., *Renascent Pragmatism – Studies in Law and Social Science*, Ashgate, 2003

MORAND Ch-A., *Le droit néo-moderne des politiques publiques*, LGDJ, 1999

MORAND Ch.-A., dir., *Le droit saisi par la mondialisation*, Bruylant (Bruxelles), 2001

MOREAU DEFARGES Ph., *L'ordre mondial*, Armand Colin, 2000

MOREAU-DESFARGES Ph., *La Gouvernance*, PUF, coll. Que sais-je ?, 2003

MORIN-DESAILLY C., *L'Union européenne, colonie du monde numérique ?*, rapport d'information fait au nom de la commission des affaires européennes n° 443, Sénat, 2013

MOUTON J.-D. et *alii*, *Les dynamiques du droit européen en début de siècle – Études en l'honneur de Jean-Claude Gautron*, Pedone, 2004

MUELLER M. L., *Networks and States – The Global Politics of Internet Governance*, The MIT Press (Cambridge), 2010

MUSSO P., *Critique des réseaux*, Puf, 2003

NEMO Ph., *La société de droit selon F. A. Hayek*, Puf, 1988

NYE J., *The Future of Power*, Public Affairs, 2011

OPPETIT B., *Droit et modernité*, Puf, coll. Doctrine juridique, 1998

OSMAN F., *Les principes généraux de la lex mercatoria – Contribution à l'étude d'un ordre juridique anational*, LGDJ, 1992

OST F., VAN DE KERCHOVE M., *Le système juridique entre ordre et désordre*, Puf, 1988

OST F., VAN DE KERCHOVE M., *De la pyramide au réseau ? Pour une théorie dialectique du droit*, Publications des Facultés universitaires Saint-Louis (Bruxelles), 2002

OST F., VAN HOECKE M., dir., *Temps et Droit – Le droit a-t-il pour vocation de durer ?*, Bruylant (Bruxelles), 1998

OSTROM E., *La gouvernance des biens communs*, De Boeck (Bruxelles), 2010

PAPAUX A., *Introduction à la philosophie du « droit en situation »*, Bruylant-LGDJ-Schultess, coll. Quid iuris ?, 2006

PAUL Ch., *Du droit et des libertés sur l'Internet : La corégulation, contribution française pour une régulation mondiale*, La documentation française, 2000

PAYE O., dir., *Que reste-t-il de l'État ? Érosion ou renaissance*, Bruylant (Bruxelles), 2004

PELLET A., PESCATORE P. et *alii*, *L'État souverain dans le monde d'aujourd'hui – Mélanges en l'honneur de J. P. Puissochet*, Pedone, 2008

PEREZ F. X., *Cooperative Sovereignty – From Independence to Interdependence in the Structure of International Law,* Kluwer Law International (Alphen-sur-le-Rhin), 2000

PERLAS N., *La société civile : le troisième pouvoir*, Yves Michel, coll. Société, 2003

PESCATORE P., *Le droit de l'intégration – Émergence d'un phénomène nouveau dans les relations internationales selon l'expérience des communautés européennes*, Bruylant (Bruxelles), 2005

PETERSEN H., ZAHLE H., dir., *Legal Polycentricity – Consequences of Pluralism in Law*, Aldershot (Darthmouth), 1995

PICQ J., *Histoire et droit des États – La souveraineté dans le temps et l'espace européen*, Presses de Sciences Po, 2005

PIERRE-CAPS S., *La multination*, Odile Jacob, 1995

POPPLE J., *A Pragmatic Legal Expert System*, Ashgate, 1996

POSNER E., *Law and Social Norms*, Cambridge University Press, 2000

POSNER E., *The Perils of Global Legalism*, University of Chicago Press, 2009

PUJOLLE G., *Les réseaux*, 7e éd., Eyrolles, 2011

RICOU B., TOUZEIL-DIVINA M., dir., *Communications électroniques – Objets juridiques au cœur de l'Unité des droits*, L'Epitoge-Lextenso, coll. L'Unité du Droit, 2012

RIEJ 2014, n° 73, « Penser par cas »

RIEJ 2013, n° 70, « Le droit en contexte »

RIGAUX F., *Ordonnancements juridiques et conversion numérique*, Larcier, coll. Petites fugues, 2014

ROQUES-BONNET M.-Ch., *Le droit peut-il ignorer la révolution numérique ?*, Michalon, 2010

ROSENAU J., *Turbulence in World Politics*, Harvester (New York), 1990

ROULAND N., *Aux confins du droit, anthropologie juridique de la modernité*, Odile Jacob, 1991

SALAH M. M., *Les contradictions du droit mondialisé*, Puf, coll. Droit, éthique, société, 2002

SAMPFORD C., *The Disorder of Law*, Basil Blackwell (Oxford), 1989

SANCHEZ-SALGADO R., *Comment l'Europe construit la société civile*, Dalloz, coll. Nouvelle bibliothèque de thèses, 2007

SANDOZ Y., dir., *Quel droit international pour le XXIe siècle ?*, Bruylant (Bruxelles), 2007

SAROOSHI D., *International Organizations and Their Exercise of Sovereign Powers*, Oxford, 2005

SASSEN S., *Losing Control – Sovereignty in an Age of Globalization*, Columbia University Press (New York), 1996

SASSEN S., *La globalisation – Une sociologie*, Gallimard, 2009

SASSEN S., *Critique de l'État – Autorité et droits de l'époque médiévale à nos jours*, Démopolis, 2009

SAURUGGER S., *Théories et concepts de l'intégration européenne*, Presses de Sciences Po, 2010

SCANDAMIS N., *Le paradigme de la gouvernance européenne – Entre souveraineté et marché*, Bruylant (Bruxelles), 2009

SHAN W. *et alii*, *Redefining Sovereignty in International Economic Law*, Hart Publishing (Oxford), 2008

SHERWIN R. K., *When Law Goes Pop: The Vanishing Line between Law and Popular Culture*, University of Chicago Press, 2000

SIM S., dir., *The Routledge Critical Dictionnary of Postmodern Thought*, Routledge (New York), 1999

SIMON G., *Puissance publique sportive et ordre juridique étatique – Contribution à l'étude des relations entre la puissance publique et les institutions privées*, LGDJ, coll. Bibliothèque de droit public, 1990

SLAUGHTER A.-M., *A New World Order*, Princeton University Press, 2004

SMITH A., *Le gouvernement de l'Union européenne : une sociologie politique*, 2e éd., LGDJ, 2010

SMITH C., *Postmodern Winemaking: Rethinking the Modern Science of an Ancient Craft*, University of California Press (Berkeley), 2013

SMOUTS M.-C., dir., *Les nouvelles relations internationales – Pratiques et théories*, Presses de Sciences po, coll. Références, 1998

SNYDER F., dir., *The Europeanisation of Law: The Legal Effects of European Integration*, Hart Publishing (Oxford), 2000

Société française pour le droit international, *L'État souverain à l'aube du XXIe siècle*, Pedone, 1994

Société française pour le droit international, *Internet et le droit international*, Pedone, 2013

SOLINIS G., dir., *Construire des gouvernances : entre citoyens, décideurs et scientifiques*, Éditions PIE-Peter Lang, 2005

SPAR D. L., *Ruling the Waves – From the Compass to the Internet – A History of Business and Politics along the Technological Frontier*, Harcourt (New York), 2001

STENER C., dir., *Dictionnaire politique d'Internet et du numérique – Les 66 enjeux de la société numérique*, La Tribune, 2009

STERN B., dir., *Marché et Nation – Regards croisés*, Montchrestien, 1995

STRANGE S., *Le retrait de l'État – La dispersion du pouvoir dans l'économie mondiale* (1996), Temps présent, 2011

SULLIVAN M., *Legal Pragmatism – Community, Rights, and Democracy*, Indiana University Press, 2007

TAMANAHA B. Z., *Realistic Socio-Legal Theory: Pragmatism and a Social Theory of Law*, Clarendon Press (Oxford), 1997

TAYLOR C., *Grandeur et misère de la modernité*, trad. Ch. Melançon, Bellarmin (Montréal), 1992

TCHIKAYA B., *Droit international des télécommunications*, Puf, coll. Que sais-je ?, 2008

TÉNIER J., *Intégrations régionales et mondialisation – Complémentarité ou contradiction*, La documentation française, 2003

TEUBNER G., *Global Law wittout a State*, Aldershot (Darmouth), 1997

TEYSSIÉ B., dir., *La communication numérique, un droit, des droits*, Éditions Panthéon-Assas, 2013

TOUSCOZ J., dir., *Sociétés transnationales et nouvel ordre international*, Puf, 1978

TWINING W., *Globalization and Legal Theory*, Butterworths (Londres), 2000

UNGER R. M., *Law in Modern Society*, The Free Press (New York), 1976

VALENTIN V., *Les conceptions néolibérales du droit*, Economica, 2002

VOGEL L., *Unifier le droit : le rêve impossible ?*, Éditions Panthéon-Assas, coll. Droit global, 2001

WALKER L. J., *Theories of Knowledge – Absolutism, Pragmatism and Realism*, Longmans, Green and Company, 1910

Table des matières

Questions juridiques
aux éditions L'Harmattan

Dernières parutions

DÉLINQUANCE SÉRIELLE ET POLICE JUDICIAIRE
Impini Jean-François
Sérialité de la délinquance, information judiciaire, analyse criminelle sérielle désignent des notions familières mais peu étudiées par les sciences criminelles. Postulant l'idée assez commune d'une délinquance largement réitérante, l'ouvrage tente de dérouler le fil logique que pourrait suivre l'investigation policière pour exploiter de façon systématique ce caractère sériel des infractions.
(Coll. Sécurité et société, 37.50 euros, 372 p.)
ISBN : 978-2-343-11147-6, ISBN EBOOK : 978-2-14-002864-9

LES MICRO-ÉTATS EUROPÉENS
Étude historique, juridique et fiscale
(Andorre, Liechtenstein, Monaco, Saint-Martin, Vatican)
Blevin Pierre-Alexis - Préface d'Anne-Marie Le Pourhiet
Morcelée pendant plusieurs siècles en diverses seigneuries et autres entités à caractère étatique, l'Europe est à la fin du XIXe siècle le théâtre d'une véritable refonte des États qui la composent. Les micro-États semblent dès lors rencontrer des difficultés dans l'affirmation de leur souveraineté. Ainsi, les garanties constitutionnelles et institutionnelles sont-elles suffisantes pour assurer leur indépendance et leur intégrité ? Cet ouvrage donne une véritable définition des « micro-États européens » et analyse leur résistance face à une évolution historique européenne majeure.
(Coll. Logiques Juridiques, 53.00 euros, 616 p.)
ISBN : 978-2-343-10015-9, ISBN EBOOK : 978-2-14-002545-7

QUEL STATUT SOCIAL POUR LE CHEF D'ENTREPRISE ET LE DIRIGEANT DE SOCIÉTÉS ?
Turc Annabelle – Préface de Gérard Vachet
Le statut social des dirigeants de sociétés est un sujet en constante évolution, en raison des changements de législation et du rapprochement du régime social des indépendants vers le régime salarié. Mais, pour connaître ou choisir son statut social, le chef d'entreprise (ou le mandataire social) doit se pencher sur de nombreux facteurs. Le statut social des dirigeants est-il susceptible d'évoluer vers une harmonisation du régime salarié et du régime social des indépendants (RSI) ? Et quel conseil donner au dirigeant en quête du statut le plus rentable pour lui ?
(Coll. Défis, 49.00 euros, 688 p.)
ISBN : 978-2-343-11093-6, ISBN EBOOK : 978-978-2-14-002819-9

LA SOCIÉTÉ PAR ACTIONS SIMPLIFIÉE ET LE FINANCEMENT D'ENTREPRISES EN DIFFICULTÉ
Feydel Romain
Le droit des sociétés français sait se montrer concurrentiel. La société par actions simplifiée (SAS), couplée au mécanisme de la procédure de sauvegarde accélérée, présente des avantages. Ce montage en cascade démontre la complémentarité du fonds professionnel de capital investissement (FPCI) avec la SAS. Ainsi, la SAS permet de constituer une copropriété d'instruments financiers et de mettre en application la stratégie d'investissement. L'auteur démontre l'importance de la société de gestion de portefeuille, mais également de la holding de rachat, ainsi que de la filiation et du pacte d'actionnaires dans cette opération de *leveraged turn around.*
(20.50 euros, 204 p.)
ISBN : 978-2-343-10712-7, ISBN EBOOK : 978-2-14-002584-6

CRIMINALITÉ EN COL BLANC
Délinquance d'affaires, délinquance financière, délinquance fiscale
Sous la direction de Jacques Delga
Cet ouvrage à caractère pluridisciplinaire, où chaque auteur a librement choisi le thème à traiter, fait référence à la construction de modèles criminels astucieux. Il revient sur la difficulté de prévenir ou de réprimer le crime en col blanc, les renseignements, la cybercriminalité, la corruption ou encore la lutte contre les comptes bancaires non déclarés. De nombreux exemples français, mais aussi étrangers sont cités : Amazon, Société Générale, Clearstream, Madoff, Cahuzac, etc., permettant ainsi de revenir sur le traitement de cette criminalité en col blanc.
(Coll. Colloques et rencontres, 39.00 euros, 418 p.)
ISBN : 978-2-343-10388-4, ISBN EBOOK : 978-2-14-002649-2

GÉOGRAPHIES POLICIÈRES
Ignorance concertée et propagande ennemie
Fines Louise
Trois études de cas (les *starlight tours* au Canada ; les manifestations qui se sont déroulées au sommet du G8 à Gênes ; et l'intervention déployée à l'encontre des grévistes à Marikana) servent de prétexte pour explorer un phénomène historique : la neutralisation des personnes indésirables. En effet, à l'aune d'un idéal démocratique, il importe de mieux saisir les critères, circonstances et facteurs qui contribuent à faire en sorte que des individus sont classés dans la catégorie « personnes indésirables ».
(Coll. Questions contemporaines, 19.50 euros, 190 p.)
ISBN : 978-2-343-10689-2, ISBN EBOOK : 978-2-14-002576-1

QUELLE NOUVELLE POLITIQUE DE L'ÉNERGIE POUR L'UNION EUROPÉENNE ?
Azébazé Labarthe Danielle
Il faudra attendre 2009 pour qu'une politique de l'énergie soit introduite dans le droit européen, ce qui pousse à s'interroger sur la nature et la portée exacte des interventions de l'Union dans le domaine de l'énergie. Cette ébauche de politique énergétique trouvera son ancrage juridique dans des bases juridiques indirectes ou

subsidiaires, et en particulier dans celles relatives à l'établissement d'un marché intérieur. Pourtant, l'énergie est loin d'être un objet économique ordinaire : la soumission de ce secteur aux seules règles du marché pourrait être préjudiciable. Il est donc nécessaire de prévoir une véritable politique énergétique commune.
(Coll. Logiques Juridiques, 55.00 euros, 634 p.)
ISBN : 978-2-343-10532-1, ISBN EBOOK : 978-2-14-002473-3

VOYAGE AU CŒUR DES PROPRIÉTÉS PUBLIQUES
Iacono Geneviève
Ce voyage au coeur des propriétés publiques tente de relever le défi d'une présentation simple et attractive du droit des propriétés publiques. L'ouvrage aborde de nombreux exemples de gestion domaniale (protection du domaine public maritime, gestion des forêts, consolidation des digues...) et traite les questions relatives aux grandes mutations du patrimoine des entreprises publiques (SNCF, la Poste ou EDF) pour illustrer la tension entre le droit européen de la concurrence et les exigences du service public. La difficile conciliation entre les logiques de protection et/ou de valorisation des propriétés publiques ouvre la réflexion sur ces enjeux.
(Coll. Le Droit aujourd'hui, 19.00 euros, 180 p.)
ISBN : 978-2-343-10495-9, ISBN EBOOK : 978-2-14-002512-9

ÉTHIQUE ET PATRIMOINE CULTUREL
Regards croisés
Sous la direction de Géraldine Goffaux Callebaut
Le droit ne permet plus de répondre seul à toutes les problématiques du patrimoine culturel et il faut souvent faire appel à d'autres types de règles, plus souples et souvent mieux partagées, que sont les règles éthiques. Ce sont essentiellement les professionnels qui en sont les bâtisseurs. Dans ce contexte, quel est le rôle de l'éthique ? Quel est le lien entre éthique et déontologie ? Quelle approche faut-il avoir de ce concept ? Éthique individuelle ou collective ? Éthique de l'institution, de la profession ? Codifiée ou informelle ?
(Coll. Droit du Patrimoine culturel et naturel, 36.00 euros, 350 p.)
ISBN : 978-2-343-10605-2, ISBN EBOOK : 978-2-14-002466-5

L'ORDRE JURIDIQUE COMMUNAUTAIRE DE LA CEMAC
Gnimpieba Tonnang Edouard
Préface de Bernard-Raymond Guimdo Dongmo
L'échec de l'Union douanière et économique de l'Afrique centrale (UDEAC) a poussé à remettre en question toutes les politiques d'intégration économique engagées depuis les accessions à la souveraineté internationale. Cet échec a conduit à relancer la construction communautaire sur de nouvelles bases visant un marché commun, garantissant la libre circulation des facteurs de production. Il s'agit de faire de l'espace de la CEMAC (Communauté économique et monétaire des États d'Afrique centrale) un espace de liberté, de démocratie et d'États de droit devant reposer sur un nouvel ordre juridique.
(Harmattan Cameroun, 25.50 euros, 246 p.)
ISBN : 978-2-343-10512-3, ISBN EBOOK : 978-2-14-002503-7

LE PROCÈS RANUCCI
Témoignage d'un juré d'assises
Donadini Geneviève - Préface de Gilles Perrault
Début 1976, le procès de Christian Ranucci a lieu au tribunal d'Aix-en-Provence. Il sera condamné à mort. Sa grâce sera refusée. Il sera guillotiné le 28 juillet 1976. Jeune mère de famille de 35 ans, Geneviève Donadini fit partie du jury d'assises. Elle a vécu dans le silence que lui imposait la loi pendant plusieurs décennies. Quarante ans après, elle raconte cette terrible expérience à laquelle elle a participé bien malgré elle et qui a marqué sa vie.
(Coll. La justice au quotidien, 13.00 euros, 106 p.)
ISBN : 978-2-343-10540-6, ISBN EBOOK : 978-2-14-002396-5

L'INTERVENTION DES TIERCES PARTIES DANS LE RÈGLEMENT DES DIFFÉRENDS À L'OMC
Nguyen Ngoc Ha - Préface de Marie-Pierre Lanfranchi
L'intervention des tierces parties dans le règlement des différends à l'OMC présente des spécificités par rapport à d'autres juridictions internationales. Dans l'ensemble, ces spécificités permettent aux tierces parties de jouer un rôle important dans ce système, en répondant aux besoins d'information du juge, en aidant la défense des intérêts à différents niveaux et surtout en renforçant les capacités et compétences des pays en développement. L'intervention comporte parfois des risques et des limites, mais son bilan, globalement positif, plaide en faveur du renforcement des droits des tierces parties.
(48.00 euros, 576 p.)
ISBN : 978-2-343-10483-6, ISBN EBOOK : 978-2-14-002260-9

LES INSTRUMENTS DE L'ACTION PUBLIQUE ET LES DISPOSITIFS TERRITORIAUX
Sous la direction de Némery Jean-Claude, Thuriot Fabrice
Les instruments de l'action publique (IAP) recouvrent des réalités multiples déjà balisées par des travaux universitaires reconnus. Destinés au pilotage et au développement de l'action publique, ils sont constitués de politiques, de mesures et de dispositifs recouvrant des dimensions juridiques, financières, d'organisation et de communication. Cet ouvrage a pour but d'en montrer la diversité de conception, de gestion et d'effet, à travers des travaux théoriques, méthodologiques et empiriques dans plusieurs pays. Il couvre ainsi un large spectre de dispositifs de gouvernance, de développement durable, et de planification, d'Europe en Amérique du Nord, en passant par l'Afrique.
(Coll. Administration et Aménagement du Territoire, 24.50 euros, 234 p.)
ISBN : 978-2-343-10393-8, ISBN EBOOK : 978-2-14-002168-8

L'HARMATTAN ITALIA
Via Degli Artisti 15; 10124 Torino
harmattan.italia@gmail.com

L'HARMATTAN HONGRIE
Könyvesbolt ; Kossuth L. u. 14-16
1053 Budapest

L'HARMATTAN KINSHASA
185, avenue Nyangwe
Commune de Lingwala
Kinshasa, R.D. Congo
(00243) 998697603 ou (00243) 999229662

L'HARMATTAN CONGO
67, av. E. P. Lumumba
Bât. – Congo Pharmacie (Bib. Nat.)
BP2874 Brazzaville
harmattan.congo@yahoo.fr

L'HARMATTAN GUINÉE
Almamya Rue KA 028, en face
du restaurant Le Cèdre
OKB agency BP 3470 Conakry
(00224) 657 20 85 08 / 664 28 91 96
harmattanguinee@yahoo.fr

L'HARMATTAN MALI
Rue 73, Porte 536, Niamakoro,
Cité Unicef, Bamako
Tél. 00 (223) 20205724 / +(223) 76378082
poudiougopaul@yahoo.fr
pp.harmattan@gmail.com

L'HARMATTAN CAMEROUN
TSINGA/FECAFOOT
BP 11486 Yaoundé
699198028/675441949
harmattancam@yahoo.com

L'HARMATTAN CÔTE D'IVOIRE
Résidence Karl / cité des arts
Abidjan-Cocody 03 BP 1588 Abidjan 03
(00225) 05 77 87 31
etien nda@yahoo.fr

L'HARMATTAN BURKINA
Penou Achille Some
Ouagadougou
(+226) 70 26 88 27

L'HARMATTAN SÉNÉGAL
10 VDN en face Mermoz, après le pont de Fann
BP 45034 Dakar Fann
33 825 98 58 / 33 860 9858
senharmattan@gmail.com / senlibraire@gmail.com
www.harmattansenegal.com

Achevé d'imprimer par Corlet Numérique - 14110 Condé-sur-Noireau
N° d'Imprimeur : 137926 - Dépôt légal : avril 2017 - *Imprimé en France*

www.ingramcontent.com/pod-product-compliance
Lightning Source LLC
LaVergne TN
LVHW011445061026
849535LV00004BA/959
* 9 7 8 2 3 4 3 1 2 0 7 7 5 *